Gerhart Hauptmann und seine Häuser

Hiddensee – Erkner – Schreiberhau – Agnetendorf

Ein literarischer Reiseführer

Wolfgang de Bruyn und Antje Johanning

Findling
Buch- und Zeitschriftenverlag • Kunersdorf

Bibliografische Information der Deutschen Nationalbibliothek
Die Deutsche Nationalbibliothek verzeichnet diese Publikation in der Deutschen Nationalbibliografie; detaillierte bibliografische Daten sind im Internet über http://dnb.ddb.de abrufbar.

Buch- und Zeitschriftenverlag – 2007
Prust & Bärisch
OT Kunersdorf
16269 Bliesdorf
Fon: 03 34 56/ 15 12 27
Fax: 03 34 56/ 15 12 28
www.findling-verlag.de
info@findling-verlag.de

Herausgeber: Verein zur Förderung der Gerhart-Hauptmann-Häuser e. V.

MUSEUMSVERBUND
GERHART
HAUPTMANN
ZWIĄZEK MUZEÓW

Autoren: Wolfgang de Bruyn und Antje Johanning

Fotos: Marcus Bredt

Druck: Euroregion – Tschech. Republik

ISBN 978-3-933603-39-5

Inhaltsverzeichnis

Stimmen zu Gerhart Hauptmann

Theodor Fontane

Es ist lächerlich, diesen jungen Kerl so mit der langläufigen Phrase, dass er auch ein bißchen Talent habe, abspeisen zu wollen. Das ist gar nichts. „Ein bißchen Talent" hat jeder. Das kann man von jedem dritten Menschen sagen. Hauptmann hat ein sehr großes, ein seltenes Talent. Vor allem aber, und das muß ich immer wieder betonen – und darf es betonen, weil ich von Dingen, die hier in Frage kommen, wirklich mehr verstehe als die anderen –, vor allem spricht sich in seinem Stück ein stupendes Maß von Kunst aus, von Urteil und Einsicht in alles, was zur Technik und zum Aufbau eines Dramas gehört [...] lassen Sie mich „alten Knopp" die festeste Überzeugung aussprechen, dass hinter einem Mann, der so was schreiben kann, mehr steckt, als hinter der andern Blase, die alle bloß nach der „Tantieme" schielen.

Über „Vor Sonnenaufgang", 1889

Rainer Maria Rilke

Hauptmanns Gesicht ist sehr bedeutend, kein Erlebnis ließ kleine oder ungewisse Spuren zurück, in großen Linien liegt die Vergangenheit darin, und es ist still geworden und wandelt sich nicht mehr. An die Augenlider und in die Mundwinkel hat sich Müdigkeit gehängt. Aber die Augen unter ihnen sind klar und träumerisch, wie unter Wolkenschatten stille Seen sind, und der etwas abwärts gebogene Mund macht noch die feinsten Bewegungen der Worte leicht und biegsam mit. Etwas Stilles, Einfaches und unendlich Liebes ist in seiner Art und beherrscht seltsam rührend seine hohe schlanke Gestalt in ihren Bewegungen und Gebärden .

1900

Max Liebermann

Einen schöneren Kopf gibt's kaum [...] er ist der deutsche Dichter, auch weil er so aussieht.

Über Gerhart Hauptmann an den Kunstkritiker Alfred Lichtwark, 1912

Maxim Gorki

Ich bin nie mit Hauptmann persönlich zusammen gekommen, habe aber immer für ihn und seine Werke die größte Verehrung empfunden, um so mehr, als seine Bedeutung für das russische Kulturleben so groß war. Ich schätze ihn am meisten als Dramatiker und habe weniger Interesse für seine Romane und Novellen. Hauptmann wirkte nicht nur höchst anregend auf das literarische Russland meiner Generation, sondern hatte eine direkte Hauptmann-Schule unter unseren dramatischen Dichtern erzeugt. Hauptmanns Theaterstücke waren seinerzeit benahe so einheimisch in Russland wie das Werk Anton Tschechows.

1922

Moritz Heimann

Und wirklich, wenn man Hauptmanns Leben und Laufbahn verfolgt, so sieht man, dass er von den Auserwählten ist, denen sich, bedeutungsvoll für die anderen, die zufälligeren Menschen, alles zum guten Gedeihen wendet; sogar Widerstand und Unverstand, Haß von Trägen und von Windigen, Neid und Kälte, von denen allen ihm die Wolke reichlich gespendet hat, waren früh dazu verurteilt, ihm zu dienen, indem sie seine Stellung in der Welt als wichtig und offiziell erwiesen.

Gerhart Hauptmann: Züge zu seinem Porträt, 1922

Heinrich Mann

Hauptmann spricht im Ausland für die Nation. Vom Ausland ergehen Aufrufe, ja Hilferufe an Deutschland durch Hauptmann. Er waltet neben dem politischen Reichshaupt als Präsident des Herzens, das dies Reich hat. Man hat desgleichen in Deutschland nicht gesehen, und in Europa nicht seit Hugo. Die Republik weiß sich bestätigt und erhoben von ihrem erwählten Dichter [...] Jeder schuldet ihm heute die Lobrede, die das Herz spricht: vor allem andern die, deren Geist mit Worten gestaltet wie der seine. Sie können nur stolz auf ihn sein. Sie können ihn nur lieben.

Gerhart Hauptmann, 1922

Ernst von Wolzogen

In jener Zeit (1886–1889) also hatte ich mit den andern Friedrichshagenern auch Gerhart Hauptmann einigemal bei mir zu Gaste. Er sah damals genauso aus, wie sein temperenzlerischer Fanatiker Loth geschildert ist. Die schlanke Jünglingsgestalt steckte in einem langen, bis hoch um den Hals geschlossenen Predigerrock, und der ausdrucksvolle Kopf mit der Riesenstirn, den versonnenen Augen und dem großen schmallippigen Munde stellte schon damals ein seltsames Mittelding zwischen Apostel und Zuchthäusler dar.

Wie ich mich ums Leben brachte.
Erinnerungen und Erfahrungen, 1922

Klaus Mann

Was Du von Hauptmann erzählst, ist ja gespenstisch; ich mochte den Alten nie und kapierte nicht, was Ihr alle so monumental an ihm findet. Dann schon gleich Hindenburg.

Brief an Erich Ebermayer vom 23. Februar 1930

Gottfried Benn

Der Hauptmannrummel – : gestern auf dem Akademietee sah ich ihn zum erstenmal in meinem Leben und Sie mögen lachen, ich fand den Mann pompös. Zum mindesten äußerlich, gestaltmäßig, haltungshaft enorm dekorativ, kein fauler Zauber an ihm, wie so oft an seinen Sachen, die er schreibt.

Brief an Thea Sternheim vom 19. November 1932

Stefan Zweig

Wollen Sie, bitte, Gerhart Hauptmann klar und ehrlich sagen, wie sehr ich mich für die Angriffe, die gegen ihn von gewisser Seite gerichtet wurden, schäme. Ich finde es an und für sich schon eine Anmaßung, wenn sich irgendein Mensch zum Moral- und Gesinnungsgericht eines andern aufspielt, ich finde es aber infam, wenn Menschen, zu denen er ein Leben lang gütig gewesen, sich von der Warte eines selbstangemaßten Rechts erlauben, einen großen Meister unserer Zeit wie einen unwissenden Knaben zu rügen. Es ist ja vieles schwer erträglich in dieser Zeit, aber immer ist es das ärgste, wenn Leute mit niedrigem geistigen Rang sich an Menschen wagen, deren Werk an sich Unantastbarkeit bedeuten sollte.

1933

Thomas Mann

Es gab eine Zeit nach dem Ersten Weltkrieg, wo ein expressionistisches Literatengeschlecht sich darin gefiel, dem Werke Hauptmanns das „Geistige" abzusprechen. Und doch ist nichts eindrucksvoller, um nicht zu sagen: interessanter, an diesem großen, weitgespannten, immerfort fruchtbaren und solche Kritik majestätisch überdauernden Leben als die geistgewollten, geistbewirkten vitalen Zuströme, die seiner Natur beschieden waren und die aus dem schmalen und blässlichen, wohl etwas brustkranken, sektiererisch abstinenten Jüngling von einst den breiten und stämmigen, lebensstolzen Mann, den rüstigen Zecher und starken Esser, den Eichbaum und den königlichen Greis machten, der, aus einem kleineren Geschlechte ragend und durch seine Person auf größte Erinnerungen anspielend, das Dichterisch-Deutsche in gelassenem Selbstbewusstsein repräsentierte.

Rede, gehalten am 9. November 1952

Carl Zuckmayer

Er war der letzte völlig naive Dichter, der letzte, der in ununterbrochener Naivität, nicht ohne Wissen und Weisheit, doch ohne das Medium der Reflexion, aus dem Weltganzen schöpfte und uns ein Bild der ganzen Welt, der ungeteilten Schöpfung hinterließ.

Rede, gehalten am 15. November 1962

Marcel Reich-Ranicki

Das beste Beispiel des dummen Dichters ist Gerhart Hauptmann. Ein törichter Mensch, wenn man seine Aufsätze, seine Reden liest – schrecklich. Zum Glück konnte er Stücke schreiben.

Welt am Sonntag, 13. Oktober 2002

DIE WOCHE
BERLIN, 10. NOVEMBER 1937 · HEFT 45
Preis 40 Pf. · 60 Groschen Österreich
Gerhart Hauptmann 75 Jahre alt
Farbenaufnahme Stieber

1945 / 46: Das Kriegsende und die Odyssee eines Nachlasses

Drei Tage nach dem Fall der Berliner Mauer, am 12. November 1989, unterzeichnen der damalige deutsche Bundeskanzler Helmut Kohl und der polnische Regierungschef Tadeusz Mazowiecki in Kreisau (Krzyżowa) eine gemeinsame Erklärung, in der die Grundsätze für eine zukünftige Zusammenarbeit zwischen Deutschland und Polen festgelegt werden – ein Meilenstein in der Geschichte der deutsch-polnischen Beziehungen. Unter anderem vereinbaren sie die Gründung einer Gedenkstätte für Gerhart Hauptmann im polnischen Riesengebirge, in dem Gerhart Hauptmann mehr als 45 Jahre seines Lebens verbrachte. Zunächst wird auf dieser Grundlage am 21. Februar 1995 das Carl- und Gerhart-Hauptmann-Haus (Dom Carla i Gerharta Hauptmannów) in Mittelschreiberhau (Szklarska Poręba Średnia) im ehemaligen Wohnhaus Carl und Gerhart Hauptmanns eröffnet.

Weitere sechs Jahre wird es dauern bis auch das Haus Wiesenstein in Agnetendorf, dem heutigen Jagniątków, als Gedenkstätte und Zentrum für Begegnung, Austausch und Forschung eingerichtet wird. Im August 2001 weihen Premier Jerzy Buzek und Kurt Biedenkopf, damaliger Ministerpräsident Sachsens, das Haus ein, das sich Gerhart Hauptmann 1900/01 durch den Berliner Architekten Hans Grisebach in Agnetendorf errichten ließ. Als Gedenkstätte und Begegnungszentrum will das Haus als eine Brücke zwischen Geschichte und Gegenwart, zwischen West- und Osteuropa, zwischen

Deutschland und Polen fungieren. 2005 schließlich wird das Gerhart-Hauptmann-Haus (Dom Gerharta Hauptmanna) offiziell als städtisches Museum anerkannt.

Das Carl- und Gerhart-Hauptmann-Haus und das Gerhart-Hauptmann-Haus sind zwei von vier Museen in Deutschland und in Polen, die heute an Leben und Werk des Literaturnobelpreisträgers von 1912 erinnern. Auf Hiddensee entstand 1956 im ehemaligen Sommerhaus Hauptmanns eine Gedenkstätte, und in Erkner existierte bereits 1957 ein erster Gedenkraum in der Villa Lassen, die Hauptmann in der Anfangszeit seiner schriftstellerischen Laufbahn bewohnte. 1987 eröffnet hier das heutige Gerhart-Hauptmann-Museum.

Alle vier Museen repräsentieren unterschiedliche Phasen im Leben des Nobelpreisträgers und eigene museale Ansätze, Leben und Werk Gehart Hauptmanns der Öffentlichkeit zu präsentieren. 2003 vereinbarten die Museen eine verstärkte Zusammenarbeit und gründeten einen bislang einzigartigen grenzüberschreitenden Museumsverbund, um mit vereinten Kräften für Gerhart Hauptmann und sein Andenken werben zu können.

Im Verbund ist das Museum in Kloster auf Hiddensee das einzige, das sich mit seiner authentischen Innenein-

Gerhart Hauptmann mit seinen Hunden im Riesengebirge. Das Foto ist Teil einer Fotoserie aus den 1940er Jahren.

richtung erhalten hat, während die anderen Häuser sich Leben und Werk Hauptmanns mit Ausstellungen nähern, die biographisch oder kulturhistorisch ausgerichtete Präsentationen mit Teilrekonstruktionen der Schaffenssituation Hauptmanns kombinieren. Hervorzuheben ist hier das Museum in Erkner, das durch einen Anbau Leben und Werk Hauptmanns die größte Ausstellungsfläche widmen kann und in den Räumlichkeiten der Villa Lassen mit teils hinzugekauften Einrichtungsstücken, teils Möbeln, die ursprünglich im Haus Wiesenstein standen, das Leben in Erkner nachzustellen sucht.

Möglich wurde dies nur durch das Entgegenkommen der russischen und polnischen Entscheidungsträger 1946, die das Haus Wiesenstein im damals schon zu Polen gehörenden Agnetendorf durch einen Schutzbrief protegierten und nach dem Tod Hauptmanns der Witwe einen Sonderzug zur Verfügung stellten, mit dem nicht nur der Sarg, sondern fast die gesamte, als Kulturgut anerkannte Inneneinrichtung nach Deutschland gebracht werden konnte.

Als Vertriebener nach seinem Tode wurde daher Hauptmann oftmals bezeichnet, da er gerne in Agnetendorf begraben worden wäre, wovon Margarete Hauptmann verständlicherweise absah. Der Sonderzug ist allerdings vielmehr als ein Beleg dafür zu betrachten, dass Hauptmann in einer Zeit, da die Sowjetunion die Ostgebiete Polens einverleibte und ein ganzes Land mit Einverständnis der Alliierten einfach auf der Landkarte nach Westen verschoben wurde, auch international soviel Renommee besaß, dass ihm eine, vielleicht sollte man sagen, gebührende Sonderbehandlung zuteil wurde.

Der Sonderzug war Hauptmann bereits vor seinem Tod von Oberst Sokolow in Aussicht gestellt worden, als deutlich wurde, dass auch Gerhart Hauptmann Schlesien verlassen muß, doch Hauptmann hatte nur noch die Hoffnung, in seinem Haus Wiesenstein sterben zu können. Als dies am 6. Juni 1946 geschah und der Sonderzug benötigt wurde, ließ dieser allerdings einige Wochen auf sich warten. Erst am 20. Juli 1946 um 16.50 Uhr wird der Zug seine Reise in Hirschberg (Jelenia Góra) antreten und laut den Tagebucheinträgen Margarete Hauptmanns am 21. Juli 1946 um 12.40 Uhr in Forst eintreffen, wo „russ[ische] Offiziere, d[eu]t[sche] Behörden, Rotes Kreuz, Journalisten, Wochenschau" den Zug begrüßen. Um 22.30 Uhr trifft der Zug in Berlin-Niederschöneweide ein, von wo aus der Sarg nach Müggelheim transportiert und im Haus am Grünstadter Weg 10 aufgebahrt wird. Bereits hier beginnen die Verhandlungen über ein Gerhart-Hauptmann-Museum in Müggelheim, wo auch die mitgebrachte Innenausstattung zwischengelagert wird. So notiert Margarete Hauptmann in ihr Tagebuch: „23. Juli [...] russ[ische] Herren: Grünstadter Weg, Müggelheim für GH-Museum unmöglich, trotz vorgeschlagener Anbauten. 24. Juli Major Smirnow holt Metzkow zur Besichtigung eines anderen Hauses ab." Am 25. Juli wird der Sarg von Berlin-Müggelheim nach Stralsund transportiert, wo tausende Bewunderer Hauptmann die letzte Ehre erweisen. Am 27. Juli wird Hauptmann schließlich nach Hiddensee überführt. Den ursprünglichen Plan, Hauptmann unterhalb der Terrasse von Haus Seedorn zu begraben, lässt seine Witwe am Vortag fallen und entscheidet sich für den Friedhof in Kloster. Hier wird

Hauptmann bei Sonnenaufgang am 28. Juli 1946 um 5 Uhr früh beigesetzt.

Während Hauptmann seine letzte Ruhestätte auf dem Friedhof in Kloster gefunden hat, ist die Odyssee seines Nachlasses allerdings noch nicht zu Ende. Bereits im Februar 1945 wurden Teile der im Haus Wiesenstein befindlichen Archivalien – vor allem seine Manuskripte und Briefe – nach Schloss Kaibitz in der Oberpfalz verlagert, womit sozusagen die Odyssee begann. Von den Einrichtungs- und Kunstgegenständen Hauptmanns, die mit dem Sonderzug ausgeführt worden waren, verbleiben in Müggelheim neben Teilen des Briefarchivs und der Bibliothek insbesondere die Ausstattung des unteren Arbeitszimmers im Haus Wiesenstein: Die Manuskriptschränke, die Wilhelm Kimbel bereits für Hauptmanns Berliner Wohnung in der Trabener Straße anfertigte, der große Schreibtisch, sein Lese- und Schreibpult wie auch mehrere Plastiken, so etwa die Goethe-Statuette von Christian Daniel Rauch (1777–1857), die auch heute wieder ihren angestammten Platz auf dem Schreibtisch Gerhart Hauptmanns im Museum in Erkner hat. Dass insbesondere diese prominenten Möbelstücke in Müggelheim belassen werden, lässt darauf schließen, dass zu diesem Zeitpunkt weiterhin von einer baldigen Gründung eines Hauptmann-Museums in Müggelheim ausgegangen wurde. Die anderen Ausstattungsgegenstände und Kunstsammlungen werden schließlich nach München, in den Bayrischen Wald und teilweise 1949 zusammen mit den in Schloss Kaibitz gelagerten Archivbeständen in die Schweiz gebracht.

1968 erwirbt die Staatsbibliothek zu Berlin von der Alleinerbin des Nachlasses Barbara

Hauptmann, der Witwe Benvenuto Hauptmanns, den gesamten schriftstellerischen Nachlass, das Briefarchiv und die Bibliothek Hauptmanns einschließlich jener Nachlassteile, die 1946 in Müggelheim verblieben waren und in die Bestände des Märkischen Museums und der Deutschen Akademie der Künste Eingang gefunden hatten. Die Möbelstücke aus dem unteren Arbeitszimmer werden schließlich den Grundstock für das Gerhart-Hauptmann-Museum in Erkner bilden. Erst nach der Wiedervereinigung Deutschlands kann der schriftliche Nachlass zusammengeführt werden, so dass heute in der Staatsbibliothek, abgesehen von Ausstellungsstücken im Museum in Erkner, der gesamte Manuskriptnachlass, große Teile der Bibliothek wie auch das Briefarchiv der Forschung zugänglich sind.

Weitere Einrichtungsgegenstände und Stücke der Kunstsammlungen Gerhart Hauptmanns wurden unterdessen immer wieder durch die Erben verkauft, so etwa die großformatigen Gemälde Corinths, Barlachs Statuette „Die Frierende" oder auch der Steinway-Flügel aus Zitronenholz. Im Herbst 2006 wurde eine große Anzahl von Möbel- und Sammlungsstücken bei Sotheby's in Amsterdam und bei Leo Spik in Berlin versteigert, so dass diese nicht mehr für eine museale Präsentation zur Verfügung stehen.

Wie die Odyssee des Nachlasses die politische Situation Deutschlands vom Ende des Zweiten Weltkriegs bis hin zur Wiedervereinigung spiegelt, so reflektieren auch Leben und Werk Hauptmanns die Geschichte Deutschlands vom Kaiserreich über den Ersten Weltkrieg und die Weimarer Republik bis hin zum Nationalsozialismus. Bereits als Enfant terrible des Kaiserreichs, dessen Skandalstücke nicht selten verboten werden, ist er laut einer Umfrage von 1906 der zweitbekannteste Deutsche nach dem Kaiser. Mit dem Nobelpreis für Literatur, der ihm 1912 zuerkannt wird, steigt er bereits zu Lebzeiten in die Riege der Klassiker auf, und in der Weimarer Republik wird er gar als Reichspräsidentschaftskandidat gehandelt. Geschickt hat sich Hauptmann als Marke etabliert, unterstützt von den Massenmedien, die weniger sein Werk als sein Bild verbreiten. Hauptmann ist sicherlich einer der meistfotografierten und -porträtierten Schriftsteller seiner Zeit, dessen Bild in den damaligen Homestories zwischen genialer Dichterpersönlichkeit und dem freundlichen Herrn von Nebenan changiert, der sich mit seinen Dackeln, seinem Esel oder auch im Berliner Tierpark mit jungen Löwenbabys ablichten lässt.

Dass das Werk Hauptmanns auch heute noch aktuell ist, zeigen die unzähligen Inszenierungen der letzten Jahre. Besonders die frühen naturalistischen Stücke scheinen nun wieder den Zeitgeist zu treffen. Dass Leben und Werk Hauptmanns allerdings weit mehr zu bieten hat, als jene Dramen der Anfangszeit, dafür lohnt ein Besuch der vier Gerhart-Hauptmann-Museen, die zu einer Entdeckungsreise auf den Spuren der unterschiedlichen Facetten dieser so reichen und mitunter widersprüchlichen Persönlichkeit einladen.

1. KAPITEL

Hiddensee

Von diesem Jahre [1885] ab verflocht sich Hiddensee unlöslich in mein Schicksal. Aber erst nach einem halben Jahrhundert gegenseitiger Treue kam der Augenblick, auf dem Eiland ein kleines Anwesen zu erwerben und also dort wirklich Fuß zu fassen. Alte Liebe rostet nicht: Hiddensee hat sich mir, neu und jung, im hohen Alter geschenkt, und sein Zauber verjüngt mich jedesmal, wenn meine Sohle seinen geliebten Boden berührt.

Gerhart Hauptmann
Bad Eilsen, 24. Mai 1933

Manchmal sagte Gerhart zu mir: Wenn ich nicht fürchten müsste, meine guten Schlesier zu kränken, so möchte ich am liebsten auf diesem schlichten Friedhof von Hiddensee meinen ewigen Schlaf schlafen.

Margarete Hauptmann an Arnold Gustavs
Agnetendorf, 11. Juni 1946

Siebzig Jahre, nachdem Schweden im Ergebnis des Wiener Kongresses Hiddensee an Preußen abgeben musste, betritt Gerhart Hauptmann 1885 erstmals die Insel. Erst dreizehn Jahre ist die unheilvolle Sturmflut her, die im November 1872 besonders die Dörfer Vitte und Neuendorf-Plogshagen verwüstete. 1878 wird der mit Steinen und Beton bewehrte Erddamm fertiggestellt, der die nach dem Sturmhochwasser von 1864 südlich von Neuendorf-Plogshagen auseinandergebrochene Insel wieder mit dem südlichsten Teil, dem Gellen, verbindet. Die armseligen Fischerkaten lassen nicht vermuten, dass nach der Jahrhundertwende der touristische Aufbruch beginnt.

Vom 29. zum 30. Juli übernachtet Gerhart zusammen mit seinem Bruder Carl und Freunden im 1875 gebauten Gasthof Schlieker in Kloster, was im Gästebuch des Gastwirts Johann Andreas Schlieker dokumentiert ist. Gerhart ist auf Hochzeitsreise mit Marie, die er am 30. Juli im Gasthof Schilling auf Arkona/Rügen wiedertrifft. Als die Männerrunde bei Schliekers Quartier nimmt, ahnt Hauptmann noch nicht, dass die siebzehn Kilometer lange und nicht mal zwanzig Qua-

Ansichtskarte von Vitte, die Margarete Hauptmann 1941 ihrem Enkel Arne mit folgendem Wortlaut schrieb: „Blühe und gedeihe, geliebter kleiner Arne! Allerherzlichste Glückwünsche zum 9. Geburtstag und viele Grüße für Dich und Mammi von Opa und von Bocchi."

„Hiddensee ist eines der lieblichsten Eilande, nur stille, stille, dass es nicht ein Weltbad werde." Gerhart Hauptmann: Tagebücher, 1899.

dratkilometer große Insel mit den seltsam anmutenden, runenartigen Zeichen, den Hausmarken, an den Katen, seine zweite Heimat werden wird.

Über zehn Jahre dauert es, bis Hauptmann die Insel erneut aufsucht. 1896 wohnt er mit Margarete Marschalk, seiner Geliebten, die er am 18. September 1904 heiraten wird, im Gasthaus von Franz Freese in Vitte. Seine familiären Probleme hat der Vater von drei Söhnen scheinbar hinter sich gelassen: „Von Tag zu Tag werden wir frischer, heiterer, sorgloser. Wir verändern uns. Oder ist diese Auffassung oberflächlich? Wir leben im Tag, wir leben im Augenblick, der größte Teil unseres Kummers, unserer Sorgen kann nicht an uns heran. Wiese und Meer! Meer und Wiese und Wind! Wind, Sturm und ewig brandende, rauschende, donnernde Flut." Befreit fühlt er sich von allem kulturell Aufgesetzten, Gekünstelten. Er schaut

Das Wahrzeichen der Insel – der 1888 in Dienst gestellte Leuchtturm auf dem Dornbusch.

den Fischern zu, saugt den Geruch von Holzteer ein, der überall in der Luft liegt, zwingt „die Seele zur Einfachheit“. Der Inselpastor Arnold Gustavs (1875–1956), der am 11. Oktober 1903 nach Walter Rust die Pfarrstelle in Kloster übernimmt und Hauptmann zum Freund, Fürsprecher und unentbehrlichen Helfer werden wird, spricht in seinen „Aufzeichnungen eines Inselpastors“ davon, dass in der Hauptsaison in Kloster und Vitte zusammen vielleicht fünfzig bis sechzig Badegäste logierten. Keine Leute vom Kurfürstendamm in Berlin „in mondänen Toiletten“ wären es gewesen, wie man sie wenige Jahre später antraf, „sondern schlichte, kleine Beamte und Gewerbetreibende, die einen bescheidenen, billigen Sommeraufenthalt suchten und dafür gern auf all das verzichteten, was in anderen Bädern damals bereits an Komfort für die Gäste geboten wurde“. Zwei Badehütten standen zu jener Zeit am langen Strand von Vitte, von denen eine dem Gasthaus von Freese gehörte. Strandkörbe existierten noch nicht. Auch 1897 bis 1899 ist Hauptmann Sommergast bei Freese in Vitte, der Jahre später neben seinen alten Krug das dreistöckige, turmverzierte Hotel zur Ostsee setzen lässt und damit nicht nur den Aufschwung nach der Jahrhundertwende einläutet, sondern auch dessen Bausünden. An jene Aufenthalte Hauptmanns erinnert eine 1951 angebrachte, kaum noch lesbare Gedenktafel. Dicht daneben das Reklameschild einer Rohrdachdeckerei aus Zingst. Das Gebäude steht teilweise leer und zum Verkauf.

Die 1955 angebrachte Gedenktafel erinnert daran, dass Gerhart Hauptmann in diesem Haus am Bollwerk in Kloster übernachtete, als er am 29. Juli 1885 Hiddensee zum ersten Mal besuchte.

In den Gästebüchern der Insel taucht der Name Hauptmann 1901 erst wieder auf. Am 14. Mai 1900

Gerhart Hauptmann mit seinen drei Söhnen aus der Ehe mit Marie. V. l. n. r.: Klaus (1889–1967), Eckart (1887–1980) und Ivo (1886 –1973) 1901 in Vitte, wo Hauptmann in der Pension von Theodor Nehls in der Nähe des Hafens wohnte.

hatte Gerhart Hauptmann im Riesengebirge den Grundstein für sein Haus Wiesenstein gelegt, das neue Heim für Margarete und den am 1. Juni 1900 geborenen Sohn Benvenuto. Am 29. September zieht seine erste Frau Marie mit den drei Söhnen in ihr neues Haus in Dresden-Blasewitz, das Hauptmann ebenfalls finanziert. Eine Mischung aus schlechtem Gewissen und dem Bedürfnis, seinen Kindern aus erster Ehe die geliebte Insel zu zeigen, wird ihn im Juli 1901 bewogen haben, Ivo, Eckart und Klaus in die Pension von Theodor Nehls nach Vitte einzuladen. In Hauptmanns Tagebuch vom 20. Juli ist dazu lediglich vermerkt: „Jungens kommen. Grete abgereist."

In der Sprenge gleich hinter dem niedrigen Binnendeich betreibt Theodor Nehls neben der Pension die Postagentur und einen Kramladen, der mit Holzpantinen, Tauwerk und Salzheringen noch mehr auf die einfachen Bedürfnisse der Fischer ausgerichtet ist. Das spätere Logierhaus zur Post und danach in Hotel zur Post umbenannte Gebäude brannte 1989/90 aus. An der verkohlten Ruine, aus der Holunderbüsche sprießen, kann man auch heute noch die letzte Bezeichnung Boddenblick erkennen. In jenem Sommer 1901 hegt Hauptmann erstmals den Gedanken, auf Hiddensee sesshaft zu werden. Er besucht die in der Dünenheide liegende Pension Heiderose und liebäugelt damit, diese von der Familie Krüger als Sommerdomizil zu kaufen und als Heim für alte Schriftsteller auszubauen. Weshalb sich das Vorhaben zerschlägt und ob Hauptmann bei seinem möglichen, bisher nicht nachgewiesenen Besuch 1910 den Plan weiter verfolgt hat, ist nicht bekannt.

Kloster (Hiddensoe) „Haus am Meer" Kloster (Hiddensoe)
Vornehme mod. eingerichtete Pension am Wald und Außenstrand mit schönster Aussicht über Meer und Insel. Eigenes Badehaus. Sportgelegenheit. Große freundl. Zimmer, Balkons und Loggien. Speiseveranda (kleine Tische), Schreib-, Musik- und Lesezimmer, Wohndiele, Warmwasserheizung, Bad. Gute Verpflegung. Eselfuhrwerk am Dampfer. Geöffnet: Mai bis Oktober. Fernspr. Amt Vitte 10.
Verw. v. Sydow.

Anzeige in einem Ostseebäder-Führer von 1926.

„Diese Klarheit! Dieses stumme und mächtige Strömen des Lichts!" – Das Hauptmann-Zitat, entnommen den Worten des Bildhauers Ottfried Mäurers aus „Gabriel Schillings Flucht", ziert nach der Uraufführung des Dramas 1912 leitmotivisch fast jeden Hiddensee-Prospekt. Als Hauptmann 1916 seine Insel wiedersieht, ist Hiddensee längst in Mode gekommen. Durch die Badegäste und Tagesbesucher, die über die Insel hereinschwappen, fühlt er sich persönlich gekränkt. Er mokiert sich über die Strandkörbe und trauert jenen Tagen nach, als man noch kreuz und quer die Insel durchstreifen konnte, ohne einen Fremden zu treffen. Die rasante Entwicklung von fern verfolgend, notiert er bereits 1910 in sein Tagebuch: „Scheinbare Irrwege. Hiddensoe. Es ist ein ekelhaft bekrochenes Eiland geworden." Allein in Kloster boomt das Beherbergungsgewerbe. Landhäuser und Hotels buhlen um die Gunst der badehungrigen Gäste mit „zeitgemäßen Neubauten mit allem Komfort". 1909 entsteht gleich hinter dem Bollwerk das Hotel Hitthim, 1911 eröffnet Emil Hirsekorn sein Bergwaldhotel Zum Klausner, 1912 Paul

Die Lietzenburg (Aufnahme von 1906), Zentrum der ersten Generation der Künstlerkolonie auf der Insel, hatte sich der Berliner Landschaftsmaler und Kaufmann Oskar Kruse 1904/05 auf einer damals baumlosen Anhöhe oberhalb von Kloster bauen lassen. Sein Bruder, der Bildhauer Max Kruse, heiratete 1902 die Schauspielerin Käthe Simon, die die berühmten Käthe-Kruse-Puppen schuf.

Gerhart Hauptmann und Margarete, sein Sohn Klaus und dessen Braut Eva Bernstein, Tochter des Justizrates und Schriftstellers Max Bernstein aus München, 1917 vor der Lietzenburg, wo Hauptmann sich erstmals bei der befreundeten Familie Kruse einmietete und bis 1920 seine Sommer verbrachte. Sein beabsichtigter Kauf der Lietzenburg 1918 scheiterte nicht am Preis von 110 000 Mark, sondern an seiner Forderung, einen Streifen Land bis zum Meer mit zu erwerben.

Gau das gewaltige Hotel Zum Dornbusch, das Landhaus Wieseneck folgt 1913, ebenso die Pension Haus am Meer in privilegierter Lage auf der Höhe der Hucke. Aber nicht nur die Insel hatte sich verändert. Hauptmann, mehrfach preisgekrönt, mit Ehrendoktorwürden überhäuft und mit Gesamtausgaben bedacht, als Repräsentant der deutschen Literatur schlechthin und als Medienstar gefeiert, musste sich eingestehen, dass dem, was er auf Hiddensee zu suchen vorgab, er selbst im Wege stand.

Zwischen 1917 und 1920 verbringt Hauptmann die Sommer auf der Lietzenburg, einer trutzigen Jugendstilfeste des Kaufmanns und Malers Oskar Kruse (1847–1919) auf halber Höhe des Dornbuschs. Die Bekanntschaft Hauptmanns mit den Kruses reicht bis in die 1880er Jahre zurück, wo er in der gleichnamigen Villa in Charlottenburg bei Berlin verkehrte. Wenn man sich mit dem Schiff dem Hafen von Kloster nähert, ist die Silhouette der Lietzenburg noch unschwer auszumachen, ehe sie beim Aufstieg zum Hochland von Kloster im Schatten der mächtigen Buchen versinkt. Zu DDR-Zeiten als Ferienheim der Ernst-Moritz-Arndt-Universität Greifswald genutzt und ein wenig dem

Mythos der Vegetarier-, Künstler- und Aussteigersiedlung auf dem Monte Verità bei Ascona im Tessin verpflichtet, harren die baulichen Relikte des Lebensentwurfs einer Künstlerkolonie einer mehr als ungewissen Bestimmung. In die Sommer bei „Onkel Os", wie der für seine Fabulierkünste berühmte Oskar Kruse auf Hiddensee wie im Berliner Café des Westens, wo er verkehrte, genannt wurde, fällt auch die nähere Bekanntschaft mit dem evangelischen Pfarrer der Insel. Arnold Gustavs, in Neuenkirchen bei Greifswald geboren, begeisterter Altertumsforscher und Keilschrift-Experte, wird zum Vertrauten Hauptmanns auf der Insel. Ihm schreibt Hauptmann 1918 von seinem gescheiterten Versuch, die Lietzenburg zu erwerben. Und als Oskar Kruse am 10. August 1919 stirbt, sein Bruder Max (1854–1942) in die Lietzenburg zieht und sich Hauptmann ein neues Sommerdomizil suchen muss, bittet dieser am 31. Mai 1921 aus Agnetendorf Pastor Gustavs um Hilfe, denn er, Hauptmann, wäre schon seit Wochen ohne Antwort auf einen Brief an die Pension Haus am Meer geblieben. Wie Hanns von Sydow, Sohn der Pensionsbesitzerin Irene von Sydow, in seinen Erinnerungen berichtet, hat Pastor Gustavs 1921 für die Hauptmanns das Quartier bei seiner Mutter bestellt, bis 1924 liefen die Kontakte dann direkt.

Die 1913 eröffnete Pension Haus am Meer von Irene von Sydow in Kloster, die sich mit großen Namen wie Albert Einstein, Käthe Kollwitz und Friedrich Hollaender als Hausgäste schmücken konnte. Hauptmann wohnte zwischen 1921 und 1924 in der jetzt als Vogelwarte genutzten Villa. 1924 kam es hier zu der vielzitierten Begegnung zwischen den Familien Mann und Hauptmann.

Margarete Hauptmann am Strand von Kloster bei der Morgengymnastik, 1919.

Gerhart Hauptmann 1919 am Strand von Kloster in der Franziskanerkutte, die er 1912 aus Verehrung für den Heiligen Franziskus im Kloster von Santa Margherita in Oberitalien erworben hatte.

War in den schillernden 1920er Jahren die Insel der bevorzugte Urlaubs- und Arbeitsort an der See für Künstler, Schriftsteller, Wissenschaftler und all jene, die in deren Fahrwasser in der Hoffnung mitschwammen, dass ein Schimmer des vergänglichen Glanzes auch auf sie fallen möge, war das Haus am Meer die Vorzugsadresse auf Hiddensee: der Anthroposoph Rudolf Steiner (1861–1925) logierte hier, der Maler Leo von König (1871–1944), Walter Trier (1890–1951), der Zeichner und Illustrator, der Stummfilmregisseur Wilhelm Murnau (1888–1931), die Schriftsteller Ernst Toller (1893–1939), Hans von Hülsen (1890–1986) und Thomas Mann (1875–1955), um nur einige zu nennen. Albert Einstein (1879–1955) kam ab und an zum Nachmittagskaffee in das für seine selbstgebackenen Makronen bekannte Logierhaus, und besagter Oskar Kruse, der, wie er selbst wohl streute, seine eigentlich erst später in Mode kommenden durchknöpfbaren Hemden nur deshalb trug, weil er seine Zigarre beim An- und Ausziehen nicht aus dem Mund nehmen wollte, wohnte aus purer Bequemlichkeit im Haus am

Walter Trier: Gerhart Hauptmann, 1924. Der beliebte und populäre Zeichner, der 1936 nach England emigrierte, wohnte 1924 und 1930 im Haus Wieseneck, schräg gegenüber von Haus Seedorn.

Meer und nicht in seiner Lietzenburg. „Kühe weiden bis zum Rande/Großer Tümpel, wo im Röhricht/Kiebitz ostert. – Nackt im Sande/Purzeln Menschen selig töricht“, dichtet Joachim Ringelnatz (1883–1934) im Karusel-Haus von Asta Nielsen (1881–1972) in Vitte. Walter Trier, stets den Hund Zottel an seiner Seite, zeichnet den sich im Speerwurf übenden Hauptmann. Und eine ausgelassene Künstlerschar gründet die „freie Republik Hiddensee“ und nimmt Hauptmann als „Ehrengeisel“ in „Schutzhaft“.

„Wir waren in diesem Sommer eine lustige Gesellschaft auf Hiddensee. Da war Max von Schillings, der Komponist der ‚Mona Lisa’, der sich hier von den Strapazen seiner Intendantengeschäfte ausruhte [...] Da war Thomas Mann mit Frau und Kinderschar, der eben die letzte – bis auf weiteres allerletzte! Hand an seinen Roman ‚Der Zauberberg’ legte. Da war der alte Hiddenseer Geheimrat Muthesius, der dann und wann mit seiner Gattin von Vitte nach Kloster herüberkam. Da war der wotanhaft schweigende Max Kruse, der mit seiner Brut auf der Lietzenburg horstete und vom Rand seines Gartens aus mit einem langen Fernrohr die Moral des Strandes kontrollierte. Da war der Maler Hans G. Haas, [...] mit seiner Frau, der Tänzerin Mag-

Joachim Ringelnatz und Stummfilmstar Asta Nielsen, die das vom Architekten Max Taut gebaute Karusel-Haus 1928 erwarb.

Urkunde der Republik Hiddensee für die „Ehrengeisel“ Gerhart Hauptmann, 1925. Die separatistischen Bestrebungen einiger fröhlicher Künstler waren natürlich als Spaß zu verstehen. Präsident der selbsternannten Republik war Max von Schillings.

Vor der Pension Haus am Meer: Eine Arbeiterjugend-Gruppe bringt den hohen Gästen ein Ständchen. Gerhart Hauptmann und Thomas Mann mit ihren Familien beim Fototermin (unter den weiteren Gästen hinter Gerhart und Margarete Hauptmann Arnold Gustavs, der Inselpastor). Bei einem gemeinsamen Urlaub 1923 in Bozen hatte Hauptmann die Manns nach Hiddensee eingeladen. Doch bald mussten sich beide eingestehen: für zwei Literaturpäpste war die Insel zu klein, so reisten die Manns vorzeitig ab.

da Bauer, die am Strande ihre rhythmischen Übungen mit einem Kreis junger Mädchen und Frauen abhielt. Und es gesellte sich häufig noch dieser und jener Künstler hinzu, und keine Fakultät blieb unvertreten", erinnert sich der Hauptmann-Biograph Hans von Hülsen.

Ein vielzitiertes Ereignis mit seinen literarischen und außerliterarischen Folgen ist der gemeinsame Aufenthalt der Manns und Hauptmanns 1924 im Haus am Meer. Bereits im Oktober 1923 waren Gerhart Hauptmann und Thomas Mann, die sich als Autoren Samuel Fischers kannten, zufällig in Bozen in Südtirol in derselben Ferienpension aufeinandergetroffen. Während der Trinksitzungen in Bozener Weinhäusern schwärmt Hauptmann von seinem Inselidyll, dem „baltischen Capri", wie es Günter Grass in seinem Roman „Ein weites Feld" bezeichnet. Die von Walter Trier verewigten beiden Esel Liese und Muschi bringen das Gepäck der Großfamilie Mann hinauf zum Haus am Meer, wo man sich direkt aus dem Bett die Dünen hinunter ins Meer stürzen konnte. Thomas Mann wohnt in der zweiten Etage über Gerhart Hauptmann. Die beiden Balkone sind direkt übereinander. Der in der Beletage, versteht sich, ist der größere. Eine Gruppe von Wandervögeln bringt allein dem „großen Gerhart“, wie Arnold Gustavs meint, ein Ständchen. Hauptmann, der flüssig diktieren, aber nur gehemmt frei sprechen kann, verliest seine Ansprache. Dann erscheint Thomas Mann über ihm und schmettert seine Rede frei und scharf geschliffen in die Runde. Als Irene von Sydow die erste Wochenrechnung stellt, bemerkt Katia Mann, dass sie in anderen Hotels immer Ermäßigung bekämen. Darauf die Wirtin: „Wir haben nur drei Monate Saison und müssen in dieser Zeit unser Auskommen für das ganze Jahr verdienen. Da kann ich mir Sie als Aushängeschild leider nicht leisten.“ Das „gewaltige Familien-Sommerlager (9 Personen und Persönlichkeiten!)“ der Manns merkte nur allzu bald, wer allein das Aushängeschild für die Insel war. Die achtzehnjährige Erika Mann, älteste Tochter des „Zauberers“, beschwert sich in einem Brief an ihre Freundin Pamela Wedekind über die Pension, wo jeden Morgen um vier Uhr zwölf Hähne krähen und das Essen „sauschlecht“ ist und schreibt über die Geburtstagsfeier ihrer Mutter Katia am 20. Juli 1924: „In der Nacht war das komischste Fest gewesen, das ich in meinem langen, langen Leben mitmachte; – bei Hauptmanns. Erst waren viele Wandervögel zum Dichter gepilgert, hatten gesungen und gesprungen und er hatte dümmlich geredet [...] Aber dann ging man in die werte Privatwohnung und dort gab es so toll und voll Bowle, dass alle aber auch alle (mit Ausnahme des Zauberers, versteht sich) recht sehr betrunken waren.“ Immerhin findet sie den Gerhart „unbeschreiblich üsis“, also drollig-sympathisch, und mag das uneitel Melancholische an ihm. Margarete dagegen „ist ein Rindvieh und eine Person, pudert sich so schlecht und ist so unliebenswürdig wie ich es selten antraf“. Hauptmann war „dermaßen eindeutiger König“, wie Katia Mann schreibt, dass nach vierzehn Tagen das Kräftemessen zu Ende war, die Manns nach Bansin und Ahlbeck weiterreisten. Was blieb war die Figur des holländischen Kaffeehändlers Mynheer Peeperkorn im „Zauberberg“, eine brillante Hauptmann-Karikatur, über die sich der Getroffene nicht nur

Auf der Überfahrt von Stralsund nach Hiddensee zur Beerdigung Gerhart Hauptmanns. V. l. n. r.: der Dichter und Hauptmann-Vertraute Gerhart Pohl, der spätere DDR-Kulturminister Johannes R. Becher, Margarete Hauptmann und die Krankenschwester Maxa Mück.

in einem Brief vom November 1924 an den gemeinsamen Verleger Samuel Fischer erregte: „Kurz, einem Holländer, einem Säufer, einem Giftmischer, einem Selbstmörder, einer intellektuellen Ruine, von einem Luderleben zerstört, behaftet mit Geldsäcken und Quartanfieber, zieht Thomas Mann meine Kleider an."

„Erwarten Sie uns, lieber Freund", schreibt Margarete Hauptmann als letzten Satz in ihrem eingangs erwähnten Brief an Arnold Gustavs vom 11. Juni 1946 aus Agnetendorf. Fast sieben Wochen sollten jedoch vergehen, ehe der am 6. Juni verstorbene Gerhart Hauptmann seine allerletzte Reise nach Hiddensee antritt. Am 25. Juli erreicht der Zug mit Hauptmanns Sarg in der Morgendämmerung Stralsund. Der Bahnhofsvorplatz ist voller Menschen. „Jugendliche waren mit brennenden Fackeln erschienen. Fischer und Hafenarbeiter entblößten wortlos die Häupter, nahmen den schweren Zinksarg auf die Schultern und trugen ihn durch die Straßen zum Rathaus", erinnert sich der sowjetische Kulturoffizier Grigorij Weiss (1911–1980). Am 26. Juli trifft Margarete Hauptmann mit einem Schnellboot auf Hiddensee ein, um die Beisetzung vorzubereiten. Sie gibt den Plan auf, Hauptmann auf seinem Grundstück vor den Fenstern seines Arbeitszimmers zu beerdigen und stimmt dem Vorschlag der Kirchengemeinde zu, auf dem Inselfriedhof einen Platz zu wählen, auf der einen Seite begrenzt durch „eine gewaltige dreigeteilte Esche, auf der anderen Gebüsch, das sich an die Friedhofskapelle lehnt; im Hintergrunde [...] ein wohl tausendjähriger Dornbaum, der sicher bereits die Zeit der Mönche gesehen hat".

Im Löwenschen Saal des Rathauses in Stralsund findet die Trauerfeier statt. Zwischen brennenden Kandelabern und unter Blumen und Kränzen der Sarg. Fischer und Seeleute halten Ehrenwache. Die sowjetische Militärverwaltung ist hochrangig vertreten. Wilhelm Pieck und Johannes R. Becher sprechen. Die schlichte Rede des Inselpastors einen Tag später auf Hiddensee hebt sich wohltuend von Bechers Pathos ab, der die Unsterblichkeit Hauptmanns preist: „Du gehst Deinen Gang durch Zeit und Ewigkeit, unaufhaltsam, denn Du bist zu einem Teil der Natur geworden, Du gehörst den Unvergänglichen an, Du bist eingegangen in den Kreislauf der Welt; wo immer Menschen im Zeichen der Wahrheit versammelt sind, wo immer ein menschliches Wort wirkt, ist es Wort von Deinem Wort, wo immer Menschen versammelt sind, in des Guten und des Schönen Namen, ist es Dein Genius unter ihnen, und es ist Dein Segen, der sie gesegnet." Unter den Klängen von Beethovens Fünfter Sinfonie setzt sich der Trauermarsch durch die Knieperstraße, den Knieperwall und die Seestraße zur Fähre am Strelasund in Bewegung. Am Straßenrand drän-

Beisetzung Hauptmanns am 28. Juli 1946, bei Sonnenaufgang, auf dem Friedhof in Kloster. Wilhelm Pieck, der spätere erste Präsident der DDR, erweist dem umworbenen Dichter die letzte Ehre. Links dahinter Oberst Sergej I. Tjulpanow von der sowjetischen Militäradministration neben den Vertretern der Universitäten Rostock und Greifswald.

gen sich die Menschen. Mit dem Dampfer Insel Hiddensee kehrt Hauptmann am Abend des 27. Juli für immer auf seine Insel zurück.

In seinem Arbeitszimmer wird der Dichter aufgebahrt. Hiddenseer Fischer tragen den Sarg am 28. Juli vor Sonnenaufgang, an sein erstes Drama „Vor Sonnenaufgang“ (1889) erinnernd, zum Friedhof, an dessen Pforte die Schriftsteller Johannes R. Becher, Gerhart Pohl (1902–1966), Peter Alfons Steiniger (1904–1980) und Walter Stanietz (1907–1965) den Sarg übernehmen. Die Kirche ist hoffnungslos überfüllt. Hinter den Bäumen des Örtchens Grieben steigt gerade die Sonne auf, als der Sarg in die Grube sinkt. Pastor Gustavs hält seinem Freund die Trauerrede. Aus dem Neuen Testament wählt er den zweiten Brief des Paulus an die Korinther, 12. Kapitel, Vers 4: „Er ward entzücket in das Paradies, und hörte unaussprechliche Worte, welche kein Mensch sagen kann.“ Zeilen, die sich Hauptmann kurz vor seinem Tod vorlesen und rot anstreichen ließ. Begraben wird Hauptmann, seinem Wunsch entsprechend, in der Franziskanerkutte, die er einst in Oberitalien erwarb, unter dem Kopf sein Versepos „Der große Traum“ (1942), seine Hände sind über dem Neuen Testament gekreuzt, auf dessen erster Seite er eintrug: „Dies Buch war mein ständiger Begleiter auf den Feldern von Lederose, als ich Landwirtschaft trieb, und ist Zeuge meines schweren religiösen Ringens gewesen vor mehr als 54 Jahren.“ Margarete Hauptmann tritt als letzte an das Grab und streut Erde vom Wiesenstein über den Sarg. Später wird sie eine Tanne aus dem Park ihres schlesischen Anwesens an das Grab ihres Mannes pflanzen. Doch wie Pastor Gustavs berichtet, hatte sie mit ihrem „ausgeprägten Sinn für Repräsentatives und Monumentales“ ursprünglich ganz andere Pläne; ein „teutonisches Mahnmal auf windiger Höhe“ mit einem zwei Meter hohen Wall von Findlingen sollte entstehen, in dessen Rund die zu exhumierende Leiche des Genius ruhen sollte. „Ich möchte den großen Gerhart gerne bei mir behalten!“, setzte der Inselpastor dagegen, womit er den Friedhof meinte –, und Margarete gab nach. Am Grabstein entzündeten sich erneut die Gemüter. Zum Glück kamen der Dichter-Witwe, die den von ihr verehrten Bildhauer Arno Breker (1900–1991) ins Gespräch brachte, die Studenten aller Universitäten der jungen DDR zuvor, die für den Erwerb eines sechzig Zentner schweren Findlings aus dem Odenwald spendeten, der bei einem Steinmetz in Stralsund bereits seit Jahren seiner Bestimmung harrte. Fünf Jahre nach der Beisetzung Hauptmanns wird der Stein enthüllt. Die Inschrift von Emil Preetorius (1883–1973) ist schlicht und auf das Wesentliche reduziert.

Zum 5. Jahrestag der Beisetzung des Dichters wird am 28. Juli 1951 der Grabstein mit der von Emil Preetorius entworfenen Inschrift durch den Vorsitzenden der Staatlichen Kommission für Kunstangelegenheiten enthüllt. Die Ehrenwache halten Thälmann-Pioniere.

Am 17. Januar 1957 stirbt Margarete Hauptmann im Sanatorium Ebenhausen bei München im Isartal. Am 6. Juni 1983, dem 37. Todestag Hauptmanns, wird ihre Urne im Beisein der Enkelin Anja Hauptmann im Grab ihres Mannes beigesetzt. Mit „Dein Eigentum" hatte sie ihre Briefe an Hauptmann unterschrieben. Der kleine Feldstein dem mächtigen Granitblock zu Füßen dokumentiert nicht nur dies auf eindrückliche Weise.

Wenn im späten Frühjahr die Rehe anderswo besseres Futter finden, und die schützenden Netze von den Gräbern der Schluck und Gau, der Schlieker und Striesow abgenommen werden, ist auch der Efeu vom Landsitz George Washingtons, der Hauptmanns Grab ziert, seiner Blätter beraubt. Doch hartnäckig treiben die kahlen Ranken Jahr für Jahr wieder aus, so, als müssten sie beweisen, dass Hauptmanns Beschreibung des Friedhofs in „Gabriel Schillings Flucht" (1912) immer aufs neue Bestätigung findet: „Eigentlich liegen wir recht gut, da oben im Sande [...] Na, eine schönere Stelle, begraben zu werden, gibt's doch nicht."

Die Geschichte Hiddensees während der letzten fünfzig Jahre zu schreiben wäre eine lohnende Aufgabe.

Rede Hauptmanns vom 28. August 1935 anlässlich seiner fünfzigjährigen Verbundenheit mit der Insel Hiddensee

Die Geschichte Hiddensees hat Hauptmann nie geschrieben. Dass er eine solche plante, verraten nicht nur seine Tagebücher. Ein Goethe-Motto sollte den Einstieg geben, die Zisterziensergründung Kloster Hiddensee 1296 eine nicht unbedeutende Rolle spielen, die 1332 geweihte Fischer- und Bauernkirche (die heutige Inselkirche) vor dem Klostertor wie ihr Vorgängerbau, die sagenumwobene Kirche auf dem Gellen südlich von Neuendorf-Plogshagen, vom Leben und Sterben der Inselbewohner erzählen. Ob der beabsichtigte historische Umgang mit dem Insel-Stoff, wie es sonst nur noch im nachgelassenen dramatischen

Luftaufnahme von Kloster aus den 1920er Jahren. Im Vordergrund der Hafen mit dem Hotel Hitthim und der noch intakten Gutsanlage, ganz links im Bild am Meer die Seenotrettungsstelle, der Pfeil vor der Hucke weist auf die Lietzenburg hin.

Fragment „Die Hohe Lilie" der Fall ist, tatsächlich realisiert worden wäre, bleibt dahingestellt. Wir erfahren lediglich, wie Hauptmann sich dem Thema nähern, das äußerlich immer gleich scheinende Antlitz der Insel in ständiger Veränderung zeigen würde: „Der erste Eindruck [...] war der von Weltabgeschiedenheit und Verlassenheit. Das gab ihm den grandiosen und furchtbaren Ernst unberührter Natur und dem Menschen, der in dieses Antlitz hineinblickte, jene mystische Erschütterung, die mit der Erkenntnis von den Grenzen seines Wesens und der menschlichen Kultur überhaupt verbunden ist." Sicherlich hätte er sich näher mit dem Schlesier und Hiddensee-Original Alexander Ettenburg (1858–1919) beschäftigt, der als multitalentierter Einsiedler und Gesundheitsapostel auf den Anhöhen des Dornbusch seine Bergwaldschänke Eremitage auf „Tannhausen" betrieb, mit dem selbst verfassten Insel-Volksstück „Swantewits Fall" zum Namensgeber jener Stelle unterhalb des Bakenberges wurde, an der 1900 die Uraufführung stattfand, der Swantewit-Schlucht – und der nicht müde wurde, als Rezitator die Schönheit Hiddensees zu preisen. Verarmt, vergessen und dem Alkohol verfallen, starb er im Jahre 1919 in Stralsund. Sein Grab fehlt auf dem Friedhof in Kloster: die Urne mit seiner Asche ging auf dem Postweg nach Hiddensee verloren. Doch so oft Hauptmann die Insel auch beschrieb, Orte und Ereignisse ihm mittel- oder unmittelbar Vorbild waren, immer war es jenes Bild der Insel, das sich der Dichter von ihr machte: das der frühen Unschuld vor ihrer touristischen Entdeckung, das der Kunst und Geistigkeit und das der ihn wieder und wieder inspirierenden natürlichen Schönheit, gepaart mit der Magie elementarer Macht.

Die Tragödien „Iphigenie in Delphi" (1941), „Iphigenie in Aulis" (1944) und das Romanfragment „Der neue Christophorus" (1943) wurden in Haus Seedorn diktiert, auf seinen Produktivspaziergängen am Meer entstanden Ideenskizzen und Textrohfassungen von vielen seiner Dramen und Prosawerke. „Gabriel Schillings Flucht" spielt im heutigen Heimatmuseum, damals Seenotrettungsstation, und in einem Gasthaus, das dem Schliekerschen von 1885 am Bollwerk in Kloster nachempfunden ist. Der lebensüberdrüssige Künstler Schilling, Hauptmanns Jugendfreund Hugo Ernst Schmidt (1863–1899) nachgezeichnet, der den Tod in der Ostsee sucht, lechzt nach einem richtigen Sturm als kultisch-religiöse Heilung und Befreiung zugleich: „So was Wildes, Frisches, Tolles, Brausendes, Salzhaltiges brauche ich!“

Das fragmentarische Drama „Der Flieger“ spielt ebenfalls auf der Insel, wie Tagebuchnotizen Hauptmanns von 1923 zu entnehmen ist: „Drama aus Kriegszeit. Haus auf Ostseeinsel. [...] Gäste des Seebades und Seeflieger bilden die Gesellschaft.“ Doch erst während seines Inselaufenthaltes 1938 führt er einige Szenen aus und verarbeitet den von 1928 bis 1935 betriebenen Flugverkehr der Lufthansa mit Wasserflugzeugen zwischen Berlin, Stralsund, Sellin und Kloster. Den weit verbreiteten Hiddenseer Familiennamen Schluck und Gau hat Hauptmann mit den Vagabunden Schluck und Jau in seiner gleichnamigen schlesischen Komödie (1900) ein Denkmal gesetzt.

Keines seiner Prosawerke ist so geprägt von der Insel und hat ihm offensichtlich so viel Spaß beim Schreiben gemacht wie „Die Insel der großen Mutter oder das Wunder von Île des Dames“ (1924). „Ich hätte sie wohl nie geschrieben, hätte ich nicht jahrelang auf Hiddensee die vielen schönen, oft ganz nackten Frauenkörper gesehen und das Treiben dort beobachtet“, vertraut er seinem Freund Carl Friedrich Wilhelm Behl (1889–1968) an. Der Roman spielt, etwas verfremdet, auf „einer herrlich und verlassen prangenden, von Gebirgen überhöhten Insel im südlichen Teil des stillen Weltmeeres“. An die hundert europäische Damen haben sich nach einem Schiffbruch, den man dem Autor nur als durchschaubaren Kunstgriff abnimmt, auf jene Insel geflüchtet, deren Zauber sie reihenweise erliegen: „Diese Landschaft muß die menschliche Seele besser machen, friedlicher, liebevoller, glückseliger.“ Nur mit Stoffschuhen und einem gegürteten Hemd bekleidet, zelebriert die Frauenkolonie das Paradies auf Erden, wird das morgendliche Bad im Meer zur Lustbarkeit: „Das Echo von all diesem Jauchzen, diesem Gelächter, diesen Schreien der Wollust, von all diesen tausendfachen Lauten einer bis zur Glückseligkeit gesteigerten Freude irrte in den Basaltfelsen der Talwände." Hauptmann, der im Spätsommer 1916 mit seiner „Geschichte aus dem utopischen Archipelagus", so der Untertitel, begann, ersann sich den zwölfjährigen Phaon, einziger männlicher Schiffbrüchiger, und lebt sich schreibend aus. „Das Wunder von Île des Dames" nimmt seinen Lauf. In nie ermüdender Lust löscht Phaon einer nach der andern das „brennende Fleisch" und bricht mit ihnen „durch sieben Himmel". Die unausweichliche Katastrophe folgt. Der Lust weicht ein schaler Nachgeschmack. Phaon flieht und „Böen der Freiheit schwellten sein Segel".

Gerhart Hauptmann beim „Produktivspaziergang" am Strand von Vitte im Sommer 1899.

Bei Hauptmanns erstem Besuch auf Hiddensee 1885 entstand das vielzitierte Gedicht „Mondscheinlerche", geschrieben „im damals einzigen kleinen Gasthäuschen von Gau zu Kloster", womit der Schliekersche Gasthof am Bollwerk gemeint war. Über sechs Jahrzehnte zieht sich die Insel als Motiv durch sein lyrisches Schaffen, eine literarische Seite Hauptmanns, die nie im Mittelpunkt der Betrachtung stand, das Erlebnis Hiddensee jedoch mit am eindringlichsten spiegelt. Der Mondscheinlerche, dem unscheinbaren Sprosser, der Nachtigal des Nordens, der Hauptmann weniger

Unermüdlichkeit wünscht, um bei geöffnetem Fenster schlafen zu können, wird in dem Drama „Die Goldene Harfe" (1933) gehuldigt. Dieses „Genie [...] imitierte tausendfältig das Drama seines Lebens mit den Stimmen seiner Akteure: den Pfiff des Stars, die Geige des Finks, die bescheidenen Liebeserklärungen seines brütenden Weibchens macht er nach".

Seit dieser ersten Mondnacht am Meer verband sich Hauptmanns Werk und Leben unlöslich mit der Insel.

Mondscheinlerche

Von dem Lager heb ich sacht
meine müden Glieder;
eine warme Sommernacht
draußen stärkt sie wieder.
Mondschein liegt um Meer und Land
dämmerig gebreitet;
in den weißen Dünensand
Well auf Welle gleitet.

Unaufhörlich bläst das Meer
eherne Posaunen;
Roggenfelder, segenschwer,
leise wogend raunen.

Wiesenfläche, Feld und Hain
zaubereinsam schillern;
badend hoch im Mondenschein
Mondscheinlerchen trillern.

„Lerche, sprich, was singst du nur
um die Mittnachtsstunde?
Dämmer liegt auf Meer und Flur
und im Wiesengrunde."

„Will ich meinen Lobgesang
halb zu Ende bringen,
muß ich Tag und Nächte lang
singen, singen, singen!"

Ihr freundliches Auge über meinem werdenden Anwesen ist mir die wohltätigste Vorstellung.

Gerhart Hauptmann an Arnold Gustavs
Agnetendorf, 16. November 1930

Anfang Juni bis Mitte August 1926 mietete sich Hauptmann erneut auf Hiddensee ein, diesmal mit Langzeitfolgen, denn der in vielen Lebenslagen so unentschiedene Dichter spürte zunehmend, wie sehr er die inspirativen Pole Gebirge und Meer für sein künstlerisches Schaffen benötigte. Nach den vergeblichen Versuchen, die Lietzenburg vom befreundeten Berliner Maler Oskar Kruse oder die Heiderose in der Dünenheide zwischen Vitte und Neuendorf vom Hiddenseer Paul Krüger zu kaufen, wurde Hauptmann 1930 endlich, mit 68 Jahren, auch auf seiner Insel sesshaft.

Der Glashüttendirektor Modler aus Berlin hatte 1920 für seine Freundin Martha Raeth ein kleines Sommerhaus bauen lassen, das damals noch ohne jede Beschattung mit freiem Blick auf Bodden und See in der Landschaft stand, nur umgeben von Sand- oder auch

Das frei in der Landschaft stehende Haus Seedorn, benannt nach den Sanddornbüschen, die es vornehmlich umgaben, als Hauptmann das 1920 errichtete Gebäude von der Gemeinde Kloster 1930 erwarb. Die heute den Blick auf Meer und Bodden verstellenden Buchen, Ahorne und Birken wurden erst nach den Anordnungen Hauptmanns gepflanzt.

Seedorngebüsch, woher der Name rührt. Wenn die Besitzerin selbst nicht auf der Insel war, vermietete sie an Sommergäste, so 1926 an Hauptmann. Das für die Zeit typische leichte Berliner Sommerhaus, „ein viereckiger Kasten, der unschön in die Lüfte ragte", wie Arnold Gustavs in seinen Erinnerungen zu berichten weiß, wurde in Kloster als Zumutung empfunden. Der Gemeinderat verlangte bauliche Veränderungen. So wurden die ursprünglich glatten Giebel mit je einem Krüppelwalm versehen und die Veranden an der Süd- und Ostseite angefügt. Obwohl Hauptmann das Haus zusagte, bemühte er sich 1926 noch nicht darum, es zu kaufen, zu klein schien ihm das zweigeschossige Gebäude für seine Bedürfnisse: im Obergeschoss drei Schlafräume, im Erdgeschoss neben Küche und Veranda nur eine Wohndiele. Ein Platz, wo er ungestört, umgeben von seiner Bibliothek, arbeiten konnte, fehlte ebenso wie Räumlichkeiten für Hausangestellte, Gäste – und Geselligkeiten. Frau Raeth, in finanzielle Nöte geraten, hegte Verkaufsabsichten. Hauptmanns zögerliches „Nu ja ja! – Nu nee nee!" ließ vorerst die Gemeinde einspringen, die den prominenten Sommergast dauerhaft auf der Insel halten wollte. Für 30 000 Mark von dieser mit der festen Absicht erworben, Haus Seedorn an Hauptmann weiter zu verkaufen, stand es ihm nun zur Miete zur Verfügung. Ohne die Empfehlung von Hauptmanns Freund und Gönner, Regierungspräsident Haußmann aus Stralsund, an die Gemeindevertreter, und ohne die Argumentationskünste des Inselpastors Arnold Gustavs, im Interesse der Entwicklung der Insel mit der Kaufentscheidung dem Nobelpreisträger einen späteren Erwerb zu ermöglichen, hätte der Beschluss sicherlich nicht die erforderliche Mehrheit gefunden, denn unter den Einheimischen war Hauptmann nicht unbedingt beliebt. Als dieser sich jedoch auch nach dem Sommer 1927 in Haus Seedorn immer noch nicht entscheiden kann, platzt den Gemeindevertretern die Geduld, und sie beschließen am 13. Februar 1928, die Immobilie, die mehr und mehr Unkosten verursacht, durch Inserate in der Presse loszuwerden. Derart unter Druck gesetzt und doch noch über ein Jahr zögernd, kauft Hauptmann am 25. Juni 1930 für 32 000 Mark und zahlt damit den finanziellen Mehraufwand der Gemeinde gleich mit. Eintausend Mark begleicht er in bar. Obwohl Baumängel den Abriss und einen kompletten Neubau gerechtfertigt hätten, wählt Hauptmann den Kompromiss und lässt anbauen. Seine Ideenskizze ist weniger von ästhetischen Ansprüchen als von der Zweckmäßigkeit geprägt, sich einen großzügigen, abgeschirmten Ort zum Arbeiten zu schaffen. Wohl die Diskussion um seine Wunschvorstellung scheuend, beauftragt er keinen der ihm nicht nur von der Insel bekannten Architekten wie Hermann Muthesius (1861–1927) oder Max Taut (1884–1967), sondern einen Freund seines Sohnes Ivo aus Dresden, Arnulf Schelcher (1886–1966), der 1935/36 das Wohnhaus von Otto Dix in Hemmenhofen am Bodensee bauen wird, 1930/31 jedoch in Kloster einen gotisierend expressionistischen Wandelgang auf ein Arbeitszimmer der Neuen Sachlichkeit treffen lässt. Der Lageplan im Maßstab 1:500, auf dem noch das Gemeindeamt Kloster auf Hiddensee als Eigentümer ausgewiesen ist, macht deutlich, wie eng Schelcher den Vorstellungen Hauptmanns folgt.

Notizbuch-Skizze Hauptmanns zu dem geplanten und im Winter 1930/31 entstandenen Anbau. Das ursprüngliche Haus Seedorn *wird durch einen Verbindungstrakt, dem Kreuzgang, mit dem großzügigen Neubau, dem Arbeitszimmer, verbunden; nach Süden weisend die angedeutete Terrassenmauer. Linkerhand der Lageplan des Architekten Arnulf Schelcher zum Bauantrag vom 28. Oktober 1930.*

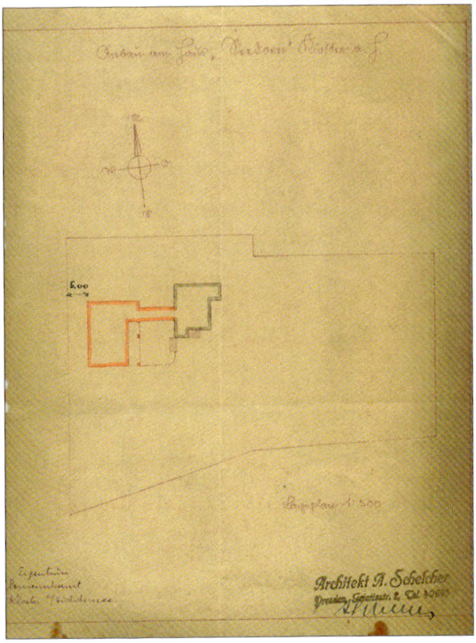

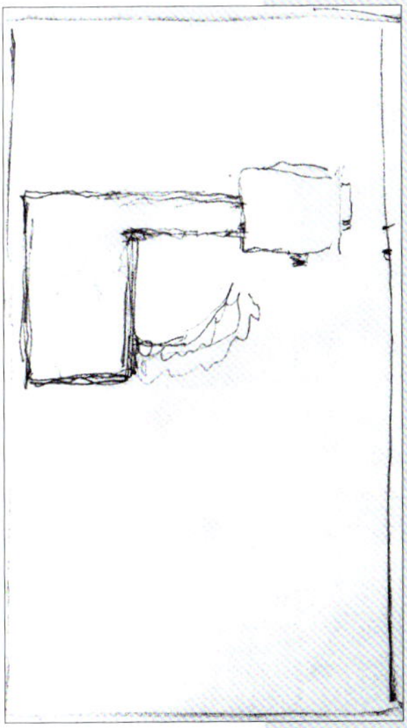

Der am 28. Oktober 1930 an das Baupolizeiamt der Regierung in Stralsund eingereichte Bauantrag trägt, neben einem imposanten Eingangsstempel, folgenden handschriftlichen Vermerk: „Für möglichst umgehende Bearbeitung setze ich mich ein, da mit den Bauarbeiten sofort begonnen werden soll, was sehr im Interesse von Hiddensee liegt.“ Am 19. Dezember 1930 wird durch die Dresdner Centralheizungs-Fabrik Louis Kühne der Entwurf einer Warmwasserheizungsanlage eingereicht. Allerdings erhielt nur der Neubau diese Zentralheizung, deren Kessel in dem alten Keller unter der Küche im nordwestlichen Teil des Gebäudes installiert wurde. Zur Saison 1931 war der Anbau mit Arbeitszimmer, dem Kreuzgang (mit vorgetäuschten Gewölben aus Putz mit Putzdraht), dem kleinen, sogenannten Abendzimmer und der Terrasse fertig. Direkt unter dem Kreuzgang ließ Hauptmann einen großzügigen Weinkeller bauen. Der Sommer auf Hiddensee begann, wenn Hauptmanns Wein eintraf, war ein geflügeltes Wort auf der Insel. Wenn der Dichter im Herbst abreiste, waren die Tonröhren, die 450 Flaschen Wein Platz boten, leer. Im November 1933 beantragte der Architekt Georg Marschall aus Petersdorf im Riesengebirge kleinere Veränderungen im Innenraum des Altbaus und im südlichen Verandabereich, die am 29. Januar 1934 vom Amtsvorsteher in Kloster baupolizeilich genehmigt wurden. Seitdem präsentiert sich das Haus mehr oder weniger so, wie wir es heute kennen.

Um sich vor aufdringlichen Touristen und neugierigen Blicken zu schützen, ließ Hauptmann um das Haus nicht nur Buchen und Birken pflanzen, sondern vergrößerte seinen Grundbesitz, wie Arnold Gustavs berichtet: „Eines Tages sagte Hauptmann nach dem Morgenspaziergange zu seiner Frau: ‚Gretchen, eben habe ich das Birkenwäldchen von Max Kruse für 16 000 Mark gekauft!‘ Nun ließ Hauptmann beides, das Grundstück von Haus Seedorn und das Birkenwäldchen, durch einen hohen Drahtzaun zu einem einheitlichen Ganzen zusammenfassen.“ Das so entstandene Areal von 7 500 Quadratmetern entspricht der heutigen Grundstücksgröße. War der Maschendrahtzaun schon ein Fremdkörper auf der Insel, der die Gemüter erregte, hatte sich Hauptmann obendrein noch einen schmalen Weg einverleibt, der zur Biologischen Forschungsanstalt führte. Der darüber eskalierende Streit wurde nur dadurch beigelegt, dass Hauptmann am 29. November 1930 gegenüber dem Haus Wieseneck einen weiteren Streifen Land kaufte, diesmal vom Kloster zum Heiligen Geist in Stralsund, um davon einen neuen Verbindungsweg nach Norden zur Biologischen Forschungsanstalt abzutrennen. Der zugewachsene Pfad, der vom Kirchweg aus heute kaum wahrnehmbar ist, wird so gut wie nicht genutzt. Das vom Kloster verkaufte, jetzt teilbebaute Grundstück, gehörte bis 2001 Anja Hauptmann, Enkelin und Teilerbin des Dichters.

Das Kloster zum Heiligen Geist in Stralsund wirbt mit ganzseitigen Anzeigen für Bauland auf Hiddensee. Ende 1930 kauft Hauptmann vom Kloster ein weiteres Stück Land zur Anlage eines Verbindungsweges nach Norden.

1932 war Hauptmann bereits am 30. März auf Hiddensee. Nach der Uraufführung seines Dramas „Vor Sonnenuntergang" am 16. Februar im Deutschen Theater Berlin unter der Regie Max Reinhardts und der kurz darauf folgenden, anstrengenden Amerikareise sehnte er sich nach der damals schon unzeitgemäßen Stille auf seiner Insel. Anläßlich des 100. Todestages Goethes hatte er an der Columbia University eine umjubelte Rede gehalten, war von Präsident Hoover im Weißen Haus empfangen worden, mit den amerikanischen Autoren Sinclair Lewis, Theodore Dreiser und Eugene O'Neill zusammengetroffen und hatte gemeinsam mit seiner Frau in Mount Vernon, dem

Landsitz George Washingtons, einen Ableger des vom ersten Präsidenten der Vereinigten Staaten selbst gepflanzten Efeus als Geschenk erhalten. Dieser wurde nun an der neuen Terrasse eingesetzt und sollte später ebenfalls für die Bepflanzung von Gerhart Hauptmanns Grabhügel dienen. Auch sein Sommeraufenthalt war noch ganz vom Hochgefühl über sein neues Domizil erfüllt, wie sich Carl Friedrich Wilhelm Behl, Hauptmann-Biograph und Herausgeber erinnert: „Reizend war die fast kindhafte Freude, mit der Hauptmann uns sein Haus, die vom abendlichen Meerwind überwehte Backsteinterrasse und den zugleich behaglich und großzügig wirkenden Bibliotheks- und Arbeitsraum zeigte."

Den sich häufenden Ehrungen zu Hauptmanns 70. Geburtstag im November kommt Hiddensee zuvor: Dem Dornbusch-Wald in der Gemeinde Kloster wird der Name Gerhart-Hauptmann-Wald verliehen. Die Urkunde darüber erhält Hauptmann am 21. August 1932 von Regierungspräsident Haußmann und den Gemeindevertretern von Kloster, Vitte und Neuendorf. Eingebürgert hat sich diese Bezeichnung weder bei den Einheimischen noch ist sie in Kartenwerke oder andere Darstellungen aufgenommen worden.

Vom 21. Juli bis 30. September 1943 war Hauptmann ein letztes Mal auf Hiddensee. Besorgt fragt Margarete Hauptmann am 22. Juni 1943 bei Pastor Gustavs an, ob denn ein vertrauenswürdiger Arzt auf der Insel, Heizmaterial für die Zentralheizung zu beschaffen wäre. „Durch freundliche hohe Beziehungen" ist ihnen die Fahrt bis Stralsund mit dem Auto möglich. Gern würden sie bis Schaprode fahren, wenn ein Motorboot greifbar wäre, um dem kränkelnden Dichter die Überfahrt mit einem gewiss überfüllten Dampfer zu ersparen. Und sie schließt den Brief: „Wir alle freuen uns unendlich auf dat söte Länneken, auf die Seeluft, nach der besonders Gerhart einen wahren Schmacht hat. Allerherzlichste Grüsse, liebe verehrte Freunde und Gönner, von GH und mir, Ihrer Margarete Hauptmann." Hauptmann nimmt am 12. September in der Kirche in Kloster am Gottesdienst zur Einweihung der neuen Schuke-Orgel aus Potsdam teil und spürt, wie wohltuend die Abgeschiedenheit der Insel auf ihn wirkt. „Ich bin nun wieder hergestellt – bis zu meinem Tod“, erklärt er nach der Rückkehr nach Agnetendorf. Arnold Gustavs, der von 1903 bis 1948 Pfarrer von Hiddensee ist, sorgt für die Hauptmanns, wie er sich von 1943 bis 1953 um Haus Seedorn kümmern wird. Die Einquartierung von Umsiedlern nach dem Krieg beschränkt sich auf das alte Haus, das Hauptmann-Mobiliar wird größtenteils im Arbeitszimmer und auf dem Boden sichergestellt. Die intensivere Nutzung des Gebäudes nach 1945 insbesondere in der kalten Jahreszeit führte zu bauphysikalisch bedingten, gravierenden Schäden, die auf der Grundlage eines Gutachtens des Statikers Wolfgang Preiss aus Dresden in einer ersten Sanierungsphase 1975/76 teilweise behoben wurden. So war in Margaretes Schlafzimmer im Obergeschoss des Altbaus ein 1962 gesetzter massiver Kachelofen abgetragen worden, der zu einer gefährlichen Durchbiegung der Deckenbalken geführt hatte. Durch die Aufnahme von Haus Seedorn in die Zentrale Denkmalliste der DDR, eingetragen am 19. Juni 1975 als ein Denkmal von internationaler Bedeutung, konnten die Arbeiten beschleunigt werden.

1953 verfügt die Deutsche Akademie der Künste über das Haus, gelegentlich sind Arbeitszimmer und Kreuzgang zu besichtigen. Erst mit der Übernahme der Verwaltung durch die Gemeinde Hiddensee 1955 nimmt der Plan, eine Gerhart-Hauptmann-Gedächtnisstätte einzurichten, Gestalt an. Gustav Erdmann (1930–1994) wird vom Hiddenseer Bürgermeister Rosin mit der Konzeption beauftragt. Der Bildhauerin Karla Friedel (1893–1970), die im alten Teil des Hauses lebt und ihr Atelier in der Veranda hat, wird der Umzug nahegelegt. Wohn- und Arbeitsmöglichkeiten in Bansin auf Usedom werden ihr angeboten, Kulturminister Becher wird mit der Bitte angeschrieben, den Freizug des Hauses zu unterstützen. Zwar zieht sich die Künstlerin aus den öffentlich zugänglichen Räumen zurück, doch wird sie bis zu ihrem Tod 1970 im Haus wohnen bleiben.

Am 6. Juni 1956, Hauptmanns 10. Todestag, wird Haus Seedorn als Gerhart-Hauptmann-Gedenkstätte eröffnet. Die Festansprache hält der Germanist Bruno Markwardt von der Ernst-Moritz-Arndt-Universität Greifswald. Bis zum Ende der Saison 1958 hat das Haus 152 000, bis 1968 fast 700 000 Besucher! Am 3. August 1966 schreibt Walter Ulbricht, Vorsitzender des Staatsrates der DDR, in das Gästebuch: „Das Museum ist eine würdige Ehrung des großen deutschen Dichters Gerhart Hauptmann, des Dichters der Weber." Bis 1989 wird Haus Seedorn gemeinsam mit dem Heimatmuseum als die „Museen der Insel Hiddensee" von der Gemeinde verwaltet. Zehn Jahre nach der ersten Sanierung erfolgen 1986 weitere grundlegende Instandsetzungsmaßnahmen. Die Veranden müssen komplett abgebrochen und neu aufgebaut, die Regenentwässerung und die Dacheindeckung erneuert werden. Ebenso wie der Bau des Kassen- (1992) und des Künstlerhäuschens (1994) werden die Arbeiten von Prof. Jasper Herrmann, Architekt aus Stralsund, geleitet.

Ehe am 22. September 1994 die Gerhart-Hauptmann-Stiftung als eine der ersten Kulturstiftungen des Landes Mecklenburg-Vorpommern bestätigt wird und

Haus Seedorn im Mai 2006. Der die Terrasse begrenzende Efeu wurde im April 1932 gepflanzt und stammt von einem Ableger, der Hauptmann auf seiner Amerikareise beim Besuch des Landhauses George Washingtons verehrt worden war.

sich damit für Haus Seedorn völlig neue Perspektiven eröffnen, war nach 1990 eine Zeit der Interimslösungen zu überstehen. Da die Gemeinde nur noch das Heimatmuseum weiter finanzieren konnte, übernahm von 1992 bis 1994 die Gerhart-Hauptmann-Gesellschaft mit Sitz in Berlin die Trägerschaft. Ohne das selbstlose Engagement von Annalise Hauptmann (geb. 1904), Teilerbin und Schwiegertochter des Dichters, die mit großem Einfühlungsvermögen in die Nachwende-Situation und beträchtlichem finanziellen Einsatz die Zukunft des Hauses durch eine Stiftung nachhaltig sicherte, wäre dieses Kleinod der Öffentlichkeit kaum erhalten geblieben. Zuwendungen des Bundes und der Deutschen Stiftung Denkmalschutz machten 1997 die komplette Neueindeckung mit Biberschwanz-Ziegeln möglich, 1999/2000 die Sanierung der Fenster und 2001 die malermäßige Instandsetzung der Außenfassade. Dank einer großzügigen Spende der Alten Leipziger Versicherung und mit Mitteln der Kulturstiftung der Länder und des Bundes konnte auch der noch in Besitz von Anja Hauptmann verbliebene Teil des Grundstücks angekauft werden, so dass die Stiftung seit 1998 alleinige Eigentümerin des Anwesens ist.

Detailansicht Südseite: Hinter den Austritten befinden sich die Schlafzimmer Gerhart und Margarete Hauptmanns.

Hauptmanns einstiges Traumgehäuse zu bewahren und zu pflegen und als lebendigen kulturellen Mittelpunkt der Insel zu entwickeln, hat sie sich satzungsgemäß und erfolgreich verschrieben.

Das Memorial

In meines Hauses stillem Raum herrscht der Traum.

Gerhart Hauptmann:
Die Insel, Sommer 1943

Anfang Mai, wenn Blausterne und Tulpen blühen, Buchen, Birken und Ahorn die ersten hellgrünen Blattspitzen treiben, grüßt Haus Seedorn für Wochen freundlich und klar seine Besucher, ehe es sich unter einem Blätterdach neugierigen Blicken fast völlig entzieht. Die Inselbewohner sind entspannter und gesprächiger als sonst und zwischen Grieben und Neuendorf kann man sich die Quartiere noch aussuchen. Es ist die beste Zeit, Hauptmanns Traumgehäuse an der Ostsee aufzusuchen. Die Fenster des Kassenhäuschens am Kirchweg 13 sind mit den neuesten Bucherscheinungen drapiert, und wer der Versuchung widersteht, sich festzulesen, wird vom Anblick des parkähnlichen Gartens und denkmalgeschützten Hauses gefangen.

Haus Seedorn ist das einzige authentische Hauptmann-Memorial, das die Wohn- und Arbeitsräume des Dichters mit der originalen Einrichtung unverändert präsentiert. Um diesen besonderen Charakter zu erhalten, ist auf eine umfassende Gesamtdarstellung von Leben und Werk zugunsten der Darstellung der Beziehungen Hauptmanns zu Hiddensee verzichtet worden. Die über dreißig Aufenthalte Hauptmanns zwischen 1885 und 1943 machen, zählt man sie zusammen, etwa dreieinhalb Inseljahre aus. Auf dem Weg zum Besuchereingang an der Südveranda sind drei Vitrinen aufgestellt, die mit zur Ausstellungskonzeption gehören. Sie sollen darauf einstimmen, die Lebens- und Schaffenssphäre des Dichters in der Sommerresidenz live zu erleben. Anhand von Fotos und Dokumenten wird im ersten Schaukasten Biographisches vermittelt. Der Gasthof Zur Preußischen Krone in Bad Salzbrunn,

Hauptmanns Geburtshaus, ist genauso zu sehen wie sein Breslauer Realschulzeugnis vom 29. April 1878. Weitere Aufnahmen verweisen auf seine Wohnsitze und Wirkungsstätten. Hauptmanns Text über den Untergang Dresdens, am 29. März 1945 im Rundfunk verlesen, steht neben seiner Botschaft an das deutsche Volk, die er auf Drängen Johannes R. Bechers am 4. Oktober 1945 in Agnetendorf verfasste. In der zweiten Vitrine werden Wegbereiter, Freunde und Förderer des Dichters wie Theodor Fontane (1819–1898), Otto Brahm (1856–1912), Samuel Fischer (1859–1934) und Alfred Kerr (1867–1948) vorgestellt. Hauptmann-Porträts zwischen 1889 und 1942 illustrieren das Verzeichnis seiner wichtigsten Werke. Inszenierungsfotos vermitteln einen Eindruck von Hauptmanns Bühnenpräsenz über mehr als ein Jahrhundert, dabei wird das Schicksal der ersten „Weber"-Aufführung 1893 genauso dokumentiert wie die turbulente Uraufführung von „Vor Sonnenaufgang" vier Jahre zuvor. Die dritte Vitrine stellt im Wechsel aktuelle Inszenierungen von Hauptmann-Stücken vor.

In der kleinen Veranda an der Südseite steht der Besucher im ursprünglichen Teil des Hauses. Gerhart Hauptmanns Lebenswege werden anhand einer großformatigen, klappbaren Wandinstallation sehr anschaulich vermittelt. Sie verzeichnet die wichtigsten biographischen Stationen, die in ihrer Zusammenschau deutlich machen, wie stark autobiographisch geprägt Hauptmanns Schaffen war: Kindheit und Jugend in Schlesien, die gescheiterte Landwirtschaftslehre in Lohnig und Lederose auf den Gütern seines Onkels – seine erste große unerfüllte Liebe dort wird er wieder und wieder in Gedichten, dramatischen Entwürfen und Erzählungen variieren. Die Zeit auf dem Hohenhaus in Radebeul-Zitschewig nach seiner heimlichen Verlobung mit Marie am 29. September 1881, Studien in Jena und Berlin, der Wendepunkt zum Schriftsteller in Erkner, Bildungsreisen nach Italien und Griechenland, das zwiespältige Erlebnis Amerika. Hauptmann braucht den Ortswechsel, um sich inspirieren zu lassen. Wichtige weltgeschichtliche Ereignisse und Höhepunkte in der Literatur- und Theatergeschichte werden mit Hauptmanns Leben und Schaffen kontrastiert. Fotos von seinen Wohnstätten auf der Insel vor dem Kauf von Haus Seedorn 1930, von seiner Familie, von Freunden und Bekannten veranschaulichen diese Lebensdaten.

In Vitrinen finden sich Werke Hauptmanns mit Hiddensee-Bezug, u. a. die Erstausgabe von „Schluck und Jau" (1900), die er im August 1899 in Vitte begonnen hatte, und von „Der Ketzer von Soana" (1918), abgeschlossen im Herbst 1917 auf der Insel. Breiter Raum ist der Begegnung der Familien Hauptmann und Mann im Juli 1924 in der Pension Haus am Meer in Kloster gewidmet. Über den Vitrinen ist das Porträt Hauptmanns (Bronze) in Lebensgröße mit dem Vermerk „Nach dem Leben porträtiert im Jahre 1931" von Karla Friedel angebracht, eine Schülerin Max Kruses. Später wird die Bildhauerin, die in den 1950er und 1960er Jahren in Haus Seedorn wohnt und arbeitet, die Büste eines jungen Grenzpolizisten der DDR, der auf der Insel stationiert ist, genauso realistisch modellieren.

Von der Veranda gelangt man in die Diele des alten Hauses, die vor dem Anbau der einzige Wohnbereich war. Der ehemals lichtdurchflutete Raum, den man, seiner südöstlichen Lage wegen, nach dem Anbau bevorzugt vormittags nutzte, trägt die Handschrift Margaretes: ein runder Tisch mit Mittelfuß, um den sich vier Korbsessel gruppieren, ein Schreibsekretär, an dem sie nachmittags ihre Korrespondenz erledigte, wenn Hauptmann im Arbeitszimmer dichtete. Das Porträt Margaretes und die Karikatur von Walter Trier sind Leihgaben, die später hinzu kamen, ebenso das Kofferradio Typ Nora S4K von 1930, eine Reminiszenz an Hauptmanns ambivalentes Verhältnis zu diesem Medium. Einer Anordnung der sowjetischen Besatzungstruppen folgend soll das von Hauptmann in Haus Seedorn benutzte Radio gleichen Typs von Pfarrer Arnold Gustavs abgeliefert worden sein. Der eingebaute Schrank neben dem Aufgang zum Obergeschoss enthält Gebrauchsgeschirr der Familie, u. a. ein Hutschenreuther-Speiseservice, braunes Wedgwood-Porzellan, ein japanisches Teeservice (Rosenthal) und ein Kaffeeservice (Maria Weiß, Rosenthal). Durch die in die Wand integrierte Tür gelangte man früher zur Küche, die jetzt Teil des Verwaltungstraktes ist. Der damals benutzte Küchenschrank wird heute in der Ausstellung des Heimatmuseums in Erkner gezeigt, der dazugehörige Herd ist in den Depoträumen des Hauptmann-Museums in Erkner vorläufig gesichert.

Das Kofferradio Typ Nora S4K von 1930 in der Wohn-Diele.

Erst nach der Restaurierung 1992 konnten auch die Schlafzimmer Gerharts und Margaretes im Obergeschoss in die Präsentation einbezogen werden. Vor Hauptmanns Zimmer an der Wand Fotokopien jener vielinterpretierten Inschriften, die sich, restauratorisch gesichert, nicht nur an der Schräge über Hauptmanns Bett wiederfinden. Häufig sind es spontane Einfälle und Gedanken, die er nachts als „Sicherungskopien" an den Wänden notiert. Genauso häufig jedoch sind es Träume und vor allem Albträume in „seines Hauses stillem Raum", die er von sich wegschreiben muss, um ihrer Herr zu werden. „Es lohnt nicht mehr!" Diese einzige datierte Inschrift stammt von 1937. Darunter „Reden entfernt" und die etwas platte Volksweisheit „Schweigen ist die grösste Kunst". Der Besucher ist hin und her gerissen zwischen Ratlosigkeit, Betroffenheit, er spürt die abgrundtiefe Finsternis – und kann sich trotzdem des unguten Gefühls nicht erwehren, der große Dichter hätte mit seinen

Schlafzimmer Gerhart Hauptmanns im Obergeschoss auf der Südseite des alten Hauses.

Zeichen und Kürzeln auch ein Stück an jenem Bild modelliert, das er der Nachwelt von sich vermitteln wollte. Das lukenähnliche Fenster zwischen den Schlafräumen stellt bei aller erforderlicher Distanz die jederzeit abrufbare Nähe und Vertrautheit her.

In dem kleinen, noch zum alten Haus gehörigen Durchgang, der an den Türen zum Kreuzgang endet, waren vor dem Anbau eine Sitzbank und ein Bücherregal eingebaut. Heute sind dort die Totenmaske Hauptmanns von Ernst Rülke (1896–1964), abgenommen am 6./7. Juni 1946, ein Porträt Hauptmanns in Öl von Charlotte E. Pauly (1886–1981) und ein Öl-Bildnis Hauptmanns von Paul Mathias Padua (1903–1981) zu sehen, das zum 80. Geburtstag des Dichters entstand. Rülkes eigenhändigen Bronzeabguss schenkte Ursula Gustavs, eine Schwiegertochter des Pfarrers Arnold Gustavs, 1972 der damaligen Gedenkstätte, das Pauly-Porträt entstand im Frühjahr 1946 in Agnetendorf nach zahlreichen Vorstudien als „letztes Porträt nach dem Leben". Hauptmanns enge Beziehung gerade zu bildenden Künstlern, weniger zu den eigenen Schriftsteller-Kollegen, spiegelt sich auch in dem Max-Reinhardt-Porträt von Hermann Struck (1876–1944) und einer Entwurfszeichnung von Johannes M. Avenarius (1887–1954) für die Ausmalung der Halle in Haus Wiesenstein wider.

Mit dem als Kreuzgang ausgebildeten Verbindungstrakt betritt der Besucher den Anbau und das eigentliche Reich des Dichters. Die klassische Pose Hauptmanns ist von unzähligen gestellten Fotos bekannt: Den rechten Ellenbogen leicht auf den äußersten Rand der

Renaissance-Kommode aus Italien gelehnt, den Blick, konzentriert und entrückt zugleich, auf die Notizen in seiner Hand gerichtet, diktiert er sein neues Meisterwerk. Ein kurzer Augenaufschlag, und er sieht sein Profil im vergoldeten Barockspiegel über der Kommode, so kann er das inszenierte Bild von sich jederzeit überprüfen und gegebenenfalls korrigieren. Die Fenster auf der gegenüberliegenden Seite in Augenhöhe gestatteten die Aussicht auf Bodden und offenes Meer. Wenn Hauptmann, dessen Werke überwiegend im Diktat entstanden, gemessenen Schrittes vom Arbeitszimmer in den Kreuzgang wechselte, ließ er sich wohl auch von den Kupferstichen an den Wänden inspirieren, die historische Ansichten von Rom, Venedig und London zeigen. Für seine Sammelleidenschaft und die Anhäufung von Erinnerungsstücken steht auch das Bild „Schiffe auf hoher See", das auf der Rückseite die handschriftliche Notiz Margarete Hauptmanns trägt: „G. H. kaufte dieses Bild im Jahre 1932 auf der stürmischen Überfahrt nach New York bei dem Buchhändler der Europa."

Unter dem Kreuzgang, dem einzigen unterkellerten Bereich des Anbaus, liegt der seit 1994 zugängliche Weinkeller. Als „Empfehlung des Hauses" lagern hier

Gerhart Hauptmann beim Diktat mit seiner Sekretärin Elisabeth Jungmann im Kreuzgang von Haus Seedorn.

Der Kreuzgang verbindet das alte Haus mit dem Anbau.

in Tonröhren Weine, die Hauptmann über dreißig Jahre bezogen und die Lieferung in seiner Abwesenheit so manches Mal über den Inselpastor abgewickelt hat. „Dass ich sehr lange noch Wein trinken werde, ist mit einundachtzig Jahren nicht durchaus anzunehmen, aber ich bitte Sie, mich gelegentlich wieder zu protegieren", schreibt Hauptmann an den Weingutbesitzer Bühler aus Freiburg im Breisgau und dankt für die Zusage, ihm sechzig Flaschen seines Ihringer Winklerberg zuzusenden. Die einmalige Lage am Fuß des Kaiserstuhls mit Löß-Lehm-Boden und Vulkangestein sowie eine überdurchschnittliche Sonnenscheindauer machen den unverwechselbaren Charakter der Weine aus. Auch den Rüdesheimer Berg Schlossberg, ein berühmter Assmannshausener Rotwein von den steilen Südhängen des Höllenthales schätzte Hauptmann sehr. – Übrigens sind die Weine nicht nur im Hauptmann-Haus, sondern auch in einigen Gaststätten auf Hiddensee erhältlich. Fragen Sie nach dem speziellen Hauptmann-Angebot, der informativen und gut gestalteten Weinkarte.

Der unmittelbar folgende Speiseraum, das sogenannte Abendzimmer, wirkt auf den ersten Blick enttäuschend klein und als Durchgangsraum wenig attraktiv für gesellschaftliche Anlässe. Doch wenn man weiß, dass Hauptmann die intimen den großen Runden vorzog, in denen er allein – mit Vorträgen aus unveröffentlichten Werken oder Auslassungen über „alle Höhen und Tiefen der Menschheitsgeschichte und des Geisteslebens" – glänzen konnte, geht die Konzeption des Raumes auf: Um einen runden, ausziehbaren Mittelfußtisch sind fünf Polsterstühle im Chippendale-Stil und ein Ohrensessel gruppiert, der Margarete vorbehalten war. Ihr gegenüber saß, mit Blick in die Tiefe des Kreuzgangs, der Hausherr. Im Kerzenschein des Wandleuchters ihm zur Rechten spiegelt sich die Panoramaansicht Stralsunds. Bei den weinseligen Abenden, die oft bis weit nach Mitternacht gingen, hat Margarete die Wiener Hausherrenuhr im Empire-Stil im Blick, die Hauptmann im Dezember 1932 in Bozen/Südtirol erwarb.

Die Bronzeplastik „Sitzende“ von Georg Kolbe (1877–1947), entstanden 1907 und von Hauptmann 1917 erworben, ergänzt die Szenerie. Einen Schleier müsse er über den Tag ziehen, damit ihn die Gestalten desselben nicht noch im Traum bedrängten, so Hauptmann.

Das Abendzimmer: Im Vordergrund der Ohrensessel Margaretes, links an der Wand ein messinggetriebener Blaker, den die Stadt Stralsund Hauptmann zum 70. Geburtstag schenkte.

Die Zeit der ursprünglichen, aber verschlissenen Sisal-Teppiche in Kreuzgang und Abendzimmer ist abgelaufen, sie werden 2007 durch neue, nach dem Original gefertigte, ersetzt, denn jeder Besucher strebt darüber zum eigentlichen Zweck des Anbaus hin, dem Arbeits- und Bibliothekszimmer. Auf die Stunden, die Hauptmann in dem großzügigen, auch von der Terrasse zugänglichen Raum verbrachte, ist sein Tagesrhythmus zugeschnitten. Das Bad im Meer frühmorgens zwischen sechs und sieben; nach dem Frühstück, ein Notizbuch stets griffbereit, sein Produktivspaziergang am Strand und durch die hügeligen Wiesen und Wälder, bei dem er, wie Arnold Gustavs in seinen Aufzeichnungen schreibt, „meditierend das Nachmittagsdiktat überlegte“. Dem langen Mittagsschlaf nach dem Essen folgte gegen fünf Uhr die Kaffeezeit zur inspirativen Einstimmung auf zwei, drei Stunden intensives Dichten. Die meist geselligen Abende dienten Hauptmann dann zur Entspannung, zum Aufbau neuer schöpferischer Energien – und zur Selbstbestätigung.

Der wuchtige Schreibtisch im Bauhaus-Stil, von dem aus Hauptmann die Ostsee im Blick hatte, dominiert den Raum, eingebaute Bücherregale nehmen die ganze Westwand ein. Die rund eintausend Titel, die

Der wuchtige Schreibtisch aus edlem Makassarholz dominiert das großzügige Arbeitszimmer, das eigentlicher Zweck des Anbaus war.

zur Hiddenseer Bibliothek Hauptmanns gehören, sind heute ergänzt durch die Bestände des Hauses selbst mit über 850 Bänden, darunter zahlreiche Erstausgaben seiner Werke. Da Hauptmann stets sehr aufwendig und mit großen Bücherkisten reiste, in denen er die für seine jeweiligen Vorhaben benötigten Ausgaben von Agnetendorf auf die Insel und zurück transportierte, dürften die Regalreihen damals weniger gefüllt gewesen sein. Standardwerke wie Lexika, Wörterbücher sowie technische und naturwissenschaftliche Nachschlagewerke verblieben ständig im Sommerhaus, ebenso mehrbändige Ausgaben von Goethe, Schiller, Ibsen und auch von Bölsche. Unverzichtbar Brehms Tierleben, die Bibliothek der Kirchenväter sowie Naglers Künstlerlexikon. Die sachliche, fast spartanische Ausstattung steht in wohltuendem Kontrast zu der Üppigkeit in Agnetendorf, seinem Hauptwohnsitz. Zwei alte Kartenwerke von Rügen über dem Kamin. In der Bücherwand ein Pastell Ludwig von Hofmanns (1861–1945) neben einer Plastik von August Gaul (1869–1921), „Eule auf dem Haupt der Athene". Das chinesische Pferd befand sich ursprünglich in Haus Wiesenstein in Agnetendorf und ist erst seit 1997 in Haus Seedorn zu sehen. Frei im Raum ein Erdglobus in Reliefdarstellung und ein Himmelsglobus, daneben ein Stehpult. Der Durchgang zum Abendzimmer ist gerahmt von einem Christus-Torso aus dem 13. und einem Kruzifix aus dem 15. Jahrhundert, eine bemalte italienische Holzschnitzerei. Nicht mehr als ein Reisesouvenir ist die Gipsstatuette eines lesenden Franziskaner-Mönchs. Hauptmann hatte aus Verehrung für den

Heiligen Franziskus im italienischen Kloster von Santa Margherita 1912 eine Kutte dieses ältesten und verbreitetsten Bettelordens erworben. Er trug sie gelegentlich am Strand, beim Meditieren vor Sonnenaufgang – und wurde nach seinem Wunsch in ihr beerdigt. Besondere Kostbarkeiten, die sich in der die Fensterfront fortsetzenden Bücherwand befinden, sind die originale Nobelpreisplakette von 1912 sowie die Ehrenringe der Städte Wien und Breslau, die Hauptmann zu seinem 80. Geburtstag verliehen wurden. Baldur von Schirach, Gauleiter und Reichsstatthalter in Wien, ließ es sich nicht nehmen, Hauptmann die Auszeichnung persönlich zu überreichen.

Blick in das Arbeitszimmer: Im Hintergrund rechts das chinesische Pferd, ein Geschenk chinesischer Germanisten an den Dichter. In der Bücherwand das Pastell „Badende Knaben" von Ludwig von Hofmann, seit 1931 im Besitz Hauptmanns.

Im Arbeitszimmer finden auch die Abendveranstaltungen des Hauses von Ostern bis Anfang Oktober statt, die häufig schon Wochen im voraus ausverkauft sind. Kein Wunder, zieht es doch alles, was Rang und Namen hat, immer wieder auf die Insel. Buchpremieren, Liederabende, Konzerte, Vorträge, szenische Lesungen mit Schauspielern; die beliebten Silvester- und Neujahrskonzerte. Die Hauptmann-Festtage, 2006 zusammen mit der Inselkirche in Kloster, der Seebühne und dem Zeltkino in Vitte erfolgreich erprobt, werden jährlich um den Todestag des Dichters, den 6. Juni, organisiert. Und wer dem Geist des Dichter-Anwesens nicht nur als Tagesbesucher, sondern als Urlaubsgast nachspüren möchte, dem sei das Künstlerhaus im rückwärtigen Teil des Gartens empfohlen, das von Januar bis April und von Oktober bis Dezember zu mieten ist.

Die originale, goldene Plakette des Nobelpreises befindet sich in der Bücherwand des Arbeitszimmers. Gerhart Hauptmann wurde der Nobelpreis für Literatur im Dezember 1912 vor allem für seine dramatische Dichtung verliehen.

Die Tür zur Terrasse, Hauptmanns ganzer Stolz, ist weit geöffnet. Einige noch freie Plätze sind reserviert – nach Tradition des Hauses mit einem Efeublatt von der Terrassenbegrünung, die von einem Ableger vom Landsitz George Washingtons stammt. Auf den weiß gestrichenen Gartenmöbeln Hauptmanns aus den 1930er Jahren stehen Sommerblumen. Ein kühler Luftzug von der See her streicht durch das Haus. Langsam verstummen die Gespräche. Man ist angekommen auf des Dichters Insel.

Als der Kulturfunktionär Johannes R. Becher im Oktober 1945 den greisen Hauptmann in Haus Wiesen-

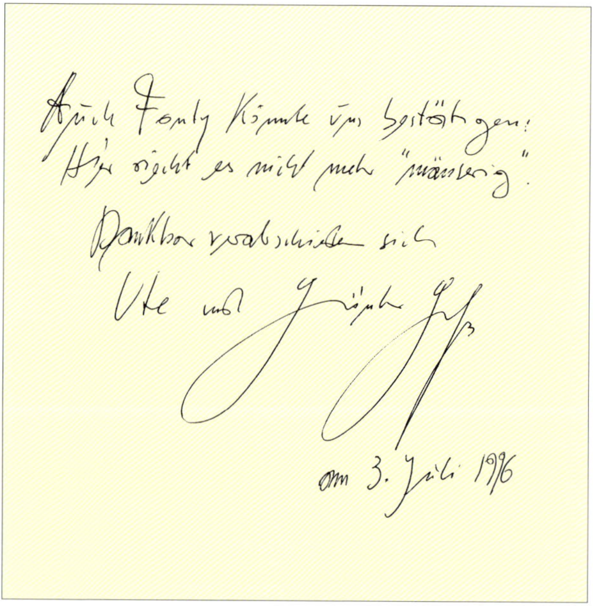
Auch Fonty könnte uns bestätigen:
Hier riecht es nicht mehr „mäuserig".
Dankbar verabschieden sich
Ute und Günter Grass
am 3. Juli 1996

Eintragung von Günter Grass in das Gästebuch des Künstlerhauses, 3. Juli 1996. Die Anspielung auf den Mäusegeruch bezieht sich auf den vormaligen Bungalow, der bis 1993 die Gäste aufnahm.

stein in Schlesien aufsucht, gibt dieser ihm eine Mappe mit Gedichten der letzten Jahre zur Veröffentlichung mit. Die 1946 beim Aufbau-Verlag in Ost-Berlin unter dem Titel „Neue Gedichte“ erschienene Sammlung ist die letzte Neuerscheinung seines Werkes, die Hauptmann erlebt. Diese Edition enthält auch das im Sommer 1943 endgültig fertiggestellte Gedicht „Die Insel“, Rückbesinnung auf sein erstes Mondscheinlerchen-Erlebnis 1885 und Huldigung an Hiddensee zugleich:

Die Insel

Hier, wo mein Haus steht,
wehte einst niedriges Gras:
ums Herz Erinnerung weht,
wie ich dereinst
mit Freunden hier saß.
Wir waren zu drei'n
vor Jahrtausenden mag es gewesen sein.
Es war einsam hier,
tief, tief!
So waren auch wir.
Verlassenheit über der Insel schlief.
Dann kam der Lärm,
ein buntes Geschwärm:
entbundener Geist,
verdorben, gestorben zu allermeist.
Und nun leben wir in fremdmächtiger Zeit,
verschlagen wiederum in Verlassenheit.
In meines Hauses stillem Raum
herrscht der Traum.

Serviceteil

Gerhart-Hauptmann-Haus Kloster auf Hiddensee
Haus Seedorn
Kirchweg 13
18565 Kloster-Hiddensee
Tel.: +49 (0) 3 83 00 - 3 97
Fax: +49 (0) 3 83 00 - 6 05 65
E-Mail: hauptmannhaus@gmx.de
http://www.gerhart-hauptmann.org

Öffnungszeiten und Eintrittspreise:
Mai bis Oktober: tägl. 10.00–17.00 Uhr
März, April, November u. Jahreswechsel: 11.00–16.00 Uhr
Dezember, Januar u. Februar nach Voranmeldung
Erwachsene: 3 Euro; ermäßigt (für Gruppen ab 15 Personen, Studenten, Schwerbehinderte): 2 Euro
Führung: 10 Euro

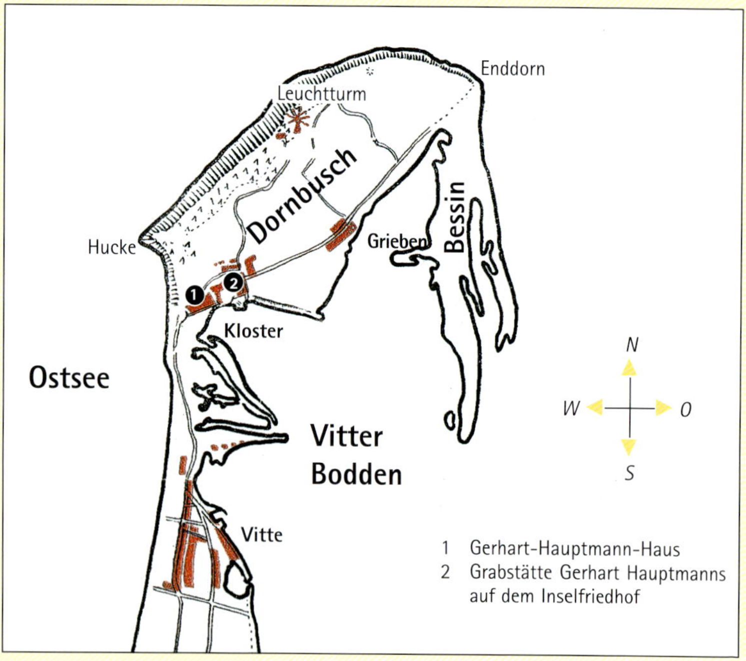

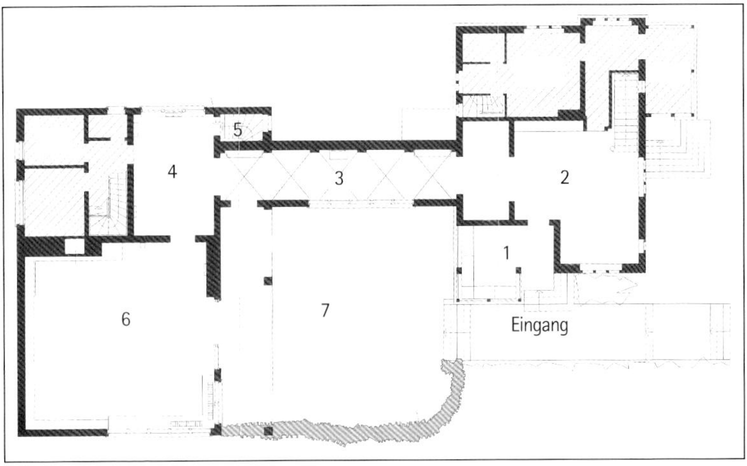

Grundriss Erdgeschoss

Haus Seedorn

Erdgeschoss:

1 Veranda – Dokumentation zu Leben und Werk
2 Wohn-Diele – mit dem Sekretär Margaretes
3 Kreuzgang – mit Renaissance-Kommode und Barockspiegel
4 Abendzimmer – Esstisch mit Ohrensessel Margaretes und Chippendale-Stühlen
5 Zugang zum Weinkeller
6 Arbeitszimmer – Nachlassbibliothek – Stehpult und Schreibtisch aus Makassarholz
7 Terrasse – Hauptmanns Terrassenmobiliar aus den 1930er Jahren – Efeu vom Landsitz George Washingtons

nicht zugängliche Räume (schraffiert):
Veranda – ehemalige Küche – ehemaliges Bad

Obergeschoss:

1 Schlafraum Gerharts – Verbindungsfenster
2 Schlafraum Margaretes

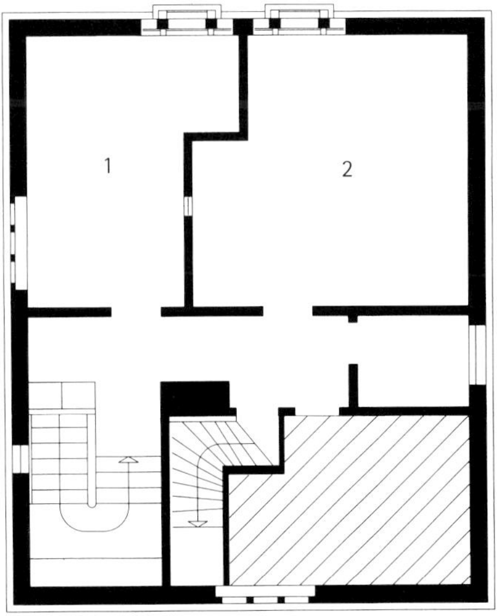

Grundriss Obergeschoss

Anreise

Mit dem Zug:

Eine Anreise mit dem Zug über Stralsund ist von April bis Oktober empfehlenswert, da ab Stralsund zwei- bzw. dreimal täglich Fähren nach Hiddensee verkehren. Ganzjährig können Sie über Stralsund bis Bergen / Rügen mit Busanschluss nach Schaprode fahren. Denken Sie daran, die Rückfahrt gleich bei der Anreise zu buchen, denn leider sind Fahrkartenbestellungen und Platz-reservierungen auf der Insel nur über das Internet möglich. Da Einschränkungen des Fährverkehrs im Winter durchaus vorkommen können, sollten Sie sich vor Ihrer Anreise bei der Reederei Hiddensee entsprechend informieren.
DB-Reiseservice:
Tel.: +49 (0) 1 80 - 5 99 66 33
http://www.bahn.de

Mit dem Pkw:

Aus Richtung Berlin vom Berliner Ring (A 10) entweder über die A 11 Richtung Szczecin/Stettin (Polen) bis zum Autobahnkreuz Uckermark und dann auf der A 20 bis zur Abfahrt Stralsund, weiter auf der B 96 über Stralsund (Rügendamm) Richtung Bergen. In Samtens links abbiegen in Richtung Gingst, 2,5 km hinter Gingst links abbiegen und bis Trent fahren, durch Trent weiter bis Schaprode.
Alternativ kann man vom Berliner Ring (A 10) über die A 24 Richtung Hamburg am Autobahndreieck Wittstock/Dosse auf die A 19 Richtung Rostock fahren, am Autobahnkreuz Rostock auf die A 20 Richtung Stralsund / Greifswald wechseln und wiederum die Abfahrt Stralsund nehmen.
Bitte beachten Sie, dass bis zur Fertigstellung der neuen Brückenverbindung im Herbst 2007 die Ziegelgrabenbrücke (Rügendamm) Stralsund für jeweils 20

Minuten täglich um 2.30, 5.20, 9.20, 17.20 und 21.30 Uhr geöffnet wird und Staugefahr in beide Richtungen besteht.

Parken:
In Schaprode können Gäste, die auf der autofreien Insel Hiddensee übernachten, ohne Vorbuchung direkt am Hafen parken. Tagesgäste müssen den Großparkplatz am Ortseingang nutzen. Von April bis Oktober sind die Parkplätze bewacht. Der Tagespreis beträgt drei Euro, jeder weitere Tag zwei Euro. Private Parkplätze im Ort werden angeboten von:
Heinz Gau, Lange Straße 26, Tel.: +49 (0) 3 83 09 - 15 99
Vera Kruse, Lange Straße 23, Tel.: +49 (0) 3 83 09 - 13 73
Waltraud Mundt, Streuer Weg 50, Tel.: +49 (0) 3 83 09 - 13 91

Mit der Fähre:
Hiddensee ist im Schiffslinienverkehr von Stralsund und Schaprode auf Rügen erreichbar. Die Fährverbindungen der Reederei Hiddensee entnehmen Sie bitte den aktuellen Fahrplänen. Achten Sie darauf, dass die Häfen in Vitte, Neuendorf und Kloster nicht von jeder Fähre angelaufen werden und die Anzahl der zu befördernden Fahrräder begrenzt sein kann.
Reederei Hiddensee GmbH
Achtern Diek 4
18565 Vitte

Büro Stralsund
Fährstraße 16
18439 Stralsund
Infoline: +49 (0) 1 80 - 3 21 21 50 (9ct./min.)
Online-Buchung: http://www.reederei-hiddensee.de
Gruppenbuchungen:
Tel.: +49 (0) 38 31 - 26 81 16
Fax: +49 (0) 38 31 - 26 81 30
Für die ganz Eiligen gibt es täglich von 7.00 bis 20.00 Uhr den Wassertaxi-Schnellverkehr des Hiddenseer Taxirings, telefonisch erreichbar in Vitte unter +49 (0) 3 83 00 - 2 10, in Neuendorf unter +49 (0) 3 83 00 - 3 44 und in Schaprode unter +49 (0) 3 83 09 - 2 11 10. Die Preise für eine einfache Fahrt nach Neuendorf (8 Euro), Vitte und Kloster (je 9,50 Euro) sind nur bei einer Mindestzahl von 8 Personen gültig!
Für den Gepäcktransport auf Hiddensee zu Ihrem Quartier stellen Ihnen die Vermieter in der Regel einen Handwagen an die Häfen oder holen Sie auch persönlich ab. Zudem bietet die Hiddensee Logistik GmbH einen Anreise- und Gepäckservice an, telefonisch buchbar unter +49 (0) 3 83 00 - 5 03 00.

Weitere Institutionen im Haus:
Gerhart-Hauptmann-Stiftung Kloster auf Hiddensee
Geschäftsstelle
Die am 22. September 1994 als eine der ersten Kulturstiftungen des Landes Mecklenburg-Vorpommern vom Ministerium für Bildung, Wissenschaft und Kultur bestätigte Stiftung ist Träger des Gerhart-Hauptmann-Hauses und alleinige

Eigentümerin des Anwesens. Stiftungszweck ist es, „in Kloster auf Hiddensee des Dichters Gerhart Hauptmann unter Bewahrung seines Sommersitzes ‚Haus Seedorn' zu gedenken und das Haus, den Park und die darin befindlichen Nebengebäude für die öffentliche Nutzung zugänglich zu machen". Neben der werterhaltenden Pflege und nachhaltigen Sicherung des Nachlasses hat die Stiftung die Aufgabe, Hauptmanns Werk in seiner Gesamtheit lebendig zu erhalten, „indem sie über die Inszenierungen und Publikationen informiert und durch ihre eigene Veranstaltungs- und Publikationstätigkeit das Haus zum lebendigen Zentrum der Insel Hiddensee macht".
Die Geschicke der Stiftung werden von einem fünfköpfigen Vorstand geleitet. Geschäftsführung und Leitung des Hauses werden in Personalunion wahrgenommen.

Kontakt: Gerhart-Hauptmann-Haus Kloster
Tel.: +49 (0) 3 83 00 - 3 97
Fax: +49 (0) 3 83 00 - 6 05 65
E-Mail: hauptmannhaus@gmx.de
http://www.gerhart-hauptmann.org

Verein der Freunde und Förderer des Hauptmann-Hauses auf Hiddensee e. V.
Der Freundeskreis unterstützt die Gerhart-Hauptmann-Stiftung, um das Hauptmann-Haus in seiner Substanz und in seiner Eigenschaft als kulturelles Zentrum der Insel zu erhalten und ihm eine angemessene, ergänzende Finanzierung zu sichern. Hierbei verfolgt der Verein laut Satzung das Ziel, das Hauptmann-Wort „Hiddensee wurde das geistigste aller deutschen Seebäder" wieder mit Leben zu erfüllen. Insbesondere werden neben eigenen Veranstaltungen Projekte befördert, die die überregionale Attraktivität des Hauses erhöhen. Weitere Auskünfte zur Satzung und zu den Initiativen des Freundeskreises erhalten Sie im Hauptmann-Haus.
Jahresbeitrag: 31 Euro

Kontakt: Gerhart-Hauptmann-Haus Kloster
Tel.: +49 (0) 3 83 00 - 3 97
Fax: +49 (0) 3 83 00 - 6 05 65
E-Mail: hauptmannhaus@gmx.de
http://www.gerhart-hauptmann.org

Touristeninformation:
Die Abendveranstaltungen des Gerhart-Hauptmann-Hauses können Sie dem jeweiligen Jahresprogramm entnehmen, das Sie auch im Internet unter www.gerhart-hauptmann.org finden. Daneben gibt die Insel-Information monatlich einen Veranstaltungskalender heraus, der unter www.seebad-hiddensee.de abrufbar ist. Die ebenfalls monatlich erscheinenden Inselnachrichten berichten über aktuelle Entwicklungen in der Gemeinde Hiddensee.
Das ansprechend gestaltete und jährlich aktualisierte Gastgeberverzeichnis (Schutzgebühr 1 Euro) sei jedem empfohlen, der über Ferienauskünfte hinaus das Wichtigste über die Insel nachlesen und sich auf Detailkarten orientieren möchte.

Tourist-Information und Kurverwaltung
Insel Information Hiddensee:
Rathaus Vitte
Norderende 162
18565 Vitte
Tel.: +49 (0) 3 83 00 - 6 42 26 / 27
Fax: +49 (0) 3 83 00 - 6 42 25
E-Mail: insel.information@t-online.de
http://www.seebad-hiddensee.de

Öffnungszeiten:
Mai bis September: Montags bis freitags: 8.30–17.30 Uhr
Samstags: 10.00–12.00 Uhr
April und Oktober: Montags bis freitags: 8.30–16.00 Uhr
November bis März: Montags bis freitags: 9.00–15.00 Uhr
Die Öffnungszeiten der Nebenstelle im Hafengebäude von Kloster entnehmen Sie bitte den aktuellen Aushängen.

Ausflüge:
Hauptmanns Quartiere auf Hiddensee
Von Kloster über Vitte bis zur Heiderose in der Dünenheide (ca. 12 km)

Noch lassen sich die einstigen Quartiere Hauptmanns auf Hiddensee finden, zwar ist ihr Nutzungszweck über die Jahrzehnte verändert worden, doch sind die Gebäude mehr oder weniger erhalten geblieben.
Wir beginnen unweit des Hafens von Kloster, Am Klostertor 6, wo seit 1955 eine Gedenktafel am ehemaligen Gasthof Schlieker daran erinnert, dass Hauptmann 1885, von Rügen kommend, erstmals auf Hiddensee übernachtete. Die jetzigen Eigentümer haben das denkmalgeschützte Gebäude 2002 liebevoll restauriert und bieten darin mehrere Ferienwohnungen an. „Mondscheinlerche", Hauptmanns wohl einfühlsamstes Gedicht, entstand bei diesem ersten Besuch.
Die als Denkmal ausgewiesene Lietzenburg, in der Hauptmann die Sommer 1917 bis 1920 verbrachte, ist auch in der mit Ortsplänen versehenen Wanderkarte Seebad Hiddensee als Sehenswürdigkeit verzeichnet. Zwischen Steilufer- und Hochlandweg auf einer Anhöhe am Nordrand des Ortes gelegen und dicht mit Mischwald umstanden, vermittelt der einst repräsentative und freistehende Landsitz ein wehmütiges Bild. Für das 1904 / 05 vom Berliner Maler Oskar Kruse errichtete Gebäude, das Zentrum der ersten Künstlerkolonie auf der Insel wurde, interessierte sich 1918 auch Hauptmann, doch der Kauf scheiterte an seiner Forderung nach einer direkten Zuwegung zum Meer. Von 1949 bis 1989 als Ferienheim der Ernst-Moritz-Arndt-Universität Greifswald genutzt und damit erhalten, jedoch durch zahlreiche Anbauten verschandelt, droht nun, trotz vieler Bemühungen, durch weiteren Leerstand und mangelnde Bestandssicherung der Verfall.

Weiter den Steiluferweg hinauf Richtung Hucke, einer Landspitze, die den Strand von Kloster nach Norden als Steilküste begrenzt, befindet sich die im Spätsommer 1913 von Irene von Sydow eröffnete Pension Haus am Meer. Im Oktober 1910 hatte ihr Mann, Henning von Sydow, von Oskar Kruses Grundbesitz 12 500 Quadratmeter erworben, um eine vornehme Familienpension mit fünfzehn Fremdenzimmern zu bauen, einem Privatweg zum Strand mit eigener Badehütte, vor allem jedoch mit erstklassiger Küche und einer Vollpension bereits ab 5,25 Mark, wie eine Anzeige von 1912 verkündet. Hauptmann, der sich 1921 erstmals um Unterkunft dort bemühte, blieb dieser Vorzugsadresse auf Hiddensee bis 1924 treu. Nach 1933 wurde das Haus als Mütter-Erholungsheim weitergeführt, 1945 diente es zeitweilig als Kommandantur für die sowjetischen Besatzungskräfte, seit 1962 wird es von der Universität Greifswald als Vogelwarte genutzt.

Die Tour über Vitte in die Dünenheide ist mit dem Fahrrad empfehlenswert. Nicht zu verfehlen ist der Fahrrad-Verleih Pehl, Hafenweg 4, von wo man entweder über den Hafen in Kloster am Vitter Bodden entlang oder über den Weißen Weg und der Hauptstraße zwischen Kloster und Vitte, dem Norderende, in das einstige Fischerdorf gelangt.

Nach 1885 sollte es über zehn Jahre dauern, ehe Hauptmann Hiddensee ein weiteres Mal besuchte, diesmal mit Margarete Marschalk, seiner späteren zweiten Frau. Wo das Norder- in das Süderende übergeht, gemahnt das einst ortsbildprägende, jetzt sanierungsbedürftige und teils leerstehende Eckgebäude schwerlich an jene Zeit, als Fuhrwerk und Hausdiener die Gäste an jedem ankommenden Dampfer erwarteten und ein schattiger Garten mit Zugang zum eigenen Strand die Badegesellschaft von Vitte anlockte. Eine 1951 angebrachte, kaum noch lesbare Gedenktafel an dem 1886 erbauten und 1907 erweiterten Gebäude erinnert an die Aufenthalte Hauptmanns zwischen 1896 und 1899 im Gasthaus von Franz Freese. Hier diktierte Hauptmann seiner Geliebten große Teile des Märchendramas „Die versunkene Glocke", womit das spätere Hotel Zur Ostsee offensiv um Gäste warb. Die Enteignungswelle privater Hotel- und Gaststättenbesitzer an der DDR-Ostseeküste 1953 verschonte auch das Hotel Zur Ostsee nicht. Fortan diente es als FDGB-Erholungsheim der Versorgung der Werktätigen mit Urlaubsplätzen.

Fährt man über den Wallweg zum Hafen zurück und biegt in die Sprenge Richtung Neuendorf ein, stößt man auf die Überreste der Pension von Theodor Nehls, dem späteren Logierhaus zur Post und bis zum Brand 1989/90 Boddenblick genannt. Hier hatte sich Hauptmann 1901 einquartiert. Wie aus einer Tagebuchnotiz hervorgeht, besuchten ihn seine Söhne aus erster Ehe Ivo, Eckart und Klaus. Wahrscheinlich ist bei diesem vorerst letzten Aufenthalt der Wunsch immer stärker geworden, ein eigenes Haus auf der Insel zu besitzen. Zu diesem Zweck besucht Hauptmann 1901 auch die Heiderose.

Von der Sprenge biegen wir in den Wiesenweg ein, der uns direkt zur Heiderose in die seit 1967 als Naturschutzgebiet ausgewiesene Dünenheide führt. Die Pension Heiderose, in der sich Hauptmann möglicherweise 1910 aufhielt, wollte er kaufen, um ein Heim für alte Schriftsteller und ein Sommerhaus für sich zu errichten. Warum sich dieser Plan zerschlug, ist nicht bekannt. Unweit der Heiderose führt ein Weg zu einer auch in aktuellen Karten eingezeichneten, etwa 180 Meter breiten

Furt, die auf die unter Vogelschutz stehende und für Besucher gesperrte Fährinsel führt. Bevor 1887 die direkten Schiffslinien nach Hiddensee eröffnet wurden, diente die nur rund 37 Hektar große Insel mit ihren Fährleuten dazu, Reisende von den an Hiddensee vorbeikommenden Schiffen zu übernehmen und per Fuhrwerk durch die Furt nach Vitte, Kloster oder in die nahegelegene Heiderose zu bringen, die um 1900 über die Fährinsel täglich Verbindung zu den Salondampfern Caprivi und Germania hatte. Hauptmann wird bei seinem ersten Besuch auf Hiddensee 1885 dieses Abenteuer miterlebt haben, denn in seinem Drama „Gabriel Schillings Flucht" ist solch eine Ankunft beschrieben. Zu DDR-Zeiten baulich stark verändert und um mehrere Funktionsbauten und Ferienhäuser erweitert, lohnt sich ein Aufenthalt in der modernen Hotelanlage allemal, ehe man zurück nach Kloster fährt.

Heimatmuseum:
Am Außenstrand von Kloster ist seit 1954 das Heimatmuseum in der alten, 1888 entstandenen Seenotrettungsstation untergebracht.

Heimatmuseum der Insel Hiddensee
Kirchweg 1
18565 Kloster
Tel.: +49 (0) 3 83 00 - 3 63
Öffnungszeiten:
April bis Oktober: tägl. 10.00–16.00 Uhr

Literaturempfehlung

Rüdiger Bernhardt:
Gerhart Hauptmanns Hiddensee. Hamburg: Ellert & Richter Verlag, 2004.

Hanns Cibulka:
Ostseetagebücher. Leipzig: Reclam Verlag, 1993.

Manfred Faust:
Das Capri von Pommern. Geschichte der Insel Hiddensee von den Anfängen bis 1990. Schwerin: Demmler Verlag, 2005

Arnold Gustavs:
Gerhart Hauptmann und Hiddensee. Kleine Erinnerungen.
Mit Briefen von Gerhart und Margarete Hauptmann und einem Nachwort herausgegeben von Gustav Erdmann. Schwerin: Petermänken-Verlag, 1964.

Gerhart Hauptmann:
Laßt uns etwas Stilles lieben. Gedichte. Pastelle von Ivo Hauptmann. Mit einem Text von Sonja Kühne und Harriet Hauptmann. Fischerhude: verlag.atelier im Bauernhaus, 1995.

Sonja Kühne:
Gerhart-Hauptmann-Haus in Kloster auf Hiddensee. Berlin: Henschel Verlag, 2003.

Marion Magas (Hg.):
Hiddensee. Versteckte Insel im verschwundenen Land. DDR-Zeitzeugnisse von Inselfreunden und Lebenskünstlern. (Ohne Ort u. Verlag) 2006.

Ruth Negendanck:
Hiddensee. Die besondere Insel für Künstler. Fischerhude: verlag.atelier im Bauernhaus, 2005.

Renate Seydel (Hg.):
Hiddensee. Ein Lesebuch. Berlin: Ullstein Buchverlage, 2004.

Renate Seydel (Hg.):
Hiddensee. Geschichten von Land und Leuten. Berlin: Ullstein Buchverlage, 2005.

2. KAPITEL
Erkner

Ich habe vier Jahre in Erkner gewohnt, und zwar für mich grundlegende Jahre. Mit der märkischen Landschaft aufs innigste verbunden, schrieb ich dort Fasching, Bahnwärter Thiel und mein erstes Drama *Vor Sonnenaufgang. Die vier Jahre sind sozusagen die vier Ecksteine für mein Werk geworden.*

Brief Gerhart Hauptmanns
vom 3. Dezember 1936 an die Gemeinde Erkner

Ich preise jeden Tag das Schicksal,
aus der Erkner-Öde befreit zu sein.

Marie Hauptmann
an ihre Schwester Martha,
17. September 1889

„Ich weiß, dass die Flucht in die märkische Waldeinsamkeit meine Rettung war. Ich fühlte das bei jedem Atemzuge, bei jeder Wanderung, die ich unternahm, ich spürte es, wenn ich als einziger bei Mondschein auf dem verlassenen Karutz-See Schlittschuh lief." Gerhart Hauptmann: „Das Abenteuer meiner Jugend", 1937.

Der Amts- und Standesamtsbezirk Erkner, Kreis Niederbarnim und preußischer Regierungsbezirk Potsdam mit einer Fläche von rund 100 Quadratkilometern und 4 000 Einwohnern gliederte sich 1885 in vier als Heidedistrikte bezeichnete Gemeinden und den Gutsbezirk der Oberförsterei Rüdersdorf. Die Einweihung des Bahnhofs Erkner 1846 an der vier Jahre zuvor freigegebenen Berlin-Frankfurter Eisenbahnlinie hatte den südöstlich Berlins gelegenen Ort zum Aufschwung und zu einem ungeahnten Bevölkerungsboom verholfen. 1861 gründet Julius Rütgers eine „Teerproduktenfabrik", die Karbolineum, Straßenteer und Dachpappe herstellt. 1882 wird der Berliner Stadtbahnverkehr eröffnet. Der Endhaltepunkt Erkner wird damit Vorort Berlins und profitiert vom Drang der Berliner, der lärmenden, stickigen Großstadt fürs Wochenende zu entgehen. Der Begriff der „Sommerfrische" wird geprägt. Als Hauptmann 1942 ein letztes Mal in Erkner ist, hat der Ort mit über zehntausend Einwohnern städtischen Charakter angenommen. Die 1938 fertiggestellte Bakelitefabrik, benannt nach dem seit 1909 in Erkner forschenden belgischen Chemiker Leo Hendrik Baekeland, stellt Phenolharze her; ein hochmodernes Werk mit über zwei-

Gerhart Hauptmann 1883/84 als Bildhauer in Rom in seinem Atelier in der Via degli Incurabili (heute Via San Giacomo).

tausend Arbeitskräften fertigt Kugellager aller Größen für Flugzeuge, Panzer und Geschütze. Bereits im Juni 1937 wird der strategisch wichtige Autobahnanschluß eingeweiht. Neben einem Mekka für Ausflügler und Zentrum der Siedlungsbewegung ist Erkner ein bedeutender Standort der Rüstungsproduktion geworden.

In der Anmeldebescheinigung, die der Gemeindevorsteher des I. Heidedistrikts, zu dem u. a. die Wohnplätze Bahnhof Erkner, Schönschornstein und Kolonie Erkner gehören, am 30. September 1885 Hauptmann ausstellt, gibt dieser als Berufsbezeichnung noch „Bildhauer“ an, obwohl sein Scheitern in Rom als „Gherardo Hauptmann, Scultore“, wie er sich in das Berufsadressbuch eintragen ließ, ein untrügliches Zeichen war: Eine überdimensionale Skulptur, ihm schwebte ein speerschwingender Germanenkrieger der Hermannsschlacht vor, an der er wie besessen, aber ohne die nötigen technischen Fertigkeiten zehn Wochen arbeitete, stürzte kläglich in sich zusammen.

Hauptmanns Umzug nach Erkner, das man von Berlin in einer knappen Stunde mit dem Vorortzug erreichen konnte, war seiner angeschlagenen Gesundheit geschuldet; eine fortgeschrittene Lungentuberkulose bewog die Militärbehörde, ihn für dienstuntauglich zu erklären und bestärkte ihn in seinem Entschluß, den Versuch einer Heilung in der Natur zu wagen. Am 5. Mai 1885 hatte Hauptmann, mittellos und ohne abgeschlossene Ausbildung, die wohlhabende Kaufmannstochter Marie Thienemann in der Johanniskirche in

Dresden geheiratet und war mit ihr nach Berlin-Moabit in eine Mansardenwohnung im vierten Stock in der Nähe des Lehrter Bahnhofs gezogen. War der Wechsel vom vornehm-zurückgezogenen Leben auf dem Landsitz Hohenhaus in Radebeul mit Blick über das Elbtal in die hektische Großstadt schon eine schwer zu verkraftende Umstellung, so grenzte der Umzug in die Erkner-Öde an Zumutung. Die einsam am Waldrand gelegene Villa hatte kein Gas, und der blasse Schein der Petroleumlampen verstärkte die Monotonie der langen Winter noch. Die Lapplandhunde Ziu und Fana, die Hauptmann in Hagenbecks Tierpark in Hamburg gekauft hatte, gaben ihnen Sicherheit vor Diebesgesindel. Die völlige Abgeschiedenheit in der damaligen Fürstenwalder, jetzt Gerhart-Hauptmann-Straße, steht in krassem Gegensatz zu seiner Verlobungszeit in Dresden, Breslau, Rom und auf Capri. Nach wie vor lebt er von der Mitgift seiner Frau, ohne Aussicht auf Änderung. Und als Marie am 9. Februar 1886 ihren Sohn Ivo entbindet, ist ein Arzt in dieser Einöde nicht zugegen, nur die ältliche Hebamme Karoline Schulze mit ihrem „zerknitterten Nornengesicht“, die sonst armen Schiffer- und Waldarbeiterfrauen Geburtshilfe leistet, wie Hauptmann 1937 in seiner Autobiographie „Das Abenteuer meiner Jugend“ schreibt und im Rückblick nach mehr als fünfzig Jahren über den tatsächlichen Ernst der Lage recht verklärend Auskunft gibt. Dass Marie den Umzug nach Berlin Anfang September 1889 – die inzwischen fünfköpfige Familie bezieht mit Dienstmädchen und Haushälterin eine Sechs-

Marie Thienemann und Gerhart Hauptmann als Brautleute, 1885.

zimmer-Wohnung in der Schlüterstraße in Charlottenburg – als Befreiung empfindet, ist nur allzu verständlich.

Auch Hauptmann wollte die Nähe Berlins nicht missen, zu wichtig waren die Kontakte zu Gleichgesinnten, zu Verlagen, Theatern und Zeitschriften. Mindestens einmal in der Woche brachte ihn der Vorort-Dampfzug für nur 45 Pfennige in die Hauptstadt zur Schauspielerausbildung und gelegentlich auch zu den Sitzungen des Berliner Dichter-Vereins Durch, der sich am 6. Mai 1886 gegründet hatte und bis 1889 bestand. Der meist in Kneipen oder in Cafés tagende Debattierklub der Durcher, wie die jungen Wilden des Naturalismus sich nannten, wollte die brennenden sozialen Probleme der Zeit anpacken, mit der erstarrten deutschen Literatur im Geiste Ibsens, Tolstois und Zolas grundlegend aufräumen und das kommende Jahrhundert zu dem Ihren machen. Nur wenige der damaligen Altersgenossen Hauptmanns sind heute noch bekannt. Man gründete eigene, meist kurzlebige Zeitschriften, um sich zu artikulieren, scherte sich nicht um den herrschenden Lesergeschmack und erhob das Modernsein in Anthologien zum Programm. Hauptmanns Kontakte zum Verein Durch waren nicht ganz uneigennützig, denn diese boten ihm Publikationsmöglichkeiten für seine literarischen Arbeiten. Hier kam er mit den späteren Mitgliedern des Friedrichshagener Dichterkreises Wilhelm Bölsche (1861–1939), Heinrich (1855–1906) und Julius Hart (1859–1930), Johannes Schlaf (1862–1941) und Bruno Wille (1860–1928) zusammen. Das Fest zum einjährigen Bestehen der Durcher fand mit einer „Nachfeier", einem Ausflug nach Erkner und Umgebung seinen Abschluß. Bruno Wille protokollierte den Herren-Tag, der mit einem „Picknick mit Bier" an der Woltersdorfer Schleuse begann und in der Villa Lassen endete: „Besuch bei Herrn Hauptmann, welcher in seinem Heim ein lukullisches Mahl und eine hochfeine Bowle hergerichtet hatte. Bacchantische Freuden."

Von den vier Jahren in Erkner ist Hauptmann über vierzehn Monate unterwegs. Im Sommer 1886 allein in Putbus auf Rügen, über den Jahreswechsel 1886/87 in Hamburg bei den Eltern und seinem Bruder Georg, den darauffolgenden Sommer im Riesengebirge und von Weihnachten 1888 bis März 1889 abermals in Hamburg. Die längste Zeit jedoch ist Hauptmann mit seiner Familie auf Einladung seines Bruders Carl in Zürich. Als die Hauptmanns am 29. Januar 1888 in die Hauptstadt des Kantons Zürich aufbrechen, ist die bis Ende Oktober dauernde Abwesenheit von Erkner auch politisch motiviert: Das für Erkner zuständige Amtsgericht Altlandsberg hatte Hauptmann im Sommer 1887 vorgeladen und ihn über seine Kontakte zu Freunden der Breslauer Kunstschulzeit befragt, die in einen der damals zahlreichen Sozialistenprozesse – Bismarcks Sozialistengesetz war bis 1890 in Kraft – verwickelt waren. Als er im November auch noch zur Hauptverhandlung nach Breslau zitiert wurde, zog er es vor, sich in der Schweiz einem möglichen Zugriff zu entziehen. Im Haus seines Bruders Carl fand sich eine bildungs- und freiheitsdurstige Gesellschaft zusammen, die sich, ohne Angst vor Willkür und politischer Verfolgung, nur in der Stadt an der Limmat entwickeln konnte, an deren Universität Frauen und Emigranten studierten und Wissenschaft und Kunst eine fruchtbringende Symbiose eingingen. Hauptmann wird mit dem Psychiater Auguste Forel (1848–1931) bekannt gemacht, der Direktor der kantonalen Nervenheilanstalt Burghölzli ist. Bei seinen dortigen Besuchen erlebt er das Hypnotisieren von Patienten mit und gewinnt klinische Einblicke in die Therapie der Syphilis. Forel, Gründer der Schweizer Guttemplerloge und aktiver Vorkämpfer der Abstinenzlerbewegung, hat maßgeblichen Einfluß auf Hauptmanns wenn auch nur vorübergehende Absage an den Alkohol. Und die Reformvorstellungen des württembergischen Hygienikers und Unternehmers Gustav Jäger (1832–1917), für den ausschließlich Wolle als Bekleidungsmaterial das Medium der auch psychischen Reinigung durch Ventilation war, greift Hauptmann begeistert auf. Der Friedrichshagener Julius Hart schildert in seinen Lebenserinnerungen einen von

Hauptmanns Auftritten bei den Durchern: „In Berlin, an den Abenden des Durch [...] erschien er, streng gekleidet nach den Vorschriften des Jägerschen Wollregimes, das eben als Allheilmittel zur Wiedergeburt der Menschheit angekündigt wurde. Er sah aus, wie das unverdorbene Kind der Berge und der Wälder, das schon durch sein äußeres Erscheinen allen ethischen Widerspruch gegen die Sitten der Weltstadt zu erheben schien. Er war ausgesprochener Natur- und Gesundheitsapostel und hatte in Zürich ein heiliges Gelöbnis abgelegt, seine Seele und seinen Leib nie wieder mit tierischer Kost und mit spirituösen Getränken zu beflecken, und trug seine vegetarianischen und antialkoholischen Glaubensbekenntnisse mit dem strengen Eifer eines Proselytenmachers vor."

Als sich Bölsche und Wille im Sommer 1890 in Friedrichshagen niederlassen, wohnt Hauptmann längst nahe dem Kurfürstendamm und hat die sozialen Spannungen des östlichen Randgebietes mit dem Reichtum und der Eleganz des Berliner Westens getauscht. Hauptmann trieb nicht die verklärte Sehnsucht nach dem einfachen Dasein auf dem Lande nach Erkner, sondern seine Lungenkrankheit, nie geriet sein Leben „Hinter der Weltstadt" zur Idylle. Sein Interesse an Land und Leuten und deren Geschichte war den Friedrichshagenern fremd, die ihr Boheme-Leben billiger und naturnäher weiterführen wollten. Die eindringliche Darstellung einfacher Menschen in ihrem sozialen Milieu, die Hauptmanns beste Dramen so zeitlos machen, blieb den Friedrichshagenern versagt. Wohl deshalb gilt der Ruhm mehr der Unverwechselbarkeit ihrer Dichterkolonie und den Autobiographien ihrer Akteure als den entstandenen Werken selbst. Ehe Friedrichshagen, nach dem Dramatiker Max Halbe (1865–1944), von einem Ort zu einer Gesinnung wird, haben sich die freundschaftlichen Beziehungen Hauptmanns zu Wille, insbesondere jedoch zu Bölsche, durch gemeinsame Erlebnisse vertieft und bleiben auch bestehen, als Hauptmann zum Erfolgsautor wird. Im Walde zwischen Wacholderbüschen, wie Wille in seinen Erinnerungen an Gerhart Hauptmann schreibt, liest Hauptmann den beiden, auf Zuspruch hoffend, sein eben vollendetes Drama „Vor Sonnenaufgang" vor, im Juli 1989 unternehmen sie gemeinsam eine Wanderung nach Gosen, Walt Whitman zitierend. Und fünf Jahre später sendet Hauptmann – seine Ehe ist zerrüttet, Marie mit den drei Kindern nach Amerika geflohen – Bölsche einen Brief aus Meriden/Conneticut, der verrät, dass sein Durch-Mitstreiter zu den wenigen Auserwählten gehört, die den Namen seiner Geliebten kennen. Bölsche hatte die Bekanntschaft jener späteren Geliebten bereits am 25. August 1889 in Erkner gemacht. Da begleitete die vierzehnjährige Margarete ihren Bruder Max Marschalk (1863–1940), der die Musik zu Hauptmanns „Hanneles Himmelfahrt" schreiben wird, bereits zum zweiten Mal in die Villa Lassen. Nichts erahnend trägt sich Marie zusammen mit Gerhart im Juli 1890 in das Poesiealbum Margaretes ein. Als Hauptmann am 14. November 1893 nach der Uraufführung von „Hanneles Himmelfahrt" im Königlichen Schauspielhaus in Berlin nicht Marie sondern Margarete zum Festbankett im Hotel Friedrichshof führt, ist alles entschieden. Hauptmann zieht es zu der lebensfrohen, unsentimentalen, achtzehnjährigen Musikstudentin, weg von der schwermütigen, fraulichen, scheinbar immer noch ahnungslosen Marie. Die Ursache der Ehekrise, die der Vater

Zu Besuch in Erkner am 18. August 1889 (v. l. n. r.): Georg Ashelm, Arno Holz, Gerhart Hauptmann, Ivo und Marie Hauptmann, die 14jährige Margarete Marschalk und ihr Bruder Max.

Karikatur auf die Freie Bühne von Ernst Retemeyer im „Kladderadatsch" Nr. 17, 1890.

von drei Kindern auslöst, in einer Unentschlossenheit durchlebt, die er später kultivieren wird und in zig Variationen auf- und von sich weg schreibt, ist in der Erkner-Einöde zu suchen, in der wirtschaftlichen Abhängigkeit von Marie, dem Ausbleiben öffentlicher Anerkennung und in der wachsenden Monotonie des Ehealltags nach vier Jahren. Wie in einem Käfig fühle er sich, die Kettenkugel am Bein, schreibt er in dem autobiographischen Romanfragment „Der Venezianer" von 1903.

Kurz nach Hauptmanns Umzug in den Berliner Westen erreicht ihn ein Schreiben von Otto Brahm, Theaterkritiker und Gründer des Bühnenvereins Freie Bühne, dass sein Drama „Vor Sonnenaufgang" zur Aufführung angenommen sei. Als sich für Hauptmanns Erstling am 20. Oktober 1889 im Berliner Lessing-Theater für die Mittagsvorstellung der Vorhang hebt und der stadtbekannte Arzt und Journalist Isidor Kastan im zweiten Akt, drohend eine Geburtszange schwingend, ausruft „Sind wir hier in einem Bordell oder im Theater?", Tumult losbricht und der Skandal perfekt ist, hat Hauptmann den Durchbruch geschafft.

Da in meinem Haus, wo ich in meinem ersten Drama (Vor Sonnenaufgang) Alfred Loth seine große Philippika gegen den Alkohol sprechen lasse, der alles zerrüttet [...] wo ich das schrieb, an der gleichen Stelle steht heute eine Theke.

Gerhart Hauptmann, 1942

In dem als Eingangs-Zitat zum Erkner-Kapitel verwendeten Auszug aus einem Brief an den Erkneraner Bürgermeister Lübkes vom 3. Dezember 1936 hat Hauptmann seine Beziehung zur märkischen Landschaft sowie die wichtigsten in Erkner entstandenen Werke „Fasching", „Bahnwärter Thiel" und „Vor Sonnenaufgang" benannt. Der Brief ist die Antwort auf eine Anfrage des Bürgermeisters vom 2. November, ob Hauptmann für die geplante Orts- und Kriegschronik nicht etwas beisteuern könne, möglichst auch ein signiertes Foto. Hauptmann kommt der Bitte nach, legt ein Foto mit eigenhändiger Widmung bei („Dem Orte Erkner in warmer Erinnerung und Dankbarkeit gewidmet von Gerhart Hauptmann 1936") und den Abdruck einer früheren Fassung eines Kapitels aus „Das Abenteuer meiner Jugend". Während Lübkes mit Heil Hitler grüßt, erwidert Hauptmann noch Mit Deutschem Gruß! Als Antwort auf die Glückwünsche zum 80. Geburtstag 1942 preist Hauptmann die „unvergessliche Gemeinde", der er unendlichen Dank schuldig sei, ein weiteres Mal. Bei allem Überschwang wirken die Jahre in Erkner lange nach. Vor allem in seinen naturalistischen Werken zehrt er von Motiven und Details aus jener Zeit. Spätere Ideenskizzen und Fragmente belegen, wie häufig er auf seine Milieustudien im I. Heidedistrikt zurückgreift, auf das Leben der kleinen Kaufleute und Beamten, der Schiffer und Bootsbauer, der Holzfäller und Gleisarbeiter.

Sein zweites Drama, „Das Friedensfest“ (1890), spielt in einem Landhaus auf dem Schützenhügel bei Erkner, über den viele seiner Produktivspaziergänge führten; in der Villa Lassen selbst ist sein drittes Bühnenwerk „Einsame Menschen“ (1891) angesiedelt, doch örtlich verfremdet und nach Friedrichshagen an den Müggelsee versetzt. In der Komödie „Der Biberpelz“ (1893) erkannten viele Zeitgenossen ihre Mitbürger wider, die unfreiwillig Modell gestanden hatten: Der Amtsvorsteher Oscar von Busse (1844–1908), mit dem Hauptmann bei der Beurkundung der Geburten seiner drei Söhne Ivo, Eckart und Klaus zu tun hatte, liefert die Vorlage für den bornierten Amtsvorsteher von Wehrhahn. Dem preußischen Landjunker von Busse, der lieber seinen Namen mit Adelsprädikat als die offizielle Amtsbezeichnung als Anrede hörte und in jedem Winkel Erkners staatsgefährdende Elemente roch, war Hauptmann erstmals am 9. Februar 1886 begegnet, als er die Geburt seines Sohnes Ivo anzeigen wollte. Vor Aufregung gab er irrtümlich jedoch nicht die verlangten Vornamen seiner Frau, sondern die seiner Mutter an, was ein längeres bürokratisches Nachspiel hatte. Wenn in Hauptmanns Stück der Rentier Krüger, ein Abbild des Hauswirts Nicolaus Lassen, Amtsvorsteher von Wehrhahn einen „Kernegroß“ nennt, ist dies auch eine absichtsvoll kaum verfremdete persönliche Abrechnung des Autors mit den als junger Familienvater erlittenen Demütigungen und politischen Verdächtigungen durch den anmaßenden, sich in Erkner als uneingeschränkten Herrscher fühlenden von Busse, der auf Einschüchterung und Verängstigung seiner „Untergebenen“ setzt. Dass Hauptmann sich durchaus aus der Distanz und mit Selbstironie betrachten kann, geht aus der als Selbstporträt gestalteten Figur des argwöhnisch observierten Intellektuellen Dr. Fleischer hervor. Uneingeschränkte Sympathieträgerin ist jedoch die schlagfertige Mutter Wolffen, die mit Berliner Humor das Sprichwort „Gelegenheit macht Diebe“ auf ihre

Art auslegt, ob sie nun beim Wildern einen Rehbock erbeutet, eine Holzfuhre „umleitet“ oder den besagten Biberpelz des Rentiers Krüger stibitzt. Verständlicherweise war das literarische Vorbild, die aus Niederschlesien stammende Haushaltshilfe Hauptmanns und Frau eines Schiffbauergesellen am Dämeritzsee, Marie Heinze (1846–1935), nicht gerade erfreut über die künstlerischen Freiheiten ihres einstigen Arbeitgebers. Rechtschaffen und einfach im Wesen, fürchtete sie um ihren Ruf und herrschte Jahre später einen Journalisten mit den Worten an: „Jehn Se ma weg mit Hauptmann. Ick will von dem Mann nischt wissen! Übahaupt von der janzen Sache nischt!“ Die Mutter Wolffen ist aus dem kulturellen Leben Erkners als dem Original der Stadt nicht mehr wegzudenken, das Grab Marie Heinzes auf dem Friedhof mit der 2004 angebrachten Gedenktafel ist fest in jede Stadtführung integriert und endet häufig vielsagend mit dem Satz: „Die hat es eben verstanden, sich durchzuwurschteln.“

Seine Fortsetzung findet „Der Biberpelz“ in der Tragikomödie „Der rote Hahn“ (1901). Die Mutter Wolffen, nach der Heirat mit einem Flickschuster Frau Fielitz genannt, ist zur Kleinbürgerin und Versicherungsbetrügerin avanciert, die mit allen Mitteln ihren sozialen Aufstieg erzwingen will. Ihr eigenes Haus steckt sie in Brand, um die Versicherungssumme zu kassieren. Zu diesem Stück war Hauptmann von seinem in Kagel lebenden späteren Schwager und Lektor beim S. Fischer Verlag, Moritz Heimann (1868–1925), angeregt worden. Die dortige Schmiede und ihr Besitzer dienten als Vorlage für den Schauplatz des zweiten Aktes und für den Feuerwehrmeister und Schmied Langheinrich. Die Dorfschmiede, ein traufständiger, eingeschossiger Bau mit Satteldach in der Gerhart-Hauptmann-Straße 20 an der Einmündung zur Schmiedegasse ist noch erhalten. Am historischen Ortsrand von Kagel gelegen, wurde die eigentliche Schmiede erst im letzten Drittel des 19. Jahrhunderts an das vorhandene ursprüngliche Fachwerk-Wohnhaus aus der zweiten Hälfte des 18. Jahrhunderts angebaut.

Vor der Schmiede von Meister Berthold Dalibor in Kagel, dem Schmiedemeister Langheinrich in der Tragikomödie „Der rote Hahn", Sommer 1938.

Die häufigen Brandstiftungen zum Zwecke des Versicherungsbetrugs in der Ortschaft Kienbaum unweit von Kagel und Erkner im Jahre 1894 dürften Hauptmann als Anstoß für sein nur mit mäßigem Erfolg am 17. November 1901 am Deutschen Theater in Berlin uraufgeführtes Drama gedient haben. Schräg gegenüber der Kirche von Kienbaum, zwischen der Fahrradstraße zum Maxsee und nach Fürstenwalde und der Neuen Dorfstraße, steht, auf einem Sockel aus Hartbrandsteinen, eingefasst von Koniferenbüschen und einer DDR-typischen Abgrenzung aus Eisenketten, die Metallplastik „Der rote Hahn", die neben dem eigentlichen Zweck, auf künstlerische Weise den Ort der Ideenfindung zu würdigen, daran erinnert, wie schwierig auch in Sachen Hauptmann die deutsch-deutsche Annäherung war. Erst nach der Überwindung immer neuer bürokratischer Hürden und mahnender Schreiben des Direktors der damaligen Gedenkstätte in Erkner an den Rat des Kreises, wurde kurz vor dem wiederholten Besuch von Ingeborg Hauptmann, Enkelin des Dichters aus Wiesbaden, die den Entwurf jener Metallplastik schuf und der das Museum zahlreiche Schenkungen verdankt, der anscheinend unlösbare „Vorgang“ am 27. August 1986, 9.00 Uhr, mit dem lapidaren Vermerk geklärt: „Mit dem Bürgermeister abgesprochen, wird noch heute erledigt.“

Am 18. und 21. November 1938 veröffentlichte der Hauptmann-Forscher Walter Requardt im Allgemeinen Anzeiger von Erkner einen quellenkundlichen Beitrag zu Hauptmanns im Februar/März 1887 geschriebener Novelle „Fasching“. Er brachte sein Erstaunen darüber zum Ausdruck, dass bisher kaum jemand den Zusammenhang zwischen dem tatsächlich stattgefundenen Unglücksfall und der Handlung von Hauptmanns Erstlingsnovelle hergestellt hätte. Dank der Vermittlung der Durcher erschien „Fasching“ 1887 in „Siegfried“, einer der vielen kaum bekannten und

„Der rote Hahn“ in Kienbaum, unweit der Ortschaft Kagel gelegen, erinnert an Hauptmanns gleichnamige Tragikomödie und die „heiße Sanierung“ der strohgedeckten Bauernkaten. Die Metallplastik schuf Klaus Heller 1986 nach einem Entwurf von Ingeborg Hauptmann.

Grabstätte der Familie Zieb auf dem alten Gemeindefriedhof von Erkner, der 1863 neben dem Schulhaus angelegt und nach dem Zweiten Weltkrieg aufgelassen wurde. Die Inschrift lautet: „Hier ruhen in Gott der Schiffbaumstr. Eduard Herrmann Zieb geb. d. 15. Mai 1852; Frau Anna Zieb geb. Zikowski geb. d. 29. Sep. 1866 und der einzige Sohn Paul geb. d. 29. Juni 1885. Sie fanden den Tod gemeinsam im Flaken See am 13. Febr. 1887. Dem Auge fern, dem Herzen ewig nah. Unvergesslich bleibt Ihr den Hinterbliebenen."

kurzlebigen literarischen Zeitschriften und war danach genauso schnell über Jahrzehnte wieder vergessen. Hauptmann selbst schien sein Meisterwerk verdrängt zu haben, denn in seinen Sammelausgaben bis 1922 taucht es nicht auf. Requardt entdeckte auf dem damals noch existierenden alten Friedhof von Erkner nahe der Landstraße nach Neu Zittau den unauffälligen Grabstein, der über das tragische Unglück Auskunft gibt. Zwei ineinander gelegte Hände, in die die kleine Hand eines Kindes greift, symbolisieren das Schicksal der drei Ertrunkenen.

Am Sonntagabend, den 13. Februar 1887 war der ehrbare und vermögende Schiffbaumeister Zieb aus Erkner mit seiner Frau und seinem einzigen, nicht mal zweijährigen Sohn, mit einem Stuhlschlitten von Woltersdorf über den vereisten Flakensee kommend, in diesem ertrunken. Nur einhundert Meter von seinem Haus an der Löcknitzmündung entfernt hallten die verzweifelten Rufe durch die Dunkelheit. In Hauptmanns Novelle wird Woltersdorf zu der Ortschaft Steben und aus dem Schiffbauer Zieb der vergnügungssüchtige Segelmacher Kielblock mit seinem nicht minder lebensfrohen Mariechen. Die Ziebs fahren über den Flakensee, um einen guten Bekannten, den Buhnenmeister Hildebrand, zu besuchen, Kielblocks zum Faschingsfest, wonach die Studie, so Hauptmanns Bezeichnung, benannt ist. Die realistische Beschreibung von Details, die genaue Zeichnung von Personen und der dämonischen Naturgewalt des Sees, ist neu bei Hauptmann, der in seinen ersten Schreibversuchen sich vor allem mythologischen Themen annahm. Er hat die märkisch-berlinische Mundart in vielen Gesprächen studiert und setzt sie, noch vor dem Schlesischen, in „Fa-

Gerhart Hauptmann an der Woltersdorfer Schleuse, 1892.

sching“ ganz bewusst ein. Mit der beklemmend-unheimlichen Stimmung, die sich von Anbeginn einstellt, nimmt er das tragische, bereits vorgezeichnete Ende vorweg. Als Kielblock am Anfang das Eis auf seine Festigkeit prüft und dabei fast das Gleichgewicht verliert, ruft ihm ein Fischer zu, ob er denn Schlittschuh laufen wolle, worauf Kielblock erwidert, in acht Tagen könne er sich das schon vorstellen.

„Denn will ick mich bald een neues Netze koofen.“

„Warum denn?“

„Damit ick dir wieder rausfischen kann, denn rin fällst de sicher.“

In Netzen bergen die Fischer dann auch die Leichen des Ehepaares. „Von einer unsichtbaren Gewalt zur Eile angetrieben“, steuerte er auf die offene Stelle des Sees an der Löcknitzmündung zu. Das Schicksal hatte sich erfüllt.

Im Gegensatz zu dem bis ins Detail nachvollziehbaren realen Hintergrund in „Fasching“, ist es bei der Novelle „Bahnwärter Thiel“ bisher nicht gelungen, die Handlung mit tatsächlichen Ereignissen zu belegen. Im Frühjahr 1887 geschrieben, wurde sie 1888 in einem der wichtigsten Publikationsorgane des Naturalismus, der in München herausgegebenen Zeitschrift „Die Gesellschaft“, veröffentlicht. Mit dem beschränkten, aber gutmütigen Bahnwärter, der in der Waldeinsamkeit seinen Dienst versieht und für den der Wechsel der Jahreszeiten die fast einzige Abwechslung ist, tritt Hauptmann, nach eigenem Bekunden, „als Dichter in die Welt“. Die gern und häufig kommentierte Novelle und dankbare Schullektüre, als ein Höhepunkt des Naturalismus und als klassische psychologische Fallstudie gefeiert, hat allen Verschleißerscheinungen getrotzt und sich ihren poetischen Reiz bewahrt. Schönschornstein, ein kleiner Ortsteil von Erkner an der Straße nach Neu Zittau, ist als Wohnort des Bahnwärters genannt. In die Kirche geht er sonntags nach Neu Zittau, wenn der Dienst das erlaubt. Zuhause jedoch ist er in seiner märkischen Einöde. Zehn Jahre betreut er seinen Streckenabschnitt von einem der Häuschen aus, die in regelmäßigen Abständen an den Gleisen stehen. Die Bude 28

Die Bude 28, die am Bahnübergang hinter dem Friedhof von Erkner lag, könnte neben der Fischer- und Waldarbeiterkolonie Schönschornstein der Schauplatz der Handlung vom „Bahnwärter Thiel“ gewesen sein.

am Bahnübergang gleich hinter dem Friedhof von Erkner könnte sein Refugium gewesen sein, in das, nach dem Tod seiner ersten Frau, Lene einbricht, der er hörig ist. Die zupackende, pralle Kuhmagd stammt aus Alte Grund, das in Rüdersdorf aufgegangen ist.

„[...], dass hinter einem Manne, der so was schreiben kann, mehr steckt als hinter der andern Blase, die alle bloß nach der Tantieme schielen", äußert der alte Theaterkritiker Theodor Fontane zwar erst, nachdem er „Vor Sonnenaufgang" gesehen hat, die in Erkner geschriebenen Novellen „Fasching" und „Bahnwärter Thiel" stehen jedoch als Prosastücke dieser Wertung in nichts nach. Der Familienvater und junge Autor hatte allerdings auch Einkünfte dringend nötig, vor allem für das eigene Selbstwertgefühl. Die Meinung der Erkneraner war ohnehin vorgefasst. Sie bedauerten die häusliche Marie, die dem etwas spinnerten Möchtegern-Autor ihr Vermögen opferte. Hauptmanns späteres Motto – „Das Geheimnis jedes Erfolgs heißt Organisation" – feierte bereits mit „Vor Sonnenaufgang" eindrucksvoll Premiere. Von der im August 1889 erschienenen Buchausgabe versendet Hauptmann achtzig Freiexemplare an potentielle Interessenten und Förderer, publizistisch flankiert von seinen Freunden aus dem Verein Durch. Theodor Fontane und Otto Brahm ergreifen für ihn Partei. Die Aufführung wird erfolgreich in Szene gesetzt.

Als Hauptmann den dogmatischen Menschheitsverbesserer und Antialkoholiker Alfred Loth schuf, der in das Leben aus Müßiggang und Trunksucht auf dem schlesischen Gut des Bauern Krause einbricht, den Kohlevorkommen auf seinen Ländereien reich gemacht haben, steht der Autor noch ganz unter dem Eindruck der Abstinenzlerbewegung. Über fünfzig Jahre später, Hauptmann ist ein letztes Mal in Erkner, wird sich der erfolgverwöhnte und hochdekorierte Dichter, der mit Dienstpersonal und reichlich Gepäck zu reisen pflegt und seine Weinkontingente vorsorglich im voraus bestellt, über die Theke in jenem Haus entrüsten, in dem er, mittellos, vier Jahre zur Miete wohnte.

Vom Humboldt-Schlösschen in Berlin-Tegel zur Stadtvilla eines Dorfhandwerkers

Als am 8. März 1944 zwischen 14.29 Uhr und 15.02 Uhr alliierte Bomber den Rüstungsstandort Erkner angriffen, fiel das alte Ortszentrum gleich mit in Schutt und Asche. Auch die einstige Villa des Klavierbauers Carl Bechstein (1826–1900), seit 1936 Rathaus, wurde zerstört und damit viele historische Ortsakten, unter denen sich mit großer Wahrscheinlichkeit jene der Lassenschen Villa befanden. Über den zu Wohlstand gelangten Dorfhandwerker Nicolaus Lassen, der in den 1870er Jahren das Gebäude nicht als komfortablen Alterswohnsitz sondern zum Zwecke der Vermietung errichten ließ, ist nicht viel mehr bekannt, als dass er sich als Hauswirt mit seiner Frau die kleinen Räume im Obergeschoss mit zwei weiteren Familien teilte und dabei wohl mehr an die Mieteinnahmen als an die mit Enge verbundenen Zwistigkeiten dachte. Ihre letzte Ruhe fanden Emilie (1827–1894) und Nicolaus Lassen (1816–1894) auf dem Friedhof in Berlin-Friedrichshagen.

1892, nach dem Verkauf durch den alten Lassen, lädt das Hotel und Restaurant Kurhaus erstmals seine

Die nicht mehr existierenden Grabplatten an der Friedhofsmauer in Berlin-Friedrichshagen für Nicolaus Lassen und seine Frau Emilie sowie für den Arzt Dr. Georg Ashelm, Lassens Enkel und Gerhart Hauptmanns Freund, 1938.

Gäste ein und profitiert in den 1920er Jahren vom Bevölkerungsboom Erkners und seinem Nimbus als Mekka für Wassertouristen. Mit den südlichen und nördlichen Anbauten entsteht eine Niederlage der Berliner Kindl-Brauerei. Hauptmanns 75. Geburtstag ist Anlaß, das florierende Unternehmen in „Biberpelz" umzutaufen und einen der Räume als Bibersaal auszumalen – mit einer Szene aus der Diebskomödie, die Mutter Wolffen beim Amtsvorsteher zeigt.

Die Villa Lassen als Gasthaus: Nach dem Verkauf durch Nicolaus Lassen wurde sie bereits 1892 als Kurhaus bezeichnet, ehe die legendäre Gaststätte „Zum Biberpelz" in den 1920/30er Jahren von Hauptmanns Ruhm profitierte.

Dem Aufschwung als Gaststätte folgen Niedergang und tragisches Ende: Die Überlebenden des Bombenangriffs vom 8. März 1944 werden monatelang aus Gulaschkanonen der Wehrmacht auch auf dem Freigelände des Restaurants „Biberpelz" versorgt. Die Geschichte einer Hauptmann-Gedächtnisstätte wäre sicherlich anders verlaufen, hät-

Als Postkartenserie einst im Angebot: Die historische Gaststätte „Zum Biberpelz".

ten sich die Versprechungen realisieren lassen, die der spätere erste Präsident der DDR, Wilhelm Pieck, und für die sowjetische Militäradministration Oberst Sergej Tjulpanow bei der Trauerfeier für Gerhart Hauptmann in Stralsund am 27. Juli 1946 abgegeben hatten: Berlin, noch vor dem Tod Hauptmanns in Agnetendorf als zukünftigen Wohnsitz erwogen, sollte Standort einer Gedenk- und auch Forschungsstätte werden. Die enge Verbindung Hauptmanns zu dieser Stadt seiner Uraufführungen war Argument genug und die kulturpolitischen Überlegungen des Präsidenten des Kulturbundes zur demokratischen Erneuerung Deutschlands und späteren DDR-Kulturministers, Johannes R. Becher, sprachen für sich. Immerhin hatte sich der greise Hauptmann auf dem Wiesenstein von Bechers Vision eines neuen Deutschland bekehren lassen und sich zur Mitwirkung bekannt. Das Humboldt-Schlösschen in Berlin-Tegel, ein kurfürstliches Jagdschloss, das Wilhelm von Humboldt 1820 bis 1824 von Karl Friedrich Schinkel (1781–1841) zu einer klassizistischen Villa umbauen ließ, wurde von Becher neben anderen dem Unterfangen angemessenen Orten ins Gespräch gebracht. Doch die ehrgeizigen Pläne scheiterten an der politischen Lage, vor allem jedoch an den anders gearteten Vorstellungen der Hauptmann-Erben, was letztlich zu der merkwürdigen Situation führte, dass in der DDR fünf Hauptmann-Stätten entstanden: 1948, mit Unterstützung des Kulturbundes und des Rates der Stadt Dresden, das Hauptmann-Archiv Radebeul; 1952 der Gerhart-Hauptmann-Gedächtnisraum im

Die Villa Lassen im Winter 1938/39.

... und 1973 noch als Gedenkstätte und Schule genutzt.

Märkischen Museum Berlin, der 1958 zur Forschungs- und Gedenkstätte erweitert wurde. Das Gerhart-Hauptmann-Archiv der Akademie der Künste richtete bereits 1952 eine umfangreiche Hauptmann-Gedenkausstellung aus, ehe die Archivalien 1957 in die Abteilung Literaturarchive der Akademie integriert wurden. Die Gerhart-Hauptmann-Gedächtnisstätte in Kloster auf Hiddensee wurde 1956 der Öffentlichkeit übergeben und 1957 entstand der erste bescheidene Gedenkraum im Obergeschoß der Villa Lassen, in der die Grundschüler von Erkner im Chemieunterricht die zum Labortisch umfunktionierte Theke der ehemaligen Gaststätte und zeitweiligen sowjetischen Kommandantur nutzten.

Mit den bescheidenen Mitteln in den 1950er Jahren wurde der Grundstock an Ausstellungs- und Archivmaterial gelegt, um zum 100. Geburtstag Hauptmanns 1962 nach dringenden Sanierungsarbeiten die Gerhart-Hauptmann-Gedenkstätte Erkner zwar nicht in den von Hauptmann zwischen 1885 und 1889 bewohnten Räumen einzurichten, aber doch mit erweiterten Ausstellungs- und Veranstaltungsmöglichkeiten. Die 1975 vom Kulturministerium verabschiedete Profilierungskonzeption für die Museen der DDR sowie der inzwischen eingerichtete Staatliche Museumsfonds beförderten nicht nur die thematische Öffnung der bisher auf die Erknerzeit beschränkten Exposition, sondern schufen die Grundlage dafür, dass 1982 das ehemalige Hauptmann-Archiv Radebeul und zwei Jahre später der Teilnachlaß Hauptmanns aus dem Märkischen Museum in Erkner zusammengeführt wurden. Einig war man sich darüber, dass die Gedenkstätte in Kloster auf Hiddensee ihre Eigenständigkeit als Memorial behalten sollte. Bis zur offiziellen Eröffnung als zentrales Hauptmann-Museum der DDR am Vorabend des 125. Geburtstags des Dichters am 14. November 1987 mußte eine grundlegende denkmalpflegerische Rekonstruktion der historischen Bausubstanz erfolgen. Der wiederholte Vorschlag des damaligen Direktors, Gustav Erdmann, an den Rat des Kreises Fürstenwalde, das Museum nicht der Gemeinde, sondern dem Landkreis zu unterstellen, um größere Entscheidungskompetenz und vor allem besseren Zugang zu den so dringend benötigten Baukontingenten zu erlangen, wurde abgelehnt.

Nach dem Auszug der Gemeindebibliothek, die seit 1978 in der Villa untergebracht war, konnten die Anbauten für eine museale Präsentation genutzt, die Verwaltung im Obergeschoss untergebracht und drei Räume im Erdgeschoss in Anlehnung an die Hauptmann-Zeit gestaltet werden. Der bis 1980 ehrenamtlich betreuten Gedenkstätte wird die Bezeichnung Museum zuerkannt – und unter der Lizenz-Nummer G/6/87 gibt der Rat des Bezirkes Frankfurt (Oder) Anfang Oktober 1987 den Druck für eine Einführungsschrift frei, gerade noch rechtzeitig, um den Beschluss des Politbüros der SED zur Hauptmann-Ehrung vom 6. Mai 1986 ohne Abstriche umzusetzen, denn der 125. Geburtstag des Dichters ist als Prestigevorhaben fest in die 750-Jahrfeier Berlins, der Hauptstadt der DDR, eingebunden.

Mit der Wende 1989 brechen die Besucherzahlen drastisch ein, insbesondere die Gruppenführungen von Arbeitskollektiven aus Ost-Berlin, die im Rahmen ihrer Verpflichtungen im sozialistischen Wettbewerb einen Museumsbesuch „absolvieren", enden abrupt. Über Nacht hat sich die Hauptmann-Landschaft grundlegend verändert; Bundeskanzler Kohl vereinbart mit dem polnischen Ministerpräsidenten Mazowiecki eine Hauptmann-Gedenkstätte im Riesengebirge; zu dem von Barbara Hauptmann im Dezember 1968 der Stiftung Preußischer Kulturbesitz in Berlin (West) veräußerten Nachlaß gehören auch die 1946 in Ost-Berlin verbliebenen Bestände, ohne die das Museum in Erkner seine Attraktivität einbüßen würde. „Die Möglichkeit eines Abzugs großer Teile des Hauptmann-Nachlasses aus dem Museum kann nicht länger außer Betracht gelassen werden“, konstatiert die stellvertretende Direktorin, Hanni Kümmel, in einem Positionspapier an den Rat des Kreises Fürstenwalde. Zudem sieht sich Anfang der 1990er Jahre die Gemeinde immer weniger in der Lage, Betriebs- und Personalkosten des Hauses allein zu tragen. Am 26. Mai 1994 stirbt der langjährige Direktor und verdienstvolle Hauptmann-Forscher Gustav Erdmann. Die Zukunft des Museums scheint ungewisser denn je und wird öffentlich diskutiert. Nachdem eine finanzielle Beteiligung des Landes und des Landkreises vertraglich gesichert ist, übernimmt im November 1997 der Schriftsteller Manfred Wolter die Leitung und setzt seine Vorstellung von einem „nach allen seriösen, kulturvollen Seiten offenen Museum" erfolgreich um. Neben Lesungen, Konzerten und Ausstellungen begründet er die Reihe „Das Debüt“ und die Schreibwerkstatt als Begegnungsstätte für Schreibende und Literaturinteressierte.

In den letzten Jahren hat sich unter der Leitung von Stefan Rohlfs die Lyriknacht im Garten des Museums, in der „Poesie bei Rotwein & Kerzenschein“ geboten wird, zu dem Höhepunkt im Sommerhalbjahr entwickelt. Die Würdigung von Leben und Schaffen Hauptmanns wie auch die wissenschaftliche Auseinandersetzung mit seinem Werk findet traditionsgemäß seit den 1980er Jahren um den 15. November, dem Geburtstag Hauptmanns, in Zusammenarbeit mit der Hauptmann-Gesellschaft statt. Ein ansprechend gestaltetes Halbjahresprogramm weist in Wort und Bild auf die vielfältigen Angebote des Hauses hin, das sich als kulturelles Zentrum Erkners überzeugend etabliert hat.

Das Gerhart-Hauptmann-Museum im Mai 2006.

Vielleicht war es mehr als ein Zeichen, dass am 6. Juni 1998, dem 52. Todestag Hauptmanns, Erkner das Stadtrecht verliehen wurde. Den neben dem Klavierbauer Carl Bechstein berühmtesten Einwohner posthum zum Ehrenbürger zu machen, war der Stadt laut brandenburgischer Rechtsprechung leider nicht vergönnt. Doch Erkner hat bewiesen, dass es seinen heimlichen Ehrenbüger auch anders würdigen kann: Zum 20jährigen Jubiläum des Museums im November 2007 wird der Park umgestaltet und in Abstimmung mit den Partnern in Kloster, Agnetendorf und Schreiberhau die ständige Ausstellung überarbeitet werden.

Die Ausstellung

Ein saalartiges Zimmer – Wohn- und Speiseraum –, gutbürgerlich eingerichtet [...] Links eine, rechts zwei Türen. Die Tür links führt ins Studierzimmer [...] Die Türen rechts ins Schlafzimmer und auf den Flur. Der Raum hat eine mäßige Tiefe. Zwei Bogenfenster und eine Glastür der Hinterwand gestatten den Blick auf eine Veranda und einen Ausblick über den Garten.

Hauptmanns Bühnenanweisung
aus dem Drama Einsame Menschen

Betritt man das parkähnliche Grundstück von der Gerhart-Hauptmann-Straße, fallen neben der neuen Informationstafel zu Hauptmanns literarischen Schauplätzen drei Reliefs ins Auge, die zusammen mit der Skulptur des Wanderers einstimmen sollen auf das Erlebnis Literaturmuseum. Konzeptioneller Bestandteil der 1987 neu gestalteten ständigen Ausstellung, die, von geringfügigen Veränderungen abgesehen, dem Besucher auch heute noch präsentiert wird, war die bewusste Einbeziehung des Parkgeländes im Eingangsbereich durch eine Skulpturengruppe. Was lag bei Hauptmann näher, als eine Bildhauerin zu beauftragen, um die Wesenszüge seiner Persönlichkeit und seines Schaffens deutlich zu machen, die zudem noch in Berlin und in Erkner (auf einem verwunschenen Grundstück an der Spree im Ortsteil Schönschornstein) zu Hause und gebürtige Römerin ist. Seit November 1992 sind die Reliefs „Vorstadt“, „Chaussee“ und „Eisflächenrelief“ wie die 2,70 Meter hohe Bronzeskulptur „Schreibende und schreitende Figur“ von Sabina Grzimek (geb. 1942) im Park zu sehen. Mit der Bemerkung „Manche Entwürfe kommen im Schlaf“, hat sich die Künstlerin einer Interpretation ihrer Arbeiten entzogen. Doch der aufmerksame Betrachter erkennt unschwer, dass mit der überlebensgroßen Skulptur dem „Produktivspaziergang“ Hauptmanns ein Denkmal gesetzt wird, den er auf seinen Streifzügen durch die märkische Landschaft um Erkner zu einer künstlerischen Methode entwickelte, die er zeitlebens beibehielt.

Charlotte E. Pauly: Gerhart Hauptmann in Erkner. Tempera, o. J.

Ehe Sie mit dem Museumsrundgang beginnen, sollten Sie einen Blick in den Veranstaltungsraum werfen, vor dem ein Hauptmann-Porträt von Charlotte E. Pauly die Besucher begrüßt. Neben zeitgenössischen Künstlern vor allem aus Brandenburg und Berlin werden wechselnde Ausstellungen mit Hauptmann-Bezug gezeigt. Namen wie Lovis Corinth (1858–1925), Ludwig von Hofmann, Armin Münch, Käthe Kollwitz (1867–1945), Emil Orlik (1870–1932), Charlotte E. Pauly und Heinrich Vogeler (1872–1942) stehen für die Resonanz, die Hauptmanns Schaffen in der Bildkunst erfuhr. Hauptaugenmerk der damaligen gestalterischen Konzeption lag in einer möglichst umfassenden Darstellung von Leben und Werk Hauptmanns „im Zusammenhang mit den sozialen, politischen, kultur- und literaturgeschichtlichen Strömungen seiner Zeit". Eine entsprechende synchronoptische Zeittafel verbindet sein Leben und Werk mit den gesellschaftlichen Ereignissen.

Vom Foyer gelangen Sie in den ersten Durchgangsraum, der folgerichtig Aspekte der Wirkungsgeschichte aufgreift und Hauptmanns weltliterarischen Rang anhand einer Vielzahl von Übersetzungen belegt. Die hier präsentierten älteren Ausgaben stammen größtenteils aus der Bibliothek des Dichters. Der folgende schmale Raum, der den Blick auf den großen Ausstellungsraum freigibt, thematisiert Kindheit und Jugend, dokumentiert die ersten literarischen Versuche wie seine bildhauerischen Ambitionen. Ein Neuruppiner Bilderbogen (um 1860/70) mit Papiertheater-Flachfiguren zu Shakespeares „Hamlet“ aus der ehemaligen Puppentheatersammlung im Hohenhaus in Radebeul ist neben Kinderspielzeug der Brüder Carl und Gerhart zu sehen. Das Abgangszeugnis von der Realschule am Zwinger in Breslau vom 29. April 1878, die er von 1874 an mit seinem vier Jahre älteren Bruder Carl besuchte, weist auf die Zeit als Landwirtschaftseleve auf dem Rittergut seines Onkels hin. Einige seiner frühen, als Sammlerausgaben begehrten Arbeiten waren für den Hausgebrauch verfasst, wie die Festspiele „Liebesfrühling“ (1881) und „Der Hochzeitszug“ (1884) für die Hochzeiten seiner Brüder Georg und Carl mit den Thienemann-Schwestern Adele und Martha, um „den Polterabend zu beleben“, wie Hauptmann im Rückblick schreibt. Das Versepos „Promethidenlos“ (1885), in dem Hauptmann seine erste Mittelmeerreise verarbeitet, verdeutlicht sein Schwanken zwischen Bildhauerei und Literatur. Und im Poesiealbum für seine Verlobte Marie, im Herbst 1881 angelegt, sind viele seiner frühesten Dichtungen vereint. Der Modellierbock Hauptmanns schräg gegenüber dem Durchgang zum Erkner-Raum und die von ihm 1913 geschaffene Bronzeplastik des schlesischen Schriftstellers Bernhard Wilm (1872–1953) belegen die zeitlebens enge, sein literarisches Schaffen befruchtende Beziehung zur bildenden Kunst.

Den vier Jahren in Erkner und ihren Folgen ist selbstverständlich ein gesonderter Raum gewidmet. In dem abgele-

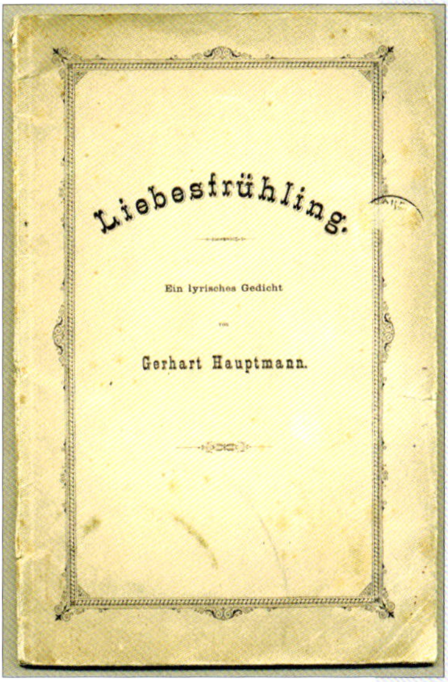

Privatdruck, Salzbrunn, 1881.

Modellierbock Gerhart Hauptmanns aus Haus Seedorn in Kloster.

genen Lassenschen Haus am Waldrand, wo um Mitternacht die Holzdiebe einander zupfiffen und zwei Hunde für Sicherheit sorgten, kommt Hauptmann, Blut hustend, zur Ruhe. „Diesem Wechsel des Wohnorts verdanke ich es nicht nur, dass ich mein Wesen bis zu seinen reifen Geistesleistungen entwickeln konnte, sondern dass ich überhaupt noch am Leben bin", formuliert Hauptmann rückblickend in „Das Abenteuer meiner Jugend". Die Statuette Curt Gitschmanns von 1897 steht in spannungsvollem Kontrast zu Sabina Grzimeks monumentaler Skulptur. Dokumente zur Rezeption der Komödie „Der Biberpelz" (1893) nehmen aufgrund der engen Verbindung zu Erkner breiten Raum ein. Blickfang ist der farbige Bühnenbildentwurf mit interessanten Randnotizen von Gabriele Koerbl für die Volksbühne Berlin von 1980 sowie ein Plakat der Festaufführung der Komödie zum 100. Geburtstag Hauptmanns im Rahmen einer feierlichen Gemeindevertretersitzung im Kulturhaus des VEB Teerwerk Erkner. Der Vorverkauf zu diesem Gastspiel des Arbeitertheaters des Reichsbahnausbesserungswerkes Eberswalde fand im Schreibwarengeschäft in Erkner zum Preis von 1,50 DM, ermäßigt 0,75 DM statt. Leider ist die Sonderausstellung über den Friedrichshagener Dichterkreis im jetzigen Lesecafé hinter dem Arbeitszimmer Hauptmanns nicht zu einer ständigen geworden, so müssen einige wenige Verweise auf den Berliner Dichterverein Durch und die Friedrichshagener reichen. Ehe man durch einen Zwischenbau in die eigentliche Villa gelangt, in der Hauptmann mit seiner Familie zur Miete wohnte, wird im sogenannten großen Ausstellungsraum die weitere Lebens- und Wirkungsgeschichte behandelt.

Neben Fotos und Dokumenten zur Biographie des Dichters, die durch Porträts u. a. von Emil Orlik, Johannes M. Avenarius, Charlotte E. Pauly und Wilhelm Victor Krausz ergänzt werden, zieht die bildkünstlerische Auseinandersetzung mit Hauptmanns Werken das Interesse des Besuchers auf sich. Bemerkenswert auch die um 1910 geschaffene Terrakottaplastik von Erica von Scheel (1881–1966), seit 1912 mit Ivo Haupt-

Festbankett zum 50. Geburtstag am 15. November 1912 im Berliner Hotel Adlon am Pariser Platz. V. l. n. r.: 1 Wilhelm Bölsche 2 Benvenuto Hauptmann 3 Margarete Hauptmann 4 Max Liebermann 5 Gerhart Hauptmann

mann verheiratet, die den jüngsten Sohn des Dichters, Benvenuto zeigt. Das von der Decke abgehängte Plakat Emil Orliks von 1897 zu dem Drama „Die Weber" verweist auf die Schwerpunktsetzung des Raumes: Hauptmann als Anwalt der Menschlichkeit, dessen Sympathien den Erniedrigten und Beleidigten gelten, der seine Stimme gegen religiösen Fanatismus, gegen Junkertum und Militarismus erhebt. Mit dem „Weber"-Zyklus der jungen Käthe Kollwitz erfährt Hauptmanns Werk eine erste, bedeutende künstlerische Resonanz voll elementarer Kraft. Über fünf Jahre brauchte die Künstlerin, um den Zyklus nach dem Bühnenerlebnis vom 26. Februar 1893 fertig zu stellen, als in einer geschlossenen Veranstaltung des Vereins Freie Bühne im Neuen Theater Berlin das an öffentlichen Theatern zunächst verbotene Drama seine Uraufführung erlebte. In der Ausstellung ist die Wirkungsgeschichte des Dramas nach 1989 nicht fortgeschrieben, doch dürften sich Parallelen zur Dresdner „Weber"-Inszenierung vom Herbst 2004 mit den ihr folgenden Verfügungen und Verboten geradezu aufdrängen.

Wiederholt wurde in jüngster Zeit Hauptmanns Rolle im Dritten Reich hinterfragt, der Zyklus der Atriden-Tetralogie einer differenzierteren Lesart unterzogen. Die ausgestellten Regieaufzeichnungen der Inszenierung Erwin Piscators von 1962 an der Berliner Freien Volksbühne, die als Widerstandsdrama daherkommt, und das Bühnenmodell von Viktor Kislizin der Fassung Armin Stolpers (geb. 1934), die 1987 anläß-

Blick in den großen Ausstellungsraum mit Lesepult und Porträt Hauptmanns von Wilhelm Victor Krausz.

lich des 125. Geburtstages Hauptmanns in Stralsund aufgeführt wurde, erhalten so eine neue Dimension.

Der Zwischentrakt trennt nicht nur die Villa vom neueren Anbau, sondern auch die Darstellung der Lebens- und Wirkungsgeschichte vom Memorial, das in Teilen ein inszeniertes ist, denn da, wo die Originalausstattung fehlt, ist sie dem Zeitgeist nachempfunden. Aus Hauptmanns Bühnenanweisung zum Drama „Einsame Menschen" (Das Bühnenbildmodell von Gerald Narr ist im Erkner-Raum zu sehen) geht hervor, dass der erste Raum, das jetzige Lesezimmer, einstiges Schlafzimmer der Familie war. Die Einrichtung ist nicht erhalten und wurde mit Möbeln aus dem Haus Wiesenstein komplettiert. Der 1886 in Erkner geborene Sohn Ivo schuf die künstlerisch wenig überzeugenden Porträts von Marie und Gerhart Hauptmann, die über den zur Schau gestellten Bänden aus Hauptmanns Bibliothek hängen und eine Schenkung Ingeborg Hauptmanns sind. Das Carl-Hauptmann-Porträt ist eine Leihgabe der Nationalgalerie Berlin. Auf einer Kommode unter dem Porträt liegt das Familienalbum „Gerhart Hauptmanns Lebensbilder" aus. Die 2002 zusammengestellte Sammlung wenig bekannter Fotos ist auch in Haus Seedorn und Haus Wiesenstein zu sehen. Die über einhundert Aufnahmen sollen in Auswahl und Anordnung Lebensstationen und -orte sowie Beziehungen zu Freunden und Arbeitspartnern lebendig werden lassen.

Das jetzige und einstige Wohnzimmer, der größte und zentrale Raum der Villa, wurde nach der bereits

Das ehemalige Schlafzimmer Gerhart und Marie Hauptmanns, jetzt Lesezimmer. Links neben dem Fenster ein Porträt Carl Hauptmanns von Max Wislicenus.

erwähnten Bühnenanweisung gestaltet. Der herrschaftliche Eingangsbereich vom Garten her, der früher ein Nutzgarten war, ist heute verschlossen, der eigentliche Hauseingang befand sich an der Südseite, dem jetzigen Verwaltungseingang. Das Biedermeier-Sofa mit den beiden Sesseln stammt aus der Mitgift Marie Thienemanns. Nach der Trennung von Gerhart Hauptmann behielt sie die Möbel aus dem Hohenhaus in Radebeul und vererbte sie ihrem 1887 in Erkner geborenen Sohn Eckart. Dessen Tochter, Ingeborg Hauptmann aus Wiesbaden, wollte die Möbel 1985 dem Museum in Erkner schenken, was auf einige Schwierigkeiten stieß. Die Annahme der Schenkung musste beim Minister für Kultur beantragt, die im Schenkungsvertrag aufgeführten Einzelstücke als Bestandteil des Staatlichen

Blick in das Wohnzimmer. Im Gegensatz zu der auf der Fensterseite angeordneten Sitzgruppe aus dem Besitz der Familie Thienemann aus dem Hohenhaus in Radebeul ist das abgebildete gründerzeitliche Esszimmer-Mobiliar eine Ergänzung.

Der Schreibtisch im Arbeitszimmer.

Museumsfonds der DDR inventarisiert werden. Am 26. November 1985 stimmte der Minister der Schenkung schließlich zu. Das gründerzeitliche Esszimmer-Mobiliar ist ebenso wie der Kronleuchter über dem Tisch eine Ergänzung – zu Hauptmanns Erkner-Zeit waren Petroleumlampen noch die einzige Lichtquelle. Weinkrug, Bowlengefäß und Geschirr wurden in Kloster auf Hiddensee schon benutzt, woher auch viele der alten Stiche stammen, die Hauptmann als leidenschaftlicher Kunstsammler von seinen Reisen mitbrachte.

„Das Arbeitszimmer ist sehr geschmackvoll mit Büsten, Bildern und Raritäten dekoriert, ohne überladen zu sein. Der Schreibtisch steht zwischen den Köpfen von Sokrates und Herodot, die bei starkem Auftreten

Hauptmann-Büste (signierter Gipsabguss einer Holzplastik) von Max Kruse aus dem Jahre 1897.

auf ihren Postamenten allerdings sehr bedenklich wackeln. Über dem Tisch schwebt mit ausgebreiteten Fittichen ein Adler, der einen aufgespannten chinesischen Sonnenschirm in den Klauen hält." So, wie Frank Wedekind (1864–1918) das Studierzimmer Hauptmanns nach seinem Besuch in Erkner im Frühjahr 1889 in seinen Tagebüchern beschreibt, finden wir das Eckzimmer vor dem Lesecafé natürlich nicht mehr vor; und doch gibt dieser Raum wohl am stärksten etwas von der Atmosphäre der Erkner-Zeit preis. Die Möbel, insbesondere der Manuskriptschrank, der Schreibtisch und wahrscheinlich auch das Stehpult und der Schaukelstuhl stammen ursprünglich aus Hauptmanns Wohnung in der Trabener Straße gegenüber dem Bahnhof Gru-newald bei Berlin, die er sich 1897/98 von dem Kunsttischler und Innenarchitekten Wilhelm Kimbel (1868–1965) einrichten ließ, den er aus der Schulzeit in Breslau kannte. Auf dem Schreibtisch finden sich einige Utensilien, die noch vom Haus Wiesenstein vertraut sind, u. a. der Bronze-Nachguß einer Goethe-Statuette von Christian Daniel Rauch von 1828, die ihm seine spätere zweite Frau, Margarete Marschalk, zum Geschenk machte. Zwischen den nach Norden zeigenden Fenstern ist ein Pastell Ludwig von Hofmanns zu sehen. Das Selbstporträt seines Sohnes Ivo, das dieser 1901 mit fünfzehn Jahren malte, ist eine Leihgabe des Ivo-Hauptmann-Archivs. Auf dem Rahmen ist es von Gerhart Hauptmann mit „Fromme Einfalt" betitelt. Dem Hauptmann-Porträt von Max Kruse fehlt der angestammte Platz: Der Manuskriptschrank aus

Einer der beiden Manuskriptschränke, die ursprünglich in der Bibliothek in Haus Wiesenstein standen. Das Figurenrelief auf der Tür schuf der Bildhauer Paul Heisler.

Eiche mit einer Füllung aus Kirschholz, als Relief ein Mädchen im Schutz der Diana von Ephesus zeigend, wurde am 16. Dezember 2003 anlässlich der Gründung des deutsch-polnischen Museumsverbundes der Gerhart-Hauptmann-Häuser an seinen angestammten Platz in das Haus Wiesenstein als Dauerleihgabe der Staatsbibliothek Stiftung Preußischer Kulturbesitz zurückgeführt. Im Arbeitszimmer verblieb das abgebildete Pendant mit dem Relief eines Harfe spielenden Mannes. Ein Grund mehr, sich die im Frühjahr 2007 in Haus Wiesenstein eröffnete ständige Ausstellung anzusehen.

Rolf Italiaander, ein Freund der Familie Hauptmann, machte diese Lampe im Mai 1989 dem Museum zum Geschenk. Wie die Überlieferung weiß, sollen unter ihr 1891 in Schreiberhau „Die Weber" entstanden sein.

Das Forschungsarchiv

Von Maries handschriftlichem Kochbuch bis zum Merkbuch des Lieblingsenkels Arne

Wer das Forschungsarchiv im Obergeschoss der Villa nach Voranmeldung nutzen möchte, wird zum Studium der bereitgelegten Unterlagen in das Pauly-Zimmer mit Blick auf den Lassenschen Park gebeten. Nach dem Tod der Malerin und Schriftstellerin Charlotte E. Pauly kamen Teile ihres Nachlasses vorerst als Depositum, 1992 dann als Schenkung in den Besitz des Hauses. Neben den über zweihundert vor allem grafischen Blättern sind insbesondere die noch überwiegend unveröffentlichten schriftstellerischen Arbeiten von Interesse. Die Schlesierin Pauly, von den Nazis wegen ihrer unverblümten Meinungsäußerungen und der Darstellung spanischer Zigeuner bereits als „entartet" verfemt, als sie 1935 von Krummhübel nach Agnetendorf zog, verließ ihre Heimat 1946 mit dem Hauptmann-Sonderzug. Im letzten Lebensjahr Hauptmanns schuf sie ihren 25 Blatt umfassenden Aquarellzyklus „Die Insel der großen Mutter", ein reizvolles malerisches Werk, für dessen exotisches Kolorit sie auf ihre Eindrücke von zahlreichen Studienaufenthalten in Mittelmeerländern bereits in den 1920er Jahren zurückgreifen konnte. Die tiefe Zuneigung zu den südländischen Landschaften und Kulturen, insbesondere Spaniens, spiegelt

Die Malerin und Schriftstellerin Charlotte E. Pauly im Alter von 91 Jahren in ihrer Atelierwohnung in Berlin-Friedrichshagen, 1977.

Charlotte E. Pauly: Aus dem 25 Blatt umfassenden Aquarellzyklus „Die Insel der großen Mutter" (Blatt 10), 1945/46.

sich auch in den Motiven vieler späterer Arbeiten wider, als ihre Wohnung in Berlin-Friedrichshagen bereits zu einer bekannten Adresse für regimekritische Intellektuelle in der DDR geworden war.

Auch Johannes M. Avenarius (1887–1954) zählt zu den mit Hauptmann befreundeten Malern, die mit einem Teilnachlass, vor allem Aufzeichnungen und noch weitgehend ungesichtete Korrespondenzen, im Archiv vertreten sind. Seine 1922 zum 60. Geburtstag Hauptmanns ausgemalte Halle von Haus Wiesenstein ist immer wieder Anlass, sich mit dem Professor an der Staat-

Charlotte E. Pauly: „Gerhart Hauptmann krank, in den letzten Tagen von Agnetendorf, Hannele-Platz im Garten am Wiesenstein", Tempera, 1946.

lichen Kunstschule für Textilindustrie in Plauen zu beschäftigen.

Sammlungsschwerpunkte des Archivs sind Zeugnisse über Gerhart und Carl Hauptmann, das künstlerische Umfeld der Brüder Hauptmann, insbesondere der Friedrichshagener Dichterkreis, Erkner und Umgebung als literarische Schauplätze sowie Schlesien. Mit seiner Arbeit unterstützt das Archiv Forschung und Lehre im universitären Bereich, es versteht sich als Dienstleister für Verlage, das Theater, vornehmlich jedoch für Bibliotheken wie auch für Bildungs- und Kultureinrichtungen. Als Medienpartner und in enger Kooperation mit der Gerhart-Hauptmann-Gesellschaft erfüllt es darüber hinaus als einziges Forschungsarchiv der vier Hauptmann-Häuser eine wichtige vernetzende Funktion.

Der Fundus gliedert sich im wesentlichen in folgende Bestandseinheiten:

1. Das Fotoarchiv: Es umfasst über 9 000 Fotografien, u. a. aus dem 1982 nach Erkner überführten Hauptmann-Archiv Radebeul, zahlreiche Originalfotos aus Familienbesitz sowie wertvolle Aufnahmen des Hauptmann-Forschers Walter Requardt, der bereits in den 1930er Jahren wichtige Zeugnisse der Erkneraner Zeit Hauptmanns auch fotografisch gesichert hat. Eine in den 1970er Jahren auf etwa 750 Manuskriptseiten erweiterte Fassung seiner Dissertation von 1955 „Erkner im Leben und Werk Gerhart Hauptmanns unter besonderer Berücksichtigung der Novelle ‚Fasching'" steht als Typoskript in der Bibliothek zur Verfügung.
2. Die Hauptmann-Bibliothek: Von den über 11 500 nachgelassenen Büchern aus Hauptmanns Bibliothek, die in der Staatsbibliothek in Berlin verzeichnet sind, befanden sich ursprünglich annähernd 6 000 Bände in Erkner. Über 5 000 davon wurden im Februar 1995 leider in die Magazine der Handschriftenabteilung der Staatsbi-

bliothek überführt, so dass sich die Bedeutung des gegenwärtigen Bestandes, sieht man von der rein musealen Präsentation einmal ab, nur im Gesamtzusammenhang erschließt. Dennoch sind die Werke des Dichters nicht nur in Einzel- und Sammelausgaben in weitgehender Vollständigkeit vorhanden, sondern auch in fremdsprachigen Übersetzungen. Belletristik und Literaturwissenschaft dominieren, die klassische Antike ist stark vertreten und Widmungsexemplare finden sich von vielen Freunden und Zeitgenossen. Zahlreiche eigenhändige Randbemerkungen Hauptmanns machen den besonderen Reiz des Bestandes aus.

3. Literatur zu Hauptmann und seinem Umfeld: Die Bestände reichen von den vollständigen Werkausgaben, beginnend mit 1906, über die Ausgabe letzter Hand von 1942 bis zur Centenarausgabe (1962–1974), enthalten viele Erstausgaben wie den seltenen Gedichtband „Das bunte Buch" von 1888 sowie nahezu vollständig die Werke des älteren Bruders Carl und die entsprechende Sekundärliteratur.
4. Die Theatralia-Sammlung: Sie umfasst Programme und Besetzungszettel von den ersten Aufführungen ab 1889 bis in die jüngste Zeit. Zu

Aus der Sammlung Armin Münch: Zyklus „Der Ketzer von Soana" (Radierung, Blatt 10), 1978.

Heinrich Vogeler: Titelblatt zur Mappe „Die versunkene Glocke" (Farblithografie), 1898.

vielen Stücken sind Bühnenbildentwürfe, Porträt- und Szenenfotos sowie Plakate vorhanden.

5. Zeitungsausschnitt- und Fachzeitschriftensammlung: Die Zeitungsausschnitte umfassen die Hauptmann-Kritik von den Anfängen bis zur Gegenwart, dokumentieren das Entstehen und die Entwicklung des Museums wie die Resonanz auf Veranstaltungen und Ausstellungen über zwei Jahrzehnte. Insbesondere die kompletten Jahrgänge (1981–1990) von „Sinn und Form", der „Weimarer Beiträge", der „Marginalien" und von „Theater der Zeit" (alle ehemalige DDR) sind bei den Zeitschriften hervorzuheben.
6. Die Kunstsammlung: Sie beinhaltet über 1 200 Darstellungen von Gerhart Hauptmann und seinem Werk in Malerei, Grafik und Plastik.

Umfangreiche Schenkungen haben die Sammlungen insbesondere in der zweiten Hälfte der 1980er und in den 1990er Jahren erweitert und inhaltlich bereichert. Vier Gemälde zu Hauptmanns Märchendrama „Die versunkene Glocke" übereignete die russische Malerin

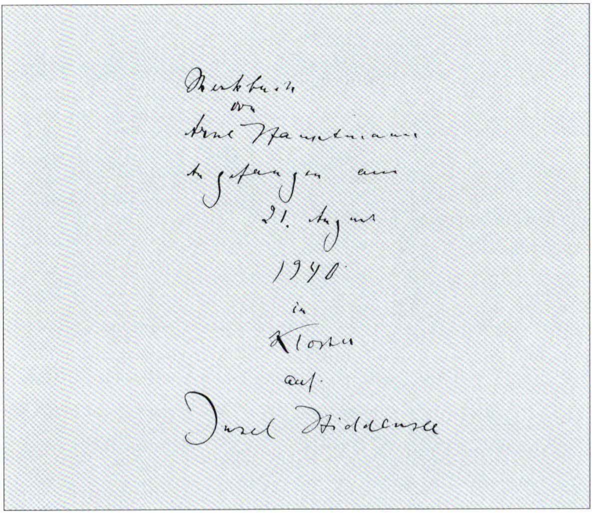
Merkbuch
von
Arne Hauptmann
angefangen am
21. August
1940
in
Kloster
auf
Insel Hiddensee

Gerhart Hauptmanns handschriftlicher Vorsatz im Merkbuch seines achtjährigen Enkels Arne (der Sohn von Benvenuto Hauptmann und seiner dritten Frau, Annalise), dessen Original sich im Museum in Erkner befindet: „Angefangen am 21. August 1940 in Kloster auf Insel Hiddensee"

Valentina S. Kosmina dem Museum. Walter Requardt schenkte dem Haus 25 Bücher Hauptmanns, die dieser dem Wissenschaftler eigenhändig gewidmet hatte. Ingeborg Hauptmann, in Wiesbaden lebende Enkelin des Dichters und Tochter des in Erkner geborenen zweiten Sohnes Eckart, stiftete eigene künstlerische Arbeiten, Gemälde von Ivo Hauptmann und Möbel aus der Erkneraner Zeit. Ein weiteres Familienmitglied, Barbara Siegmann aus Würzburg, Tochter des dritten Sohnes aus erster Ehe, Klaus Hauptmann, übergab dem Museum 40 Originalbriefe und Karten des Dichters an seinen Sohn Klaus und über 800 Briefe von Marie Hauptmann an ihre Schwestern Olga und Martha, die erste Frau Carl Hauptmanns. Und Annalise Hauptmann, dritte Frau von Benvenuto Hauptmann (Sohn aus der zweiten Ehe mit Margarete) und Mutter des 1992 verstorbenen Enkels Arne Hauptmann, stellte der Forschungsarbeit in Erkner Briefe von Gerhart und Margarete Hauptmann zur Verfügung sowie eine besondere Kostbarkeit: das Merkbuch Arne Hauptmanns, das ihm sein Großvater im August 1940 persönlich gewidmet hatte.

Beides, das unscheinbare Oktavheft „Küchenrezepte von Marie Thienemann 1877" und das Merkbuch Arnes harren noch ihrer Erschließung.

Gerhart-Hauptmann-Museum Erkner
Gerhart-Hauptmann-Straße 1–2
15537 Erkner
Tel.: +49 (0) 33 62 - 36 63
Fax: +49 (0) 33 62 - 7 00 01 41
E-Mail: info.erkner@gerhart-hauptmann.org
http://www.gerhart-hauptmann.org

Öffnungszeiten und Eintrittspreise:
Dienstags bis sonntags: 11.00–17.00 Uhr
Erwachsene: 2 Euro
Ermäßigt (Schüler, Studenten, Rentner, Schwerbeschädigte): 1,50 Euro
Gruppen ab 10 Personen: 1 Euro pro Person, Führungen weitere 10 Euro, auf Wunsch mit Hauptmann-Film.

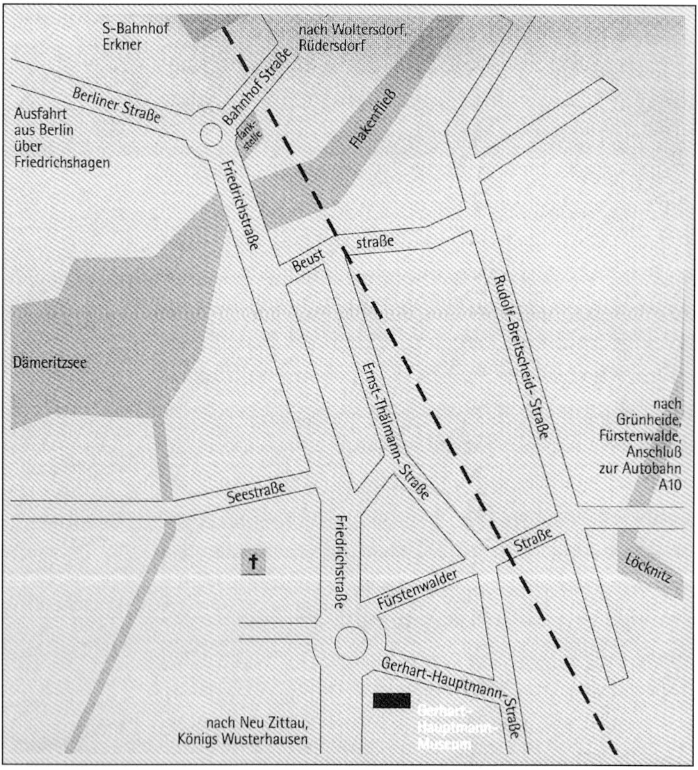

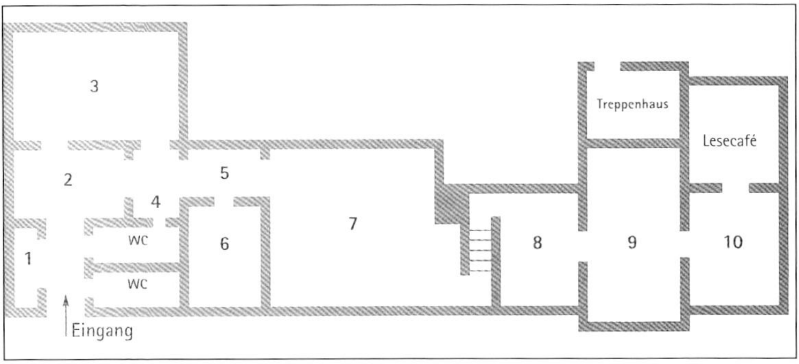

Grundriss Erdgeschoss

Villa Lassen

1 Kasse/Garderobe/Service
– Publikationen von und über Hauptmann, auch antiquarisch, Hör-CD's
2 Foyer
3 Veranstaltungsraum für Kunstausstellungen, Autorenlesungen, Filmvorführungen, Tagungen
4 Aspekte der Wirkungsgeschichte
– Hauptmanns Stellung in der Weltliteratur, veranschaulicht durch eine Vielzahl fremdsprachiger Ausgaben
5 Kindheit und Jugend, u. a. Kinderspielzeug der Brüder Carl und Gerhart
6 Erkner-Raum
– lebens- u. werkgeschichtliche Dokumente illustrieren die vier Jahre in Erkner
7 Großer Ausstellungsraum
– weitere Lebensabschnitte des Dichters
– von den „Webern" zum „Neuen Christophorus"
8 Lesezimmer
– ursprünglich Schlafzimmer der Eheleute Hauptmann und heute teilweise mit Möbeln aus dem Nachlaß ausgestattet
– Einblick in die Schätze der Bibliothek des Dichters
– zwei Porträts von Marie und Gerhart Hauptmann, gemalt von Ivo, dem ältesten und in Erkner geborenen Sohn
9 Wohnzimmer
– u. a. Biedermeier-Sitzecke aus der Mitgift von Marie Hauptmann
– Raumgestaltung nach Hauptmanns Bühnenanweisung zu seinem Drama „Einsame Menschen"
10 Arbeitszimmer
– Möbel aus dem Nachlass, u.a. der nach Entwürfen des Dichters gefertigte große Schrank und der Schreibtisch aus dem unteren Arbeitszimmer in Agnetendorf

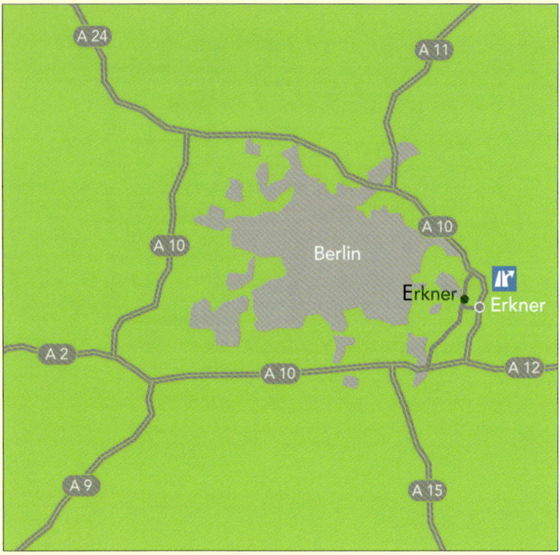

Anreise
Öffentliche Verkehrsmittel:
Erkner ist Endstation der Berliner S-Bahn-Linie 3. Am günstigsten ist Erkner von Berlin mit dem halbstündlich verkehrenden Regionalexpress RE 1 zu erreichen. Der Fußweg vom Bahnhof zum Museum über die Friedrichstraße dauert ca. 15 Minuten.

Mit dem PKW:
Vom Berliner Ring (A 10) fahren Sie von der Anschlussstelle Erkner in Richtung Zentrum, nach der Eisenbahnunterführung biegen Sie im ersten Kreisverkehr in die Gerhart-Hauptmann-Straße ein.
Von Berlin fahren Sie über Friedrichshagen, passieren auf dem Fürstenwalder Damm das Strandbad Müggelsee, dann die Fürstenwalder Allee und in Erkner die Berliner Straße. Im ersten Kreisverkehr biegen Sie in die Friedrichstraße ab, im darauf folgenden in die Gerhart-Hauptmann-Straße.

Weitere Institutionen im Museum:

Gerhart-Hauptmann-Gesellschaft e. V.
Geschäftsstelle
Bereits sechs Jahre nach dem Tod Gerhart Hauptmanns wurde von Angehörigen, Freunden und Repräsentanten aus Kultur und Wirtschaft am 6. Juli 1952 in Baden-Baden die Gerhart-Hauptmann-Gesellschaft gegründet. Erster Vorsitzender wurde der Schriftsteller Carl Haensel, der zum Freundeskreis von Benvenuto, dem jüngsten Sohn Hauptmanns gehörte. 1972 wurde der Sitz des Vereins nach Berlin verlegt, nachdem der Schriftsteller Wolfgang Paul den Vorsitz übernommen hatte. Die Wiedervereinigung ermöglichte engere und offizielle Kontakte zu den Hauptmann-Stätten in Kloster und Erkner. Seit 1990 finden die jährlichen Mitgliederversammlungen im Museum in Erkner statt, das seit 2004 auch die Geschäftsstelle der Gesellschaft unter seinem Dach vereint.

Ziele der Gesellschaft sind u. a., „Werk und Persönlichkeit Gerhart Hauptmanns den Menschen näherzubringen und die mit ihm und seinen Zeitgenossen verbundene Literatur und Forschung zu pflegen“.
Seit 1999 erscheinen halbjährlich die „Gerhart-Hauptmann-Blätter“, die über Hauptmann und sein Schaffen, Freunde des Dichters und zeitgenössische Autoren, über die Rezeption der Werke Hauptmanns vor allem im deutschsprachigen Raum, über Veröffentlichungen und Inszenierungen und über die Aktivitäten der Hauptmann-Häuser in Deutschland und in Polen informieren. Die wissenschaftliche Reihe der „Veröffentlichungen“ wird jährlich beim Erich Schmidt Verlag Berlin herausgegeben. Beide Publikationen sind für Vereinsmitglieder kostenlos.
Jahresbeitrag: 30 Euro
Kontakt: Gerhart-Hauptmann-Museum Erkner
Tel.: +49 (0) 33 62 - 36 63
Fax: +49 (0) 33 62 - 7 00 01 41
E-Mail: info.erkner@gerhart-hauptmann.org

Verein zur Förderung der Gerhart-Hauptmann-Häuser e. V.

MUSEUMSVERBUND GERHART HAUPTMANN ZWIĄZEK MUZEÓW

Geschäftsstelle
Der Verein ist ein freiwilliger Zusammenschluß von Personen und Institutionen mit dem Ziel, die Vorhaben der Gerhart-Hauptmann-Häuser in Kloster, Erkner, Agnetendorf und Schreiberhau ideell und finanziell zu unterstützen und dafür aktiv in der Öffentlichkeit wirksam zu werden. Zeitgleich und mit identischen Zielen gründete sich ein Verein auf polnischer Seite. Am 16. Dezember 2003 unterzeichneten beide Vereine in Agnetendorf eine gemeinsame Erklärung, um die Zusammenarbeit für das Projekt Museumsverbund Gerhart Hauptmann auf eine juristisch solide und zukunftsfähige Grundlage zu stellen. Aufgabe des Verbundes ist es, die Kooperation der Häuser untereinander zu koordinieren sowie Vorhaben zu initiieren, die die einzelnen Museen allein auch auf Grund ihrer Personal- und Finanzsituation nicht realisieren können. Schwerpunkt der Arbeit ist die Umsetzung eines einheitlichen Kultur-Tourismus-Konzeptes, die Entwicklung eines internationalen Stipendiatenprogrammes sowie die Ausschreibung eines Gerhart-Hauptmann-Preises für junge Dramatiker.
Jahresbeitrag: 30 Euro
Vereinsmitglieder haben kostenlosen Zutritt zu allen vier Häusern.
Tel.: +49 (0) 33 62 - 29 95 90
Fax: +49 (0) 33 62 - 29 95 91
E-Mail: barski@gerhart-hauptmann.org
http://www.gerhart-hauptmann.org

Ivo-Hauptmann-Archiv

Das Archiv des Malers Ivo Hauptmann enthält den schriftlichen Nachlass des Künstlers und seiner Frau Erica, geb. von Scheel, sowie Korrespondenzen der Familien Gerhart und Ivo Hauptmann, des weiteren Originaldokumente über den Kulturbetrieb der Stadt Hamburg; Fotos, Rezensionen und Manuskripte des Malers, der auch schriftstellerisch tätig war. Die Handbibliothek umfasst Kunst- und Ausstellungs-

kataloge von Ivo Hauptmann und Malern aus seinem Umkreis, weiterführende kunstgeschichtliche Publikationen und eine Sammlung von Jahrbüchern der Hamburger Akademie der Künste. Das Mobiliar des Archivraumes stammt aus der Wohnung in Hamburg (Esszimmer Ivo und Erica Hauptmanns) und wurde 1930 von Erica Hauptmann entworfen, die Schülerin und langjährige Mitarbeiterin des Jugendstilkünstlers Henry van de Velde war.
Die Staffelei und zahlreiche andere Malutensilien kommen aus dem ehemaligen Hamburger Atelier von Ivo Hauptmann am Winterhuder Marktplatz.
Das Archiv mit einer ständigen Ausstellung zu Leben, Werk und Wirkung Ivo Hauptmanns befindet sich im 1. Stock der Villa Lassen und ist über den Verwaltungseingang zu erreichen.
Verwaltung: Dipl.-Pol. Harriet Hauptmann, Enkelin des Künstlers
Lützowstraße 81
10785 Berlin
Tel.: +49 (0) 30-2 61 68 79
E-Mail: hahauptm@zedat.fu-berlin.de
Öffnungszeiten: Dienstags bis freitags: 11.00–17.00 Uhr

Touristeninformation
Tourismusverein Erkner e. V.
Friedrichstraße/Ecke Beuststraße
15537 Erkner
Tel.: +49 (0) 3362 - 74 03 18
Fax: +49 (0) 3362 - 88 99 06
E-Mail: info@tourismus-erkner.de
http://www.tourismus-erkner.de

Öffnungszeiten:

Mai bis September:	Montags bis freitags: 9.00–18.00Uhr
	Samstags: 10.00–16.00 Uhr
	Sonntags u. feiertags: 10.00–13.00 Uhr
Oktober bis April:	Montags bis freitags: 10.00–16.00 Uhr
	Samstags: 10.00–13.00 Uhr

Literarische Ausflüge
Auf Hauptmanns Spuren durch Erkner und Umgebung.

1. Der Ort Schönschornstein und die Novelle „Bahnwärter Thiel“
Der malerisch an der naturbelassenen Spree gelegene heutige Ortsteil von Erkner, 1726 erstmals urkundlich erwähnt und zu Hauptmanns Zeiten zum 1. Rüdersdorfer Heidedistrikt gehörig, hat sich von einer Fischer- und Waldarbeitersiedlung zu einer kleinen aber vielbeachteten Künstlerkolonie entwickelt. Will man den Orten des Bahnwärters nachspüren, ist ein Spaziergang am Bretterschen Graben zu empfehlen, der Hauptmanns Beschreibung der Spree in Erinnerung ruft.

2. Der Flakensee und die Novelle „Fasching“
An der Südspitze des Flakensees ereignete sich am Abend des 13. Februar 1887 jener tragische Unglücksfall, den Hauptmann in seiner Novelle verarbeitete, die

noch im gleichen Jahr in der Literaturzeitschrift „Siegfried" vorabgedruckt wurde. Mit dem Ort Steben ist die Ortschaft Woltersdorf gemeint, insbesondere der Ortsteil an der Schleuse, der in jener Zeit schon auf viele Berliner Tagesausflügler und Pensionsgäste eingestellt war, 1885 bereits den Grundstein für einen Aussichtsturm gelegt hatte und bekannt war für seine Liebesquelle, die bis vor wenigen Jahren noch gut 6 000 Liter frisches Quellwasser täglich aus dem Kranichsberg beförderte.

3. Der Karutzsee und das Gedicht „Eislauf" sowie der Roman „Wanda"
In seinem Erinnerungsbuch „Das Abenteuer meiner Jugend" schildert Hauptmann, wie er bei Mondschein auf dem menschenleeren Karutzsee Schlittschuh lief und dieses Erlebnis in einem Gedicht verewigte. „Eislauf" ist in seiner ersten Gedichtsammlung „Das bunte Buch" enthalten, die 1888 allerdings nur als kleine Teilauflage erschien, da der Verleger bankrott ging. In der Nähe des ehemaligen Kurparks gelegen, war der Karutzsee nicht weit von der Villa Lassen entfernt. Hauptmann hat ihn auf seinen Spaziergängen oft aufgesucht, vielleicht griff er deshalb in seinem 1928 fertiggestellten Roman „Wanda", in dem der Sohn eines Kneipenwirts in eben jenem See den Freitod wählt, noch einmal darauf zurück.

4. Die Alte Poststraße in Erkner und das Versepos „Till Eulenspiegel"
Über die 1711 unter dem Preußischen König Friedrich I. in Betrieb genommenen Poststraße zwischen Berlin und Frankfurt/Oder wurde bis zum Bau der Niederschlesisch-Märkischen Eisenbahn 1842 zweimal wöchentlich die Post befördert. Der breite Waldweg zwischen der Bahnlinie und der Siedlung Karutzhöhe, ein beliebter Wanderweg Hauptmanns, erinnert noch an jene Zeit, als die Kutschen von Berlin nach Frankfurt/Oder zwölf Stunden und mehr brauchten. Im 9. Abenteuer des „Till Eulenspiegel" hat Hauptmann die Alte Poststraße in Erkner verarbeitet. Till erwacht an einer Landstraße, „die doppelt so breit war als andere, doch verwildert und außer Gebrauch, nur von einigen tiefen Räderspuren durchfurcht, die das Fuhrwerk des Landmanns gezogen, fast versinkend im lockeren Sand".

5. Rüdersdorf mit dem Gedicht „Der Wächter" und der Tragikomödie „Die Ratten"
Gleichfalls in der Gedichtsammlung „Das bunte Buch" vertreten, schildert „Der Wächter" das elende Leben eines todkranken ehemaligen Schachtofenarbeiters. Von Erkner aus konnte man damals die Feuer der Kalköfen in Rüdersdorf erkennen. Schauplätze des Gedichts sind das Kalkwerk und der ehemalige Güterbahnhof an der Landstraße nach Tasdorf. Im mit 17 Hektar wohl größten Freilichtmuseum in Brandenburg gehören die zwischen 1871 und 1877 entstandenen Schachtofenbatterien, die bis 1967 in Betrieb waren, zu den Attraktionen des Museumsparks Baustoffindustrie Rüdersdorf. „Die Ratten", ein durch und durch Berliner Stück, verweist auch auf Rüdersdorf, sind doch die Eltern von Frau John, wie sie dem Dienstmädchen Pauline Piperkarcka erzählt, auf dem dortigen Friedhof beerdigt.

6. Der Schützenhügel bei Erkner und das Drama „Das Friedensfest"
Auf der Wanderung nach Schönschornstein (vgl. literarischer Ausflug 1) sollte

man unbedingt ein bürgerliches Landhaus an der Straße nach Neu Zittau/Ecke Bergstraße, also in unmittelbarer Nähe des Schützenhügels, beachten, dessen einstige Lage der Ortsbestimmung Hauptmanns im „Friedensfest" entspricht. Auf seinen Spaziergängen auch über den Schützenhügel dürfte Hauptmann dieses Haus als Vorbild für seine „Familienkatastrophe", so der Untertitel, gedient haben. Interessant ist auch die Entstehungsgeschichte des Stückes, da sich Hauptmann hierbei von den Jugenderinnerungen Frank Wedekinds anregen ließ, die dieser ihm 1888 während eines gemeinsamen Aufenthaltes in Zürich erzählte.

7. Hangelsberg und die Tragikomödie „Die Ratten" sowie das Erzählfragment „Der Buchstabe" tötet

Eine frühe literarische Beschäftigung mit dem in „Die Ratten" aufgegriffenen Stoff belegt die Fragment gebliebene Erzählung „Der Buchstabe tötet" von 1887, in deren Mittelpunkt der Konflikt zwischen den Pflegeeltern eines siebenjährigen Kindes und seiner leiblichen Mutter stehen sollte. Als Vorlage dazu diente Hauptmann ein Vorfall, der sich, laut Polizeibericht, in der Nähe von Hangelsberg zugetragen hatte. Frau Johns angeblicher Besuch bei Verwandten in Hangelsberg ist jedoch in „Die Ratten" der einzige verbliebene Hinweis auf den Ort an der Spree.

8. Woltersdorf und die Novelle „Fasching" sowie die Diebskomödie „Der Biberpelz"

Wer auf Hauptmanns Spuren bereits die Südspitze des Flakensees erkundet hat (vgl. literarischer Ausflug 2), dem Schauplatz des Unglücks des Schiffbaumeisters Zieb (dem Segelmacher Kielblock in „Fasching"), das im Fürstenwalder Tageblatt vom 14. Februar 1887 ausführlich geschildert wird, der trifft an der 1882 in den heutigen Abmessungen erbauten Woltersdorfer Schleuse gleich auf einen zweiten Handlungsschauplatz: Der Spreeschiffer Wulkow aus „Der Biberpelz", der des öfteren nach Erkner kam, um mit Mutter Wolffen Geschäfte zu machen, saß unweit der Schleuse mit seinem Schiff im Eis fest, so dass er beim Amtsvorsteher Wehrhahn die Geburt seines Kindes anzeigen muß. Touristisches Zentrum des 1319 im Landbuch der Mark Brandenburg erstmals urkundlich erwähnten seenreichen Ortes ist jene Schleuse mit einer seit 1929 bestehenden Fußgängerbrücke, um die sich Liebesquelle und Aussichtsturm auf dem 102 Meter hohen Kranichsberg gruppieren. Den faszinierenden Rundblick, der sich vom Turm aus auch auf Hauptmanns literarische Schauplätze bietet, sollte man auf keinen Fall versäumen, ebensowenig die dortige ständige Ausstellung, die unter dem Thema „Als Woltersdorf noch Hollywood war" den Spuren der einstigen Filmstadt folgt. Öffnungszeiten Aussichtsturm:

April bis Oktober:	Montags bis freitags: 9.30–15.30 Uhr
	Samstags, sonntags u. feiertags: 10.00–17.00 Uhr
November bis März:	Samstags, sonntags u. feiertags: 10.00–16.00 Uhr

9. Berlin-Friedrichshagen mit dem Drama „Einsame Menschen"

In Hauptmanns drittem Drama, „Einsame Menschen", 1891 im Residenztheater in Berlin uraufgeführt, wird in der Bühnenanweisung Friedrichshagen als Handlungsort genannt, obwohl die beschriebene Raumanordnung Hauptmanns einstiges Wohnzimmer in Erkner deutlich erkennen lässt. In einer Berliner

Vorstadtvilla am Müggelsee lebt der Naturwissenschaftler Johannes Vockerat mit seiner Frau Käthe und seinem Söhnchen Philipp ... Friedrichshagen hat in seinen Straßennamen und Villen die Erinnerung an seine Künstler bewahrt: Gustav Landauer in der Peter-Hille-Straße 3, Bruno Wille in der Kastanienallee 9, Wilhelm Bölsche am Müggelseedamm 254, Fidus Am Goldmannpark 15. Wer den Spuren des Dichterkreises folgen möchte, der sollte im Dichterkreis-Museum und Antiquariat in der Scharnweberstraße beginnen und sich aus der Reihe der „Friedrichshagener Hefte" bedienen, die mit über fünfzig Titeln eine wahre Fundgrube für den einstigen Berliner Vorort „Hinter der Weltstadt" sind:
Antiquariat Brandel
Scharnweberstraße 59
12587 Berlin
Tel.:/Fax: +49 (0) 30 - 6 41 11 60
E-Mail: post@brandel-antiquariat.de
http://www.brandel-antiquariat.de
Öffnungszeiten: Mittwochs bis freitags: 12.00–18.30 Uhr
Samstags 9.00–12.00 Uhr

Am 9. April 2006 wurde der Gerhart-Hauptmann-Weg durch Erkner eröffnet. Acht Informationstafeln auf einer Strecke von etwa fünf Kilometern erläutern die Beziehung zu Hauptmanns literarischem Werk. Im Museumsshop sind Flyer zu den literarischen Schauplätzen in der Stadt Erkner sowie zu deren Umgebung erhältlich, die die Kenntnisse über Hauptmanns Erkneraner Zeit vertiefen und dazu verführen, selbst auf Spurensuche zu gehen. Auf Wunsch und nach Voranmeldung werden jedoch auch Führungen angeboten.

Heimatmuseum Erkner

Vom Gerhart-Hauptmann-Museum nur zehn Minuten Fußweg entlang der Neu Zittauer Straße Richtung Schönschornstein befindet sich das Heimatmuseum der Stadt Erkner, der Museumshof am Sonnenluch. Das 1761 im Rahmen der Siedlungspolitik des Preußenkönigs Friedrich II. errichtete Kolonistenhaus ist das älteste der Stadt. Nicht nur das dortige Café „Biberpelz" erinnert an Hauptmann. Die regelmäßigen Treffs bei Mutter Wolffen, eine Plauderstunde bei Kaffee und Kuchen nicht nur über Hauptmanns „Biberpelz" sind eine Touristenattraktion sondergleichen, insbesondere im Rahmen des jährlichen Heimatfestes im Mai und des Kolonistenfestes, das jährlich zum europaweiten Tag des offenen Denkmals jeweils am zweiten Sonntag im September stattfindet. Und wer von der tüchtigen und resoluten Waschfrau nicht genug haben kann, dem sei ein Besuch des Friedhofs Erkner in der Gerhart-Hauptmann-Straße empfohlen: An der Grabstelle des Urbilds der Mutter Wolffen, der Haushaltshilfe Hauptmanns, Marie Heinze, hat der Heimatverein Erkner e. V. ihr zu Ehren 2004 eine Gedenktafel angebracht.

Heimatmuseum Erkner
Heinrich-Heine-Straße 17/18 (Ecke Pfälzer Straße)
15537 Erkner
Tel.: +49 (0) 33 62 - 2 24 52/2 12 01
Fax: +49 (0) 33 670 03 07
Öffnungszeiten:
Mittwochs, samstags, sonntags: 13.00–17.00 Uhr
Führungen nach Voranmeldung

Literaturempfehlung

Dietmar Albrecht:
Verlorene Zeit – Gerhart Hauptmann: von Hiddensee bis Agnetendorf; Orte, Texte, Zeichen. Lüneburg: Verlag Nordostdeutsches Kulturwerk, 1997.

Günter de Bruyn (Hg.):
Friedrichshagen und seine Dichter. Arkadien in Preußen.
Berlin: Morgenbuch Verlag, 1992.

Albert Burkhardt:
Der junge Hauptmann und die Friedrichshagener. Friedrichshagener Hefte Nr. 8. Berlin-Friedrichshagen (ohne Verlag): 1996.

Gertrude Cepl-Kaufmann u. Rolf Kauffeldt:
Berlin-Friedrichshagen. Literaturhauptstadt um die Jahrhundertwende. Der Friedrichshagener Dichterkreis. München: Klaus Boer Verlag, 1994.

Gustav Erdmann:
Das Gerhart-Hauptmann-Museum in Erkner.
Berlin: Stapp Verlag, 1996.

Jörg Lüderitz:
Orts- und Wanderführer Erkner und Umgebung.
Schöneiche: Verlag Bock & Kübler, 2002.

Jörg Lüderitz:
Orts- und Wanderführer Grünheide und Umgebung.
Fürstenwalde: Verlag Bock & Kübler, 1997.

Jörg Lüderitz:
Orts- und Wanderführer Woltersdorf/Schleuse.
Fürstenwalde: Verlag Bock & Kübler, 1995.

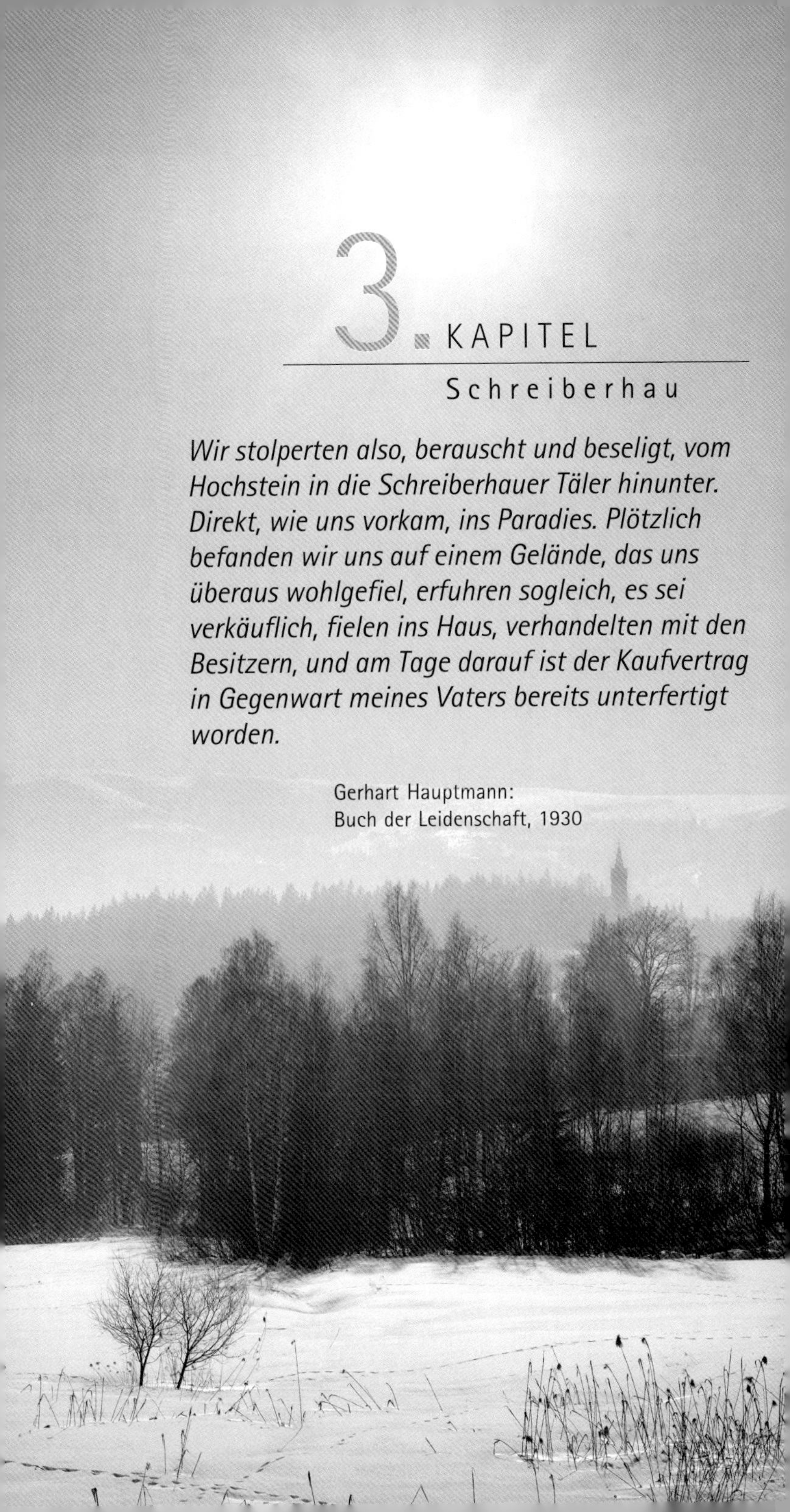

3. KAPITEL

Schreiberhau

Wir stolperten also, berauscht und beseligt, vom Hochstein in die Schreiberhauer Täler hinunter. Direkt, wie uns vorkam, ins Paradies. Plötzlich befanden wir uns auf einem Gelände, das uns überaus wohlgefiel, erfuhren sogleich, es sei verkäuflich, fielen ins Haus, verhandelten mit den Besitzern, und am Tage darauf ist der Kaufvertrag in Gegenwart meines Vaters bereits unterfertigt worden.

Gerhart Hauptmann:
Buch der Leidenschaft, 1930

Oft stiegen wir auf die Hochebene des Gebirgswalles über die Baumgrenze. Dort sind die sogenannten Bauden spärlich verstreut. Die Luft ist dünn, und man wandert leicht. Das Auge dringt weit über Schlesiens Erde. Wieder und wieder erstieg man die Schneekoppe, wo das Lichtphänomen eines Sonnenaufgangs bei klarem Himmel berauscht, fast betäubt. Die Stille des Kamms – wer wollte es leugnen? – ist rätselhaft. Das magische Schweigen des Bodens nicht minder.

Gerhart Hauptmann:
Zweites Vierteljahrhundert, 1938

Bereits im 17. und 18. Jahrhundert ist das Riesengebirge eines der gefragtesten Reiseziele Europas, das als zugleich malerische und urwüchsig-wilde Landschaft entdeckt und in nicht wenigen Reisebeschreibungen festgehalten wird. Besonders die Schneekoppe wird zum Anziehungspunkt für die zahlreichen Reisenden, die seit Ende des 19. Jahrhunderts in Massen hierher strömen und einen regelrecht kommerziellen Riesengebirgstourismus einläuten. Als Carl und Gerhart Hauptmann mit ihren Familien 1890 auf einer Wanderung das Riesengebirge für sich entdecken und Schreiberhau als ihr zukünftiges Domizil erwählen, ist das Dorf jedoch noch weit entfernt vom attraktiven Wintersportort, das es heute mit seinen zahlreichen Hotels und Abfahrtshängen ist. Vielmehr ist es Gerhart Hauptmann, der als einer der ersten die Skier in die Welt des Riesengebirges einführt: „Als Sohn der Berge erlernte ich die Kunst des Rodelns in meiner Kindheit spielend. Später beherrschte ich die großen Riesengebirgsrodelbahnen mit technischer Leichtigkeit.

Das Carl- und Gerhart-Hauptmann-Haus im Frühjahr 2006.

Der Umbau des 1890 erworbenen Bauernhauses in Schreiberhau.

Zu Ende der achtziger Jahre ließ ich mir zwei Paar Schneeschuhe aus Norwegen kommen und erlernte ihren Gebrauch unter dem Hohne der Riesengebirgsbewohner autodidaktisch, so daß ich einer der frühesten deutschen Schneeschuhläufer bin."

Nach dem Umzug der Eltern von Hamburg, wo der älteste der drei Hauptmann-Brüder, Georg, mehr schlecht als recht einen Kaffeehandel betreibt, nach Görlitz, ist ein Besuch der Eltern leicht mit einem Ausflug ins Riesengebirge zu verbinden. Gemeinsam mit dem Vater, den Ehefrauen Martha und Marie unternehmen sie von Bad Flinsberg aus, dem Geburtsort des Vaters, eine Wanderpartie, die sie bis ins rund zwanzig Kilometer entfernte Schreiberhau führt: „Hier, sagte uns plötzlich ein kühner Gedanke, hier wollen wir bleiben, hier wollen wir Fuß fassen." Zufällig ist das von den beiden Familien ins Auge gefasste Anwesen an der Kirchstraße 19 (heute ul. 11 Listopada 23) verkäuflich, so dass sich die überstürzte Idee in die Tat umsetzen lässt und bereits am nächsten Tag der Kaufvertrag unterzeichnet werden kann. Das damals noch einstöckige Bauernhaus zusammen mit den dreißig Morgen Acker- und Waldland kostet die Familie Hauptmann 12 500 Mark. Nur wenige Jahre später wird das Anwesen durch Umbau und der mittlerweile begehrten Lage seinen Wert so gesteigert haben, dass Gerhart Hauptmann seinen Anteil mit 60 000 Mark beleihen kann.

Noch während der Kaufverhandlungen zeichnen sich erste Probleme ab, die Gerhart Hauptmann später in seinem Fragment gebliebenen „Landhaus zur Michelsmühle" auf das hitzige Temperament des Bruders zurückführt: „Während der Wagen schon am Ausgang des Zackentales über die Petersdorfer Brücke rollte, unterbrach er die zügellosen Entrüstungssalven Friedrichs [i. e. Carl] durch eine bestimmte Bemerkung, die jenen mit einem Sprung aus dem Wagen trieb. [...] Es war nichts Neues, dass der temperamentvolle Friedrich in irgendeiner Aufwallung plötzlich eine Gesellschaft, in der er sich gerade befand, verließ, und manch liebes Mal war er schon im Zorn der Debatte aus dem rollenden Wagen herausgesprungen." Es ist allerdings nicht nur die aufbrausende Art Carls, die dazu beiträgt, dass die keine vier Jahre dauernde Schreiberhauer Zeit Gerhart Hauptmanns von einem Bruderzwist überschattet ist, sondern vielmehr ein Zusammenspiel unterschiedlicher Faktoren. Kaum beeinträchtigt schien bislang das Verhältnis der beiden Brüder. Während ihrer Schulzeit war Carl stets als Unterstützer des jüngeren Bruders aufgetreten, der ihn in seinen künstlerischen Plänen bestärkte und dem Gerhart entscheidende Anregungen verdankt. Carl, der ab 1880 in Jena bei Ernst Haeckel (1834–1919) und Rudolf Eucken (1846–1926) Naturwissenschaften und Philosophie studierte und mit einer Arbeit über „Die Bedeutung der Keimblättertheorie für die Individualitätslehre und den Generationenwechsel" 1883 zum Dr. phil. promoviert wurde, brachte Gerhart in Berührung mit dem Monismus und der Evolutionstheorie Darwins – eine der für den Naturalismus wichtigsten Theorien –, auch führte er ihn in den Kreis um Auguste Forel in Zürich ein, wo Hauptmann entscheidende Anregungen für seine schriftstellerische Laufbahn finden wird. Carl hatte ein halbes Jahr vor dem jüngeren Bruder die Thienemann-Tochter Martha geheiratet. Mit ihr geht er nach der

Promotion nach Zürich, wo auch der Klassenkamerad der Breslauer Schulzeit, pangermanische Blutsbruder und spätere Eugenetiker Alfred Ploetz (1860–1949) studiert. Carl Hauptmann, Alfred Ploetz wie auch Ferdinand Simon (1861–1912) studieren in Zürich nicht nur der guten Lehrer wegen, sondern suchen zudem dem Zugriff der deutschen Behörden zu entkommen. Als Mitglieder des von Alfred Ploetz ins Leben gerufenen Ikarier-Bundes, der ein utopisches Siedlungsprojekt in Amerika zum Ziel hatte, sind sie verdächtig, der Sozialdemokratie nahe zu stehen. Als Gerhart den Bruder 1888 in Zürich besucht, um sich von den Verhandlungen des Breslauer Sozialistenprozesses zu erholen, schart sich um Carl ein illustrer Kreis von Wissenschaftlern und Künstlern. Neben seinen Lehrern, dem Philosophen Richard Avenarius (1843–1896) und dem Vater der Schweizer Psychiatrie, Auguste Forel, gehören in Zürich auch die Schriftsteller Karl Henckell (1864–1929), Frank Wedekind, Otto Erich Hartleben (1864–1905) und John Henry Mackay (1864–1933) zum Kreis um Carl Hauptmann, in dem sich mitunter auch Franz Blei, Bruno Wille und Wilhelm Bölsche einfinden. Carl Hauptmann arbeitet an seiner auf vier Teile angelegten Habilitationsschrift über eine dynamische Theorie der Lebewesen, deren erster Teil 1893 erscheint und in Kollegenkreisen große Anerkennung findet. Während Gerhart in Berlin mit „Vor Sonnenaufgang" seinen Durchbruch erlebt, lernt Carl in Zürich 1889, wo bereits Frauen zum Studium zugelassen waren, die junge Philosophiestudentin Josepha Krzyzanowska kennen, die Anlass eines ersten größeren Konflikts zwischen den Brüdern ist. Carl, der inzwischen immer mehr an der mechanistischen Grundlage seiner wissenschaftlichen Unternehmung zweifelt, verliebt sich, trifft sich mit Josepha in Berlin, wohin er mittlerweile Gerhart gefolgt ist, und muss sich dort von seinem jüngeren Bruder an seine ehelichen Verpflichtungen erinnern lassen. Während er an Scheidung denkt, ist es Josepha, die die Beziehung auf ein gesundes Maß freundschaftlichen Umgangs zurückzuschrauben bestrebt ist und sich sogar mit Martha anfreundet. Gerhart reflektiert die Episode in seinem Drama „Einsame Menschen", und auch Carl greift erstmals zur Feder. Seine Skizzen „Die Sonnenwanderer" (1890/91), „Frühlingsnacht" (1891) und „Die Kahnfahrt" (1893) bilden den Auftakt seiner literarischen Laufbahn, die der wissenschaftlichen allerdings mit sehr viel weniger Anerkennung folgt, und von einem Gefühl stetiger Herabsetzung gegenüber dem angesehenen jüngeren Bruder begleitet ist. Nicht nur literarisch fühlt sich Carl übervorteilt, sondern auch finanziell. Vater Robert Hauptmann hatte die Verwaltung der Erbschaft der Thienemann-Töchter übernommen, lässt nun Gerhart als Besitzer des Schreiberhauer Hauses eintragen und bevorzugt auch später die Familie des jüngeren Sohns, so jedenfalls in der Perspektive Martha Hauptmanns: „Gerhart wurde auch trotz wachsender Einnahmen immer der bevorzugte, obwohl Zarle [i. e. Carl] tausendmal mehr seinen Verhältnissen gemäß der Opfernde und Werktätige war." Für Gerhart stellt sich die Sachlage allerdings anders dar. In seinen Schriften ist er es, nicht der das Vermögen der Ehefrauen verwaltende Vater, der das gemeinsame Haus bezahlt: „Bevor wir

Carl und Martha Hauptmann mit Lotte Hauptmann und Neffe Eckart, um 1904.

Carl Hauptmann, um 1910.

in das Haus zu Mittelschreiberhau einzogen, das mein Vater beim Katasteramt auf meinen Namen eintragen ließ – auch der Kaufpreis wurde natürlich von mir erlegt –, wohnten meine Frau, ich und die Kinder, noch von Frau Raue betreut, zur Miete im Hause Glaubitz zu Marienthal." Ungeachtet der sich anbahnenden Querelen, ziehen beide Familien in das nun modernisierte und ausgebaute Bauernhaus in Schreiberhau ein. Carl und Martha steht die obere Etage zur Verfügung, Gerhart mit Marie und den Kindern das Erdgeschoss, in dem auch der Vorbesitzer Julius Simon, dem das zum Haus gehörige Land und der Kuhstall verpachtet worden waren, seine Stube und Küche hatte. Es ist eng im „Haus am Hange", zu eng jedenfalls für zwei rivalisierende Brüder, zwei Ehefrauen, drei Kinder und einen Pächter. Die Krise ist vorprogrammiert.

Zunächst aber erscheint der Ortswechsel sowohl für Gerhart als auch für Carl Hauptmann neuer Antrieb gewesen zu sein. Während der Umbauphase unternimmt Gerhart Hauptmann zwei Reisen ins Weber-Gebiet und arbeitet an seiner Komödie „College Crampton". Dem Gebirge attestiert Gerhart Hauptmann rückblickend eine „suggestive und durchdringende Kraft", die sich positiv auf sein Schaffen ausgewirkt habe. Überblickt man das Werk Hauptmanns, so zeichnet sich die Schreiberhauer Zeit fraglos durch unermüdliche Produktivität aus. Neben den Stücken „Die Weber" und „College Crampton" entstehen in den drei Jahren zudem „Der Biberpelz" und „Hanneles Himmelfahrt" wie auch Vorarbeiten zum „Florian Geyer" und zur „Versunkenen Glocke". Unterdessen müht sich Carl mit dem ersten Teil seiner Habilitation ab, deren Erscheinen bereits in einer Voranzeige für Januar 1891 angekündigt war, dann aber erst zwei Jahre später, zu Beginn des Jahres 1893 herauskommt. Die Verzögerung ist auf seine wachsenden Zweifel gegenüber der Naturwissenschaft als Mittel, Aufschlüsse über das Leben zu erhalten, aber auch Gefühlen der Unzulänglichkeit geschuldet. Dem Freund Carl Duisberg (1861–1935), der seit 1883 für die Elberfelder Bayer-Werke arbeitet, deren Umzug nach Leverkusen er 1895 leitet und deren Generaldirektor er später wird, gesteht er im Februar 1892: „Das ganze fürchterliche Opus […] steht mir bis an die Zähne." Und Freund Ploetz sucht der Schaffenskrise des Freundes mit Lob zu begegnen: „Das geht eben sehr vielen geistigen Arbeitern so und das Maß von Begeisterung, mit der sie ihre Arbeit begannen, nicht vollendeten, muss ihnen zeigen, welchen Nutzen sie der vorwärts ringenden Bewegung wirklich geleistet haben. Schade, dass ich Dein Buch nicht schon hier habe, um Dir zu zeigen, wie es z. B. mich gefördert hat." Weit mehr als die ihn desillusionierende wissenschaftliche Arbeit erregt nun die Literatur seine Aufmerksamkeit, in die er die Hoffnung setzt, sie könne bessere Einblicke in die Zusammenhänge des Lebens geben. Hatte er sich selbst noch 1881 das Talent zum Dichter abgesprochen, verfasst er nun, angeregt durch die Josepha-Episode, mehrere Erzählungen, unter anderem „Die Sonnenwanderer" und „Frühlingsnacht", die unter dem Pseudonym Ferdinand Clar in der Freien Bühne veröffentlicht werden. „Wo habt Ihr das kleine Kunstwunder ‚Der Sonnenwanderer' her?", wendet sich Gerhart Hauptmann an die Redaktion, ein neues Talent

Die Brüder Carl und Gerhart Hauptmann.

witternd und nicht im Entferntesten den Bruder hinter dem unbekannten Namen vermutend.

Solange nicht der Name Carl Hauptmann die Werke ziert, ist die Öffentlichkeit nicht abgeneigt, sie als die Früchte eines neuen Talents wahrzunehmen. Der Name Hauptmann dagegen ruft Misstrauen und Verwechselungen hervor. Oftmals werden Carls Werke als die seines Bruders rezipiert und nicht selten wird seinem Werk die Eigenständigkeit abgesprochen, ihm selbst Imitation des Bruders vorgeworfen. Der in wissenschaftlichen Kreisen als neue Hoffnung gefeierte Carl, dessen Dissertation bereits im Folgejahr in einer neuen Auflage erscheint, sieht sich damit in den Schatten des kleinen Bruders gestellt. Wiederkehrende Streitigkeiten führen dazu, dass sich die Brüder immer mehr auseinanderleben. Überschattet wird das Zusammenleben zudem von der nun beginnenden Ehekrise Gerhart Hauptmanns, in der sich Carl auf die Seite Maries stellt, was die Zwistigkeiten nur noch mehr anheizt. In Marthas Augen trennt nun eine wachsende Kluft die „Empfindlichkeit" Carls vom „Selbstgefühl" und „Hochmut" Gerharts, die sich auch nach dem Auszug Gerharts und dem Hausbau in Agnetendorf nicht schließen wird. Vielmehr belastet das Zerwürfnis Gerhart Hauptmann auch nach dem Tode des Bruders am 3. Februar 1921 noch. Seine zahllosen Versuche, die Ursachen der Divergenzen zu ergründen, münden zumeist in nicht wenig selbstgerechten Schuldzuweisungen an den Bruder. Selbst Streitigkeiten in der Kindheit werden gegen den Bruder angeführt, dessen „Zorn" und „Raserei" für die Entzweiung verantwortlich gemacht werden: „Das fing schon in frühester Kindheit an. Es waren Selbstquälereien, wenn mein Bruder mich von rückwärts bei der Halskrause nahm und mich mit überlegener Kraft auf dem Heimweg von der Schule, ohne loszulassen, wie einen Delinquenten beförderte. Ich muß kein starker Junge gewesen sein, denn ich leide noch heute in Gedanken darunter."

Leben und Schaffen Gerhart Hauptmanns in Schreiberhau

Nüchtern betrachtet, gewann ich hier und in jenen bedeutsamen Tagen für meine künstlerische Tätigkeit und das erregende Scheinwesen Theater das gesunde Gegengewicht. Durch Aktivität zur Aktivität. Ich verstärkte es noch durch sportliche Spiele, wie sich später ergeben mag. Durch Aktivität zur Aktivität. Sie mußte auch in mein Leben der Kunst – und tat es durchaus – hinüberwirken.

Gerhart Hauptmann:
Zweites Vierteljahrhundert, 1938

Während des Umbaus des Schreiberhauer Hauses, auch „Haus am Hange" genannt, den Gerhart Hauptmann gemeinsam mit dem Vater beaufsichtigt, wohnt er mit seiner Familie in Marienthal: „Schreiberhau war damals ein Dorf, zu dem Marienthal, Ober-, Mittel- und Niederschreiberhau sowie Strickerhäuser gehörten, und nahm eine Grundfläche in der Größe von London ein." Das weit verstreute Dorf zählt damals rund 4 000 Einwohner und steigert rasant die Zahl seiner Gäste von 220 im Jahr 1874 auf 21 300 Sommer-, und 11 800 Wintergäste im Jahr 1913. Insofern ist der Umzug der Brüder eine Vorwegnahme der nun beginnenden Riesengebirgsbegeisterung. Aber auch ganz pragmatische Gründe sind für Gerhart Hauptmann ausschlaggebend, nach Mittelschreiberhau zu ziehen. Zum einen hatte sich seine Lungentuberkulose in Berlin wieder verschlechtert, so dass der Umzug einem notwendigen Kuraufenthalt gleichkommt, zum anderen arbeitet er an einem Drama, das den Aufstand der Weber 1844 in den schlesischen Orten nahe dem Eulengebirge, Langenbielau, Peterswaldau und Kaschbach, in den Mittelpunkt rückt. Erste Anregung ist ihm das Leben seines Großvaters, das ihm sein Vater be-

Bühnenbildentwurf für die Uraufführung der „Weber" durch die Freie Bühne 1893.

reits in der Kindheit schilderte und auf das er sich in seiner Widmung an den Vater beruft: „Deine Erzählung vom Großvater, der in jungen Jahren, ein armer Weber, wie die Geschilderten hinterm Webstuhl gesessen, ist der Keim meiner Dichtung geworden [...]" Nun in Schreiberhau lebend, führen ihn im Frühjahr 1891 zwei Reisen ins Weber-Gebiet, wo er „der Menschheit ganzer Jammer", „das Elend in klassischer Form" erblickt. Vordergründig scheint das nun entstehende Drama recht konventionell zu sein: Das Stück besteht ganz klassisch aus fünf Akten, aber schon ein zweiter Blick genügt, um zu sehen, dass Hauptmann die Konventionen der klassischen Dramatik hinter sich lässt: Die Akte spielen jeweils an einem anderen Ort, lassen die seit der Aufklärung geforderte Einheit von Raum und Zeit hinter sich. Auch rücken sie immer wieder neue Personen in den Mittelpunkt. Kein Held bietet sich zur Identifikation an, vielmehr ist die Masse der Weber Protagonist. Der dramatische Konflikt basiert auf der Gegenüberstellung der armen Weber und der reichen Welt des Fabrikanten Dreißigers und rückt die Formierung der Masse zu einer Bewegung ins Zentrum. Bereits im ersten Akt wird die Masse in Bewegung gesetzt, wobei die Musik, das leitmotivisch rezitierte Dreißigerlied, nicht nur die emotional aufgeladene Atmosphäre anzeigt, sondern vielmehr Schrittmacher des

Aufbegehrens ist. Insofern wird hier kein rational geplanter Aufstand vorgeführt, sondern vielmehr ein aus dem Elend erwachsenes, spontanes Aufbegehren.

Die bereits 1891 beendete Dialektfassung „De Waber" legt Hauptmann im Frühjahr 1892 der Zensurbehörde vor. Sie wird nicht zur öffentlichen Vorführung zugelassen. Auch die Aufführung der überarbeiteten Fassung „Die Weber" wird verboten. Dennoch wird das Drama am 26. Februar 1893 in der Regie von Cord Hachmann (1848–1905) uraufgeführt. Allerdings als geschlossene und damit unzensierte Veranstaltung des Berliner Vereins „Die Freie Bühne", dessen geistiger Kopf Otto Brahm ist. Von der Kritik wird der Uraufführung eine „zündende Wirkung" attestiert, die zu spontanen Beifallsbekundungen geführt habe. Mit dieser „zündenden Wirkung" beginnt nun der Siegeszug des Dramas gegen die Zensur. Im Oktober 1893 hebt das Preußische Oberverwaltungsgericht das Verbot auf. Die Freigabe gilt allerdings nur für das Deutsche Theater in Berlin, dessen Intendant inzwischen Otto Brahm ist. So findet die erste öffentliche Aufführung der „Weber" am 25. September 1894 statt. Kaiser Wilhelm II. kündigt seine Loge im Deutschen Theater mit Hinweis auf die demoralisierende Tendenz der „Weber". Dessen ungeachtet erlebt die Inszenierung 352 Vorstellungen

Besetzungszettel der Uraufführung der „Weber" 1893 in Berlin.

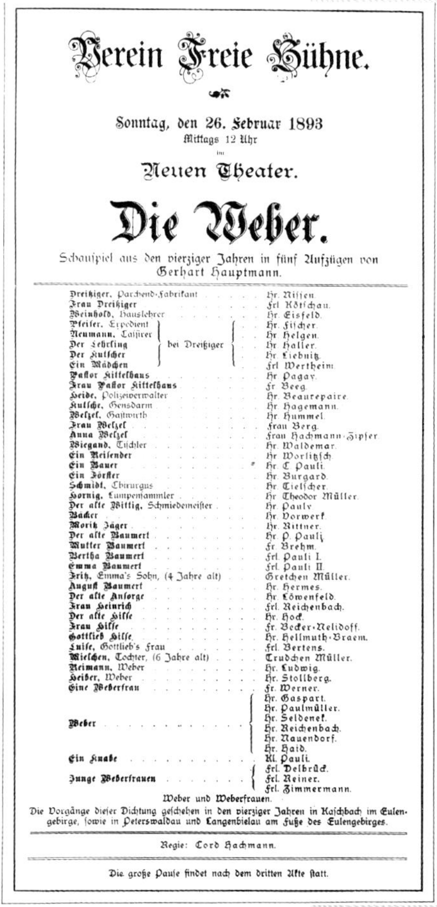

Verein Freie Bühne.

Sonntag, den 26. Februar 1893
Mittags 12 Uhr
im
Neuen Theater.

Die Weber.

Schauspiel aus den vierziger Jahren in fünf Aufzügen von
Gerhart Hauptmann.

Dreißiger, Parchend-Fabrikant		Hr. Nissen.
Frau Dreißiger		Frl Kötschau.
Weinhold, Hauslehrer		Hr. Eisfeld.
Pfeifer, Expedient		Hr. Fischer.
Neumann, Cassirer		Hr. Helgen.
Der Lehrling	bei Dreißiger	Hr. Haller.
Der Kutscher		Hr. Liebnitz.
Ein Mädchen		Frl Wertheim.
Pastor Kittelhaus		Hr. Pagay.
Frau Pastor Kittelhaus		Fr. Beeg.
Heide, Polizeiverwalter		Hr. Beaurepaire.
Kutsche, Gensdarm		Hr. Hagemann.
Welzel, Gastwirth		Hr. Hummel.
Frau Welzel		Frau Berg.
Anna Welzel		Frau Hachmann-Zipser.
Wiegand, Tischler		Hr. Waldemar.
Ein Reisender		Hr. Worlitzsch.
Ein Bauer		Hr. C. Pauli.
Ein Förster		Hr. Burgard.
Schmidt, Chirurgus		Hr. Tielscher.
Hornig, Lumpensammler		Hr. Theodor Müller.
Der alte Wittig, Schmiedemeister		Hr. Pauly.
Bäcker		Hr. Vorwerk.
Moritz Jäger		Hr. Rittner.
Der alte Baumert		Hr. P. Paulz.
Mutter Baumert		Fr. Brehm.
Bertha Baumert		Frl. Pauli I.
Emma Baumert		Frl. Pauli II.
Fritz, Emma's Sohn, (4 Jahre alt)		Gretchen Müller.
August Baumert		Hr. Hermes.
Der alte Ansorge		Hr. Löwenfeld.
Frau Heinrich		Frl. Reichenbach.
Der alte Hilse		Hr. Hock.
Frau Hilse		Fr. Becker-Nelidoff.
Gottlieb Hilse		Hr. Hellmuth-Braem.
Luise, Gottlieb's Frau		Frl. Bertens.
Mielchen, Tochter, (6 Jahre alt)		Trudchen Müller.
Reimann, Weber		Hr. Ludwig.
Heiber, Weber		Hr. Stollberg.
Eine Weberfrau		Fr. Werner.
		Hr. Gaspart.
		Hr. Paulmüller.
Weber		Hr. Seldenek.
		Hr. Reichenbach.
		Hr. Nauendorf.
		Hr. Haid.
Ein Knabe		Kl. Pauli.
		Frl. Delbrück.
Junge Weberfrauen		Frl. Reiner.
		Frl. Zimmermann.

Weber und Weberfrauen.

Die Vorgänge dieser Dichtung geschehen in den vierziger Jahren in Kaschbach im Eulengebirge, sowie in Peterswaldau und Langenbielau am Fuße des Eulengebirges.

Regie: Cord Hachmann.

Die große Pause findet nach dem dritten Akte statt.

bis 1904. Das kleine Journal urteilt 1894: „Mit Trampeln und Radau hat die Sozialdemokratie gestern abend ihren Einzug in das Deutsche Theater gehalten." Dabei ist die politische Aussage des Stücks so eindeutig nicht. Besonders der Tod des alten Hilse im fünften Akt hinterfragt den ziellos geführten Aufstand, deutet seine Vergeblichkeit an. Zwar kann der Tod des Webers auch so gedeutet werden, dass Hilse, Repräsentant der alten Zustände, des Konservativen, sterben muss, um den Fortschritt nicht weiter aufzuhalten, doch ebenso deutet er den Tod des Individuellen, des Widerspenstigen durch die Masse an. Das Verharren des alten Hilse ist Opposition, ein Aufbegehren gegen die Uniformität der Masse, deren Gewalt sich hier nun gegen einen ihrer Vertreter wendet. So urteilte Theodor Fontane bereits 1894: „Es ist ein Drama der Volksauflehnung, das sich dann wieder, in seinem Ausgange, gegen diese Auflehnung auflehnt." Dennoch greift der Rausch der Masse bei der ersten öffentlichen Uraufführung über den Bühnenrand hinaus und erfasst das bürgerliche Publikum, das mitfiebernd und -leidend lauthals die „Weber"-Schauspieler in ihrer Revolte anstachelt.

Mit den „Webern" erlangt Hauptmann nun auch über die Grenzen Deutschlands hinweg Anerkennung, so schreibt er im Frühsommer 1893 an Otto Brahm über die Generalprobe des Stückes in Paris: „Antoine hat erklärt: so was wie ‚Die Weber' könne in Frankreich keiner. Er will jetzt alle meine Stücke geben. Ich bin stolz." Nach dem Krieg 1870/1871 sind „Die Weber" das erste deutsche Stück, das unter dem Titel „Les Tisserands" im Théâtre Libre in der Regie André Antoines in Paris am 29. Mai 1893 aufgeführt wird. Im gleichen Jahr werden zudem in Berlin „Der Biberpelz" und „Hanneles Himmelfahrt" uraufgeführt, wobei besonders letzteres Hauptmanns ästhetische Neuorientierung anzeigt. Zwar ist im Werk Hauptmanns nur schwer eine Phasenabfolge auszumachen, da Hauptmann noch in der Weimarer Republik Dramen mit naturalistischen Reminiszenzen schreibt, dennoch steht „Hanneles Himmelfahrt" für eine verstärkte Hinwendung zu neuromantischen Motiven. Die Vorgeschichte der vierzehnjährigen Hannele Mattern, der Tod der Mutter, die Misshandlungen des Vaters, schließlich der Selbstmordversuch, kann noch guten Gewissens als soziales Thema eingestuft werden, im Mittelpunkt des Dramas stehen allerdings nicht die sozialen Faktoren, sondern die Fieberträume des jungen Mädchens, weshalb das Drama in der Buchausgabe von 1894 auch den Untertitel „Traumdichtung in zwei Teilen" trägt. Wiederum ist der Einsatz von Musik für das Bühnenstück substantiell. Während noch in den „Webern" auf die Melodie „Es liegt ein Schloß in Österreich" laut Regieanweisung zurückgegriffen wird, hat nun der seit Erkneraner Tagen mit Hauptmann befreundete Komponist Max Marschalk die Musik beigesteuert. Auch seine jüngste Schwester, die 1874 geborene Margarete Marschalk, Schülerin des renommierten Geigers Joseph Joachim (1831–1907) an der Königlichen Hochschule für Musik in Berlin, ist Hauptmann längst keine Unbekannte mehr, als er sie nun am Premierenabend im Berliner Hotel Friedrichshof zu Tisch führt. Es ist der Auftakt einer zehn Jahre andauernden Ehekrise, die auch dem Zusammenleben in Schreiberhau ein mehr oder weniger abruptes Ende bereitet. Hatte Gerhart Hauptmann wiederholt in seinen Tagebüchern die Konflikte mit dem Bruder als unerträglich geschildert, ist es nun seine Ehe, die ihm zu einem Gefängnis wird: „M[arie] hatte wieder einen Anflug von Trübheit. Ich bemerke es sofort. Ihr Wesen verdüstert sich. […] Mir schließt es die Welt ab, macht es den Horizont klein. Meine Heiterkeit

Margarete Marschalk, um 1898.

verkehrt sich mit ihrer in bohrenden Gefängnisschmerz." Freiheit ist ihm nun gleichbedeutend mit der 18-jährigen Margarete Marschalk, deren kühne und trotzige Augen mit dem „entschlossenen Blick" und fester Händedruck ihm imponieren, deren sportliche und emanzipiert daherkommende Kameradschaftlichkeit das Gegenstück zur melancholischen Marie bilden. Zurück in Schreiberhau gesteht er seine Liebe Marie, die nicht verstehen kann, dass er sie mit einem „unbedeutenden und oberflächlichen" Mädchen betrügt. Ungewöhnlich erscheint daher die kurze Zeit darauf veranstaltete Zeremonie im Garten des Schreiberhauer Hauses: Gemeinsam mit den Kindern verbrennen sie ihre Liebesbriefe, die Vergangenheit dem Feuer überantwortend. Hauptmann, dem der gemeinsame Haushalt in Schreiberhau unerträglich wird, mietet sich in Berlin ein möbliertes Zimmer. Marie bittet ihn brieflich, nicht übereilt zu handeln, sondern sich eine Bedenkzeit von sechs oder acht Wochen zu nehmen, in der er keine der beiden Frauen sehen solle. Hierin einwilligend reist Hauptmann nach Zürich, verbringt den Weihnachtsabend 1894 bei Freund Ferdinand Simon und schwelgt teils in Selbstmitleid, teils in utopischen Träumen einer Ehe zu Dritt. Noch vor Ablauf der von Marie gesetzten Frist reist Hauptmann wieder nach Berlin, um mit Margarete zusammenzutreffen, und kurz darauf nach Paris, um die französische Erstaufführung von „Hanneles Himmelfahrt" mitzuerleben. Von Marie, die entrüstet ist vom Wortbruch ihres Mannes, erreicht ihn hier ein Brief aus Hamburg: „Morgen früh 9 Uhr führt uns der Zug nach Cuxhaven, 11 ¼ fährt der Dampfer Fürst Bismarck ab, der uns zu Plötzlich [Ploetz] nach Amerika bringen soll. […] Erwacht in Dir die Sehnsucht nach uns, so komm hinüber. Dein sind wir und werden es bleiben." Hauptmann wartet nicht die Premiere am 1. Februar ab, sondern folgt dem Ruf und sagt alle Termine in Paris ab. Er besteigt die „Elbe", nachdem klar ist, daß er die „Fürst Bismarck" nicht mehr erreichen kann. Die „Elbe" wird ihn sicher nach New York bringen, allerdings verhindert ein schwerer

Freilichtaufführung von „Schluck und Jau" in Schreiberhau 1932.

Sturm, den Hauptmann später in seinem Roman „Atlantis“ (1912) schildern wird, ein pünktliches Eintreffen. Als die „Elbe“ drei Tage verspätet New York erreicht, erwarten ihn seine Söhne Ivo und Eckart gemeinsam mit Alfred Ploetz am Pier. In Meriden, wo Alfred und Pauline Ploetz ihre Praxis unterhalten, versöhnt er sich mit Marie und beteuert ihr wieder und wieder seine Verbundenheit. Erleichtert telegrafiert Marie den Schwiegereltern, teilt ihnen die Rettung der Ehe mit. Heimlich schweifen allerdings während des fast viermonatigen Aufenthalts Hauptmanns Gedanken immer häufiger zu Margarete, und so fährt er, zurück in Deutschland, nicht mit Marie und den Kindern nach Schreiberhau, sondern nach Berlin, wo ihn Margarete am Lehrter Bahnhof erwartet. Zwar kehrt er nach Schreiberhau zurück, jedoch nur, um es sogleich wieder fluchtartig zu verlassen und sich mit Margarete in Bromberg zu treffen. Dem Hin und Her setzt Marie ein Ende, nachdem sie, Hauptmann ist aus Bromberg zurück, in seiner Tasche Damenhandschuhe findet. Kurzentschlossen mietet sie für sich und die Kinder eine Wohnung in Dresden, während Hauptmann nach Berlin zurückkehrt und die Ehe mit der Heimlichkeit seiner Liaison vertauscht. Im Spätsommer schließlich wird der gemeinsame Haushalt in Schreiberhau endgültig aufgelöst, die Ehe indes bleibt noch über Jahre bestehen.

V. l. n. r. stehend: Margarete Marschalk, Robert Kahn, Samuel Fischer, Gerhart Hauptmann; sitzend: Werner Sombart, Hermann Stehr, Martha und Carl Hauptmann, 1903.

Mit Hauptmanns Umzug nach Berlin und dem späteren Hausbau in Agnetendorf reißen allerdings die Verbindungen zu Schreiberhau nicht ab, auch die Dorfbewohner Schreiberhaus vergessen ihren ehemaligen Bürger nicht. Noch 1932 führen sie ihm zu Ehren das Drama „Schluck und Jau" als Freilichtspiel auf.

In Schreiberhau versammeln sich bald um seinen Bruder Carl etliche Künstler und Schriftsteller. Wie Gerhart Hauptmann Erkner verließ und sich bald darauf in Friedrichshagen eine Dichterkolonie etablierte, entsteht nun in Schreiberhau eine Künstlerkolonie, deren Zentrum das „Haus am Hange" Carl Hauptmanns und das unweit gelegene Siebenhäusertal ist. Nicht selten unternimmt der leidenschaftliche Wanderer Gerhart Hauptmann nach dem Hausbau in Agnetendorf Ausflüge zu den in Schreiberhau ansässigen Künstlerkollegen und Gästen. So etwa im Juni 1903. Carl und Gerhart Hauptmann wandern gemeinsam mit Martha und Margarete, Werner Sombart (1863–1941), Robert Kahn (1965–1951), Hermann Stehr (1864–1940) und Samuel Fischer zur Schneegrubenbaude. Doch auch diese Unternehmung wird von den Querelen der beiden Brüder überschattet, deren Anlass die stolze Weigerung Carls ist, eine Einladung Gerharts anzunehmen: „Er sagt zu dem B[ruder], der für ihn gezahlt hat, sehr aufgebracht: Ich wünsche von dir nichts bezahlt zu haben. Dabei steckt er tief in Sch[ulden] b[eim] B[ruder,] die er nie zu bezahlen denkt. Er beleidigt somit! Er bittet nachher nicht einmal um Ausgleich: die Erkenntnis, beleidigt zu haben, fehlt. […] Das Verhalten C[arls] zwingt zur Aufgabe der Würde und Haltung."

Carl Hauptmann und die Schreiberhauer Künstlerkolonie

Ich bin ganz Künstler und Schauender unterdessen geworden. An die Stelle des analytischen und scientifischen Wissens ist das mythische Annähern und Umfassen von Menschen und Welt getreten. Eine andere Art Rätselstellung und Rätsellösung ist heute in mir lebendig. Wenn es sich auch immer um ein und dieselbe, mehr oder weniger weite Wahrheit handelt.

Carl Hauptmann an Günther Schmid,
14. November 1916

Während Schreiberhau für Gerhart Hauptmann eine kurze, wenngleich auch für sein Leben und Werk konstitutive Episode ist, verbringt Carl Hauptmann fast drei Jahrzehnte in Schreiberhau. Bereits im ersten Jahr nach dem Einzug fühlt er sich immer mehr zur Dichtung hingezogen. Noch im Dezember 1889 hatte er selbstbewusst an seinen Lehrer Avenarius geschrieben, dass er sich „mit Stolz und herzlicher Dankbarkeit zu Ihrem Mitkämpfer heranentwickelt“ habe. Erfolgssicher kündigt er den Titel seines in „6 bis 8 Monaten“ vorliegenden Bandes an: „Ich habe gedacht, ihn unter dem Titel ‚Grundlinien einer allgemeinen Biomechanik’ erscheinen zu lassen, und habe den dreisten Wunsch […] den Band mit dem mir wertesten und würdigsten wissenschaftlichen Namen zu schmücken.“ Nur zwei Jahre später hat sich sein Denken der Literatur immer mehr zugewendet. Abgesehen von seinen Erzählungen „Sonnenwanderer“ und „Frühlingsnacht“, wobei letztere kurz nach dem Einzug ins Schreiberhauer Haus entsteht, beschäftigt ihn die Literatur vorrangig noch theoretisch, wenn er an den Freund Hugo Ernst Schmidt am 9. November 1891 schreibt, dass er jetzt „oft in der Muße und auf meinen einsamen Spaziergängen über die Kunst“ nachdenke und mit einer

Abhandlung über den Naturalismus seinen Brief beschließt: „Der Naturalismus ist die Kunst des Menschen als Sozialwesen. Aber wenn er damit die Naturwesen erklären will, so irrt er. Die tiefsten Verborgenheiten unserer Leidenschaften wurzeln in einer andern Natur und das Milieu, das sie bilden half, ist lange versunken." Programmatisch formuliert er sein ihn nun leitendes literarisches Credo. Bereits 1885 hatte er sich gegenüber Schmidt ablehnend über den Naturalismus geäussert, der ihm aus der „Theorie der Wissenschaft geboren" wie ein „graues elendes Kind" vorkomme: „Es ist und bleibt eine negative Kunst, ein Unding." Nicht allein das soziale Milieu interessiert ihn, sondern Leidenschaften, deren Ursachen nicht im gesellschaftlichen Umfeld zu suchen sind. Mit seiner Suche nach dem „Menschen als Naturwesen" zeigt er sich jedoch noch ganz seinen wissenschaftlichen Fragestellungen verbunden, wenngleich Carl-Hauptmann-Enthusiasten hier einen klaren Bruch erkennen wollen, ungeachtet der Tatsache, dass zunächst die wissenschaftliche Arbeit gleichrangig neben der literarischen steht. Nachdem er im Dezember 1892 den ersten Band seiner Habilitation abschlossen hatte, reist er mit Martha nach Rom und von hier aus zum Vierwaldstädter See, um, wie er an die Eltern schreibt, „mein Kunstopus und dazu ein Kunstopusculum" fertigzustellen, schließlich „drängen sich schon wissenschaftliche Pläne die Menge" für die Zeit der Rückkehr. So steht auch die Reise des Ehepaars im Februar 1896 nach Jena ganz im Zeichen der Arbeit am zweiten Teil seiner Habilitationsschrift. Hier in Jena lernt er die 35-jährige Komponistin Anna Teichmüller kennen, zu der sich eine tiefe Freundschaft entwickelt und die er 1900 bewegen kann, nach Schreiberhau zu ziehen. In der Zwischenzeit hatte Hauptmann seine Dramen „Marianne" (1894) und „Waldleute" (1896) wie auch die Erzählung „Kahnfahrt" geschrieben. Zwar setzt sich Hauptmann intensiv für eine Aufführung „Mariannes" ein, doch bleibt sein Engagement ohne Erfolg. Erst das 1895 verfasste Drama „Waldleute", das in der Welt des Riesengebirges angesiedelt ist, wird in Wien uraufgeführt, allerdings mit wenig Erfolg. Die Kritik wirft ihm „Epigonentum" und „Untüchtigkeit" vor. Ungeachtet der Kritik arbeitet Hauptmann weiter, zunächst am Erzählband „Sonnenwanderer", der im Dezember 1896 erscheint, an verschiedenen Theaterstücken, die Fragment bleiben, wie auch am Drama „Ephraims Breite", das ihm 1899 einen ersten Erfolg beschert. Der Erzählband „Sonnenwanderer" ist „Fräulein Paula Cohn" gewidmet, Tochter des Berliner Verlagsbuchhändlers Albert Cohn, die Hauptmann 1895 in Schreiberhau kennenlernt, im darauffolgenden Jahr zu Gast bei Hauptmanns ist und durch ihr „anschmiegsames und liebevolles Wesen zu mir und ihre Anlehnung an mich", wie Hauptmann seinem Tagebuch anvertraut, Unstimmigkeiten in seinem Eheleben auslöst.

Ab 1899 führen Hauptmann mehrere Reisen nach Worpswede, wo er Heinrich Vogeler und Otto Modersohn (1865–1943) kennenlernt, später Rainer Maria Rilke (1875–1926) und seine Frau Clara Westhoff (1878–1954). Hier werden seine „Grundfesten" erschüttert: „Kein Bauerndrama! Kein modernes Drama! Kunst, große, ewige Harmoniekunst, ahnungsweise im Breite-Drama begonnen und nun fortsetzend ins Symphoniewerk der Zeit. […] Ich bin wieder nur Gefühl. Jeder Gedanke ist hingestorben." Sind bereits in den vorangegangenen Werken impressionistische Anklänge zu erkennen, so verstärkt sich diese Tendenz mit den nun entstehenden Werken „Die Bergschmiede" (1902), „Mathilde" (1902) und „Des Königs Harfe" (1903). 1906 lernt er im Kreise der Worpsweder die junge Malerin Maria Rohne kennen, und es wiederholt sich nun im „Haus am Hange" die 13 Jahre zurückliegende Ehekrise. Im Oktober 1908 heiratet der mittlerweile 50-jährige Maria Rohne, ohne ganz auf Martha zu verzichten. Er baut ihr unweit des Schreiberhauer Hauses ein eigenes An-

Maria Rohne, um 1910.

wesen und wird sie fortan täglich besuchen. Oberhalb der Sagenhalle gelegen, bildet der neue Wohnsitz im Landhausstil den Auftakt des Siebenhäusertals, das sich in der Zwischenzeit zu einer kleinen Künstlerkolonie gemausert hat. Bruno Wille, einer der Protagonisten des Friedrichshagener Dichterkreises, stellte 1903 die Idee einer „Rübezahlburg" im Geiste des von ihm geleiteten Giordano-Bruno-Bundes vor, die mit der von Paul Engler errichteten und mit Bildern Hermann Hendrichs (1854–1931) ausgestatteten Sagenhalle im Frühsommer 1903 umgesetzt wird: „Ein künstlerisches Denkmal altdeutschen Naturgefühls möchte die Sagenhalle sein", schreibt Wille in dem zur Eröffnung herausgebrachten Begleitheft und beschreibt damit die Verquickung einer nordisch-germanischen Sagenwelt mit der für die Jahrhundertwende nicht untypischen Naturmystik und einem volkspädagogischen Impetus, eine Melange, die für die Schreiberhauer Künstler grundlegend wird. Die „nordisch hochgieblige Blockhaushalle" ist die Inkarnation einer Suche nach Urtümlichkeit im Nordischen, die sich auch in weiteren Bauten der Künstlerkolonie erkennen läßt. Hermann Hendrich, der bereits die Ausmalung der Walpurgishalle im Harz vorgenommen hatte, war 1901/02 nach Schreiberhau übergesiedelt. Ihm folgen nun Bruno Wille und Wilhelm Bölsche, die unweit der Sagenhalle ihr Domizil aufschlagen. Die beiden Begründer der Freien Volksbühne gehören schon seit Friedrichshagener Tagen zum Freundes- und Bekanntenkreis der Hauptmanns. Zu ihnen stößt nun auch John Henry Mackay, der sein ebenfalls kurz

„Haus Felderbusch", das Carl Hauptmann für Martha 1908 errichten ließ.

Die Sagenhalle in Schreiberhau.

nach der Jahrhundertwende erworbenes Bauernhaus wegweisend „Freiheit“ nennt. Der Individualanarchist kann als einer der radikalsten Mitstreiter aus Zürcher und Friedrichshagener Tagen bezeichnet werden, der unter dem Pseudonym „Sagitta“ auch Arbeiten über die „namenlose Liebe“, über Homosexualität und Päderastie veröffentlichte. Seine zumeist als Sommerhaus genutzte „Freiheit“ verkaufte er Anfang der 1920er Jahre. Zwischen 1925 und 1935 lebte hier der Journalist und Schriftsteller Hans von Hülsen. Wie Mackay hatten auch Wille und Bölsche alte Bauernhäuser unweit der Sagenhalle in den Siebernhäusern erworben und umbauen lassen. Für Hermann Hendrich errichtet dagegen um 1905 der Architekt der Sagenhalle, Paul Engler, einen Neubau, der mit einem Sockel aus Granit-

stein und Holzverschalungen an die Bautraditionen im Riesengebirge anzuknüpfen sucht. Während sowohl die Sagenhalle, als auch die Wohnhäuser Bölsches und Willes nicht mehr erhalten sind, stehen unter anderem die Wohnhäuser in den Siebenhäusern von Martha Hauptmann, Henry Mackay, Hermann Hendrich, Alfred Koeppen, das Haus Reicke und die Villa Deutsch noch heute.

Das ehemalige Sommerhaus „Freiheit" von John Henry Mackay.

Der Versuch einer Anknüpfung an traditionelle Bauweisen zeigt sich ebenfalls im Haus des Kunsthistorikers Alfred Koeppen, der vis-á-vis der Sagenhalle sein Wohnhaus errichten lässt, in dem eine Kombination aus Granit und Holz vorherrscht. Koeppen ist einer der ersten, der sich publizistisch mit der Schreiberhauer Kolonie auseinandersetzt. Auch die Künstlerin Sabine Reicke, Frau des Schriftstellers Georg Reicke (1863–1923), der zwischen 1903 und 1920 Berliner Bürgermeister ist, entwarf auf dem bereits 1899 erworbenen Grundstück ein Holzhaus in einheimischer Blockbauweise, das 1907 errichtet und vorwiegend als Sommerhaus genutzt wird. Ebenfalls ab 1907 gehören Lilli (1858–1928) und Felix Deutsch (1869–1940) zum Schreiberhauer Zirkel. Durch Lilli Deutsch, die in Berlin bereits eine

Das frühere Wohnhaus Hermann Hendrichs wurde 1905 durch Paul Engler erbaut.

Art literarischen Salon führte, kommt Gerhart Hauptmann in Kontakt mit der Berliner Industrie- und Finanzwelt, unter anderem mit Walther Rathenau. Auch die Villa Deutsch ist als Sommerhaus geplant, fällt mit seiner großen Terrasse und dem wuchtigen Sockelgeschoss aus Granitstein jedoch ungleich imposanter aus als das Reicke-Haus. Lilli Deutsch versammelt hier sowohl Berliner Freunde aus Kunst und Wissenschaft als auch die Schreiberhauer Nachbarn, zu denen zu Beginn des Jahrhunderts der Porträtist Hanns Fechner (1860–1931) und der Ökonom, Soziologe und naher Freund Carl Hauptmanns Werner Sombart stoßen. Hanns Fechners „Hütte Hagal“ liegt nur wenige hundert Meter nördlich des Hauptmann-Hauses, während sich Sombart durch den Architekten und Mitbegründer des Deutschen Werkbundes Fritz Schumacher (1869–1947) eine herrschaftliche Villa in Ober-Schreiberhau errichten lässt, die er mit seiner Familie zwischen 1909 und 1920 bewohnt.

Das ehemalige Wohnhaus der Familie Reicke.

Carl Hauptmann ist Mittelpunkt des Schreiberhauer Kreises, der für ihn nach der Heirat mit Maria Rohne immer wichtiger wird, da die sonstige Schreiberhauer Gesellschaft dem Schritt wenig Verständnis entgegenbringt. Dessen ungeachtet ist der Beginn seiner zweiten Ehe begleitet von einer verstärkten, auch internationalen Anerkennung seiner Werke. Er wird zu einer Tournee durch die USA eingeladen, die gleichzeitig Hochzeitsreise des jungen Brautpaares ist. 1910 wird die gemeinsame Tochter geboren. In kurzer Folge schreibt Hauptmann nun mehrere Dramen, die vermehrt

Die vormalige Villa Deutsch im Siebenhäusertal.

Aufmerksamkeit finden, wenngleich auch keinen pekuniären Erfolg. Besonders sein 1914 veröffentlichtes „Tedeum Krieg“ wird als Friedensappell von pazifistischen Kreisen, etwa von Berta von Suttner (1843–1914) oder später auch von Ernst Toller, begrüßt. Doch erst das 1915 herausgebrachte Rübezahl-Buch macht den Autor populär und wird bereits zu Lebzeiten in mehreren Auflagen publiziert. Obgleich sich Carl Hauptmann immer wieder an Freunde, wie den begüterten Otto Pringsheim (1860–1925) um finanzielle Unterstützung wenden muss, setzt er sich für befreundete Schriftstellerkollegen ein. Besonders nach dem Ersten Weltkrieg für Max Herrmann-Neiße (1886–1941), obgleich er selbst in dieser Zeit kaum zu überleben weiß: „Wie gern lüde ich Sie beide, [...] wie vor dem Kriege ein, bei uns zu wohnen. Still und für sich. Aber alle Hände sind uns für uns selbst gebunden. Wir können noch immer uns selbst schwer ernähren. Wir können zum größten Schmerz unseres Hauses keine Gäste haben.“ Nach dem Krieg ist Carl Hauptmann bereits gesundheitlich stark beeinträchtigt. Gerhart, in dessen Haus Carl seit fast zehn Jahren keinen Fuß gesetzt hatte, besucht den Kranken nun in kurzen Abständen im Frühjahr 1920. Ein Jahr später, am 4. Februar 1921, stirbt Carl Hauptmann in Schreiberhau.

Zwar fehlt nun ein wichtiges Mitglied der Künstlerkolonie und auch Sombart hatte sein Haus in Oberschreiberhau verkauft, dennoch findet der Kreis neue Impulse durch eine Reihe jüngerer Maler: Herbert Martin Hübner (1902–1991), Friedrich Iwan (1889–1967), Franz von Jackowski (1885–1974), Hans Oberländer (1885–1945) und Willi Oltmanns (1905–1979). Sie schließen sich auf Anraten Hanns Fechners mit den älteren Künstlern im Ort 1922 zur Künstlergemeinschaft St. Lukas zusammen. Namensgeber ist die 1921/22 nach Plänen von Franz Egbert Schumann auf den Fundamenten eines Sägewerks errichtete Lukasmühle, die als Versammlungs- und Ausstellungsort fungierte. Nicht weit von hier entfernt lässt sich Hermann Stehr 1926 nieder. Als Ehrengeschenk übergab die Stadt Stehr ein Grundstück am Friedrichweg, auf dem mit Unterstützung durch Max Pinkus das auch heute noch erhaltene Faberhaus errichtet wird.

Mitglieder der Vereinigung bildender Künstler St. Lukas. V.l.n.r.: Alfred Nikisch, Franz von Jackowski, Georg Wichmann, Cirillo dell'Antonio und Willi Oltmanns im Hotel Zum Zackelfall in Schreiberhau.

Das Museum

Das Schreiberhauer Haus kann im Vergleich mit den drei anderen Hauptmann-Häusern auf die längste Museumstradition zurückblicken. Bereits 1936 wird hier ein Museum, das Haus der Heimat eingerichtet, in dem nicht nur Bauernstuben und Trachten ausgestellt werden, sondern auch an Leben und Schaffen der Hauptmann-Brüder erinnert wird. Nach dem Zweiten Weltkrieg wird das Haus zunächst als Dependance des polnischen Schriftstellerverbandes genutzt, um bald darauf als Reha-Zentrum und später als Wohnhaus zu fungieren. Ab 1987 wird das Haus Teil des Kreismuseums in Hirschberg, das mit der Renovierung beginnt. Im Zuge der Vereinbarung zwischen Helmut Kohl und Tadeusz Mazowiecki 1989 wird schließlich am 21. Februar 1995 das heutige Museum als eine Filiale des Hirschberger Riesengebirgsmuseums eröffnet. Das Carl-und Gerhart-Hauptmann-Haus (Dom Carla i Gerharta Hauptmannów) präsentiert sich allerdings nicht ausschließlich als Gedenkstätte für die beiden Schriftsteller, sondern auch als Museum für die Kulturgeschichte Schreiberhaus und des Riesengebirges.

Das 1936 im Haus am Hange eingerichtete Haus der Heimat.

Exponate zu Carl und Gerhart Hauptmann im Haus der Heimat.

Im Erdgeschoss wird der Besucher in die Geschichte des Berggeistes Rübezahl eingeführt, dessen erster bildlicher Nachweis sich auf der Landkarte Schlesiens von Martin Helwig findet, die 1561 in Neiße gedruckt wurde. In der Nähe der Schneekoppe ist nicht nur der Schriftzug „Rubenczal“ zu lesen, sondern auch eine Art Bock mit Hirschgeweih abgebildet, das als Signet des Riesengebirgsmuseums und des Hauptmann-Hauses fungiert.

Im Obergeschoss finden sich neben einer Ausstellung über die Geschichte der lokalen Glastradition auch zwei Gedenkräume für Carl und Gerhart Hauptmann. Im Gedenkraum Gerhart Hauptmanns dominiert der Esszimmerschrank aus dem Haus Wiesenstein, der mit Fotos und Buchausgaben bestückt ist. Daneben werden in einer Vitrine mehrere polnische Ausgaben seiner Werke präsentiert, darunter so seltene Stücke, wie die erste polnische Ausgabe der „We-

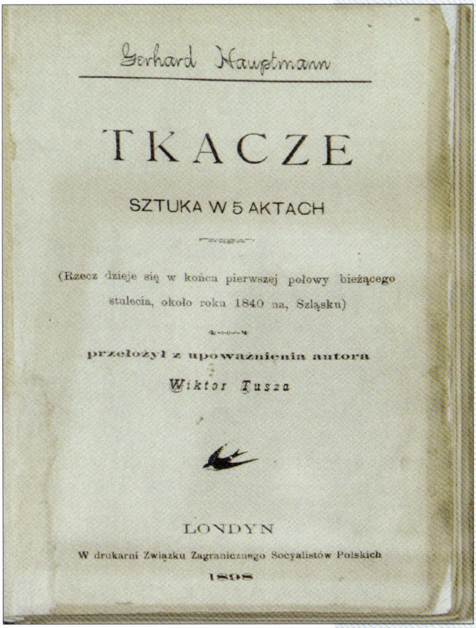

Gerhard Hauptmann

TKACZE

SZTUKA W 5 AKTACH

(Rzecz dzieje się w końcu pierwszej połowy bieżącego stulecia, około roku 1840 na, Szląsku)

przełożył z upoważnienia autora

Wiktor Tusza

LONDYN

W drukarni Związku Zagranicznego Socyalistów Polskich

1898

Erste Übersetzung der „Weber“ ins Polnische, gedruckt 1898 in London.

Das Arbeitszimmer zu Lebzeiten Carl Hauptmanns.

ber“, die 1898 in London in der Druckerei des Verbundes der polnischen Sozialisten erscheint. Auch bei Carl Hauptmann wird besonders auf die Beziehungen des Schriftstellers zu Polen hingewiesen. Im Mittelpunkt stehen hier seine Liebe zu Josepha Krzyżanowska und seine Mitarbeit an der Übersetzung von Władysław Reymonts (1867–1925) Roman „Die Bauern“, für den dieser 1924 den Literaturnobelpreis erhält. Der Gedenkraum selbst sucht die Arbeitsatmosphäre zu Lebzeiten Carl Hauptmanns einzufangen. Besonders der kleine Schreibtisch führt seine schriftstellerische Tätigkeit vor Augen, die frühmorgendlich, nur beim Schein einer Lampe und zugezogenen Gardinen begann.

Der Carl-Hauptmann-Raum im Museum in Schreiberhau.

Neben den beiden Gedenkräumen erinnert eine Gemäldeausstellung an das Wirken Wlastimil Hofmans (1881–1970) in Schreiberhau / Szklarska Poręba. Ab 1947 lebte die-

„Testament meiner Kunst" von Wlastimil Hofman, 1922.

ser nicht weit vom Haus am Hange entfernt und schuf eindringlich-expressive Gemälde, von denen eine stattliche Anzahl im Hauptmann-Museum präsentiert wird. Sein Leben und Werk steht für das Weiterexistieren einer Künstlerkolonie im Riesengebirge auch nach 1945. Aufgrund des durch den damaligen Starosten des Kreises, Wojciech Tabaka, geschaffenen kulturfreundlichen Klimas siedeln sich nicht nur in Schreiberhau, sondern auch in weiteren Riesengebirgsorten zahlreiche Künstler und Schriftsteller an. Bis Ende der 1950er Jahre diente zudem das Hauptmann-Haus als Ort der kreativen Arbeit des polnischen Schriftstellerverbandes, viele Schriftsteller erholten sich und arbeiteten hier, unter anderem so berühmte wie Tadeusz Różewicz.

Carl Hauptmanns Grabstein, der nun auf dem Gelände des Schreiberhauer Museums steht.

Carl- und Gerhart-Hauptmann-Haus in Schreiberhau, Abteilung des Riesengebirgsmuseums in Hirschberg
Dom Carla i Gerharta Hauptmannów w Szklarskiej Porębie
Oddział Muzeum Karkonoskiego w Jeleniej Górze
ul. 11 Listopada 28
PL – 58-580 Szklarska Poręba (Średnia)
Tel./Fax: +48 (0) 75 - 717 26 11
E-Mail: dom.hauptmannow@wp.pl
http://www.muzeumkarkonoskie.pbox.pl
http://www.gerhart.hauptmann.org

Öffnungszeiten und Eintrittspreise:
Dienstags, donnerstags, freitags: 9.00–15.30 Uhr
Mittwochs, samstags, sonntags: 9.00–16.30 Uhr
Eintritt: 6 zł (keine Ermäßigung)
Polnischsprachige Führung: 25 zł
Deutschsprachige Führung: 50 zł
Um Voranmeldung wird gebeten.

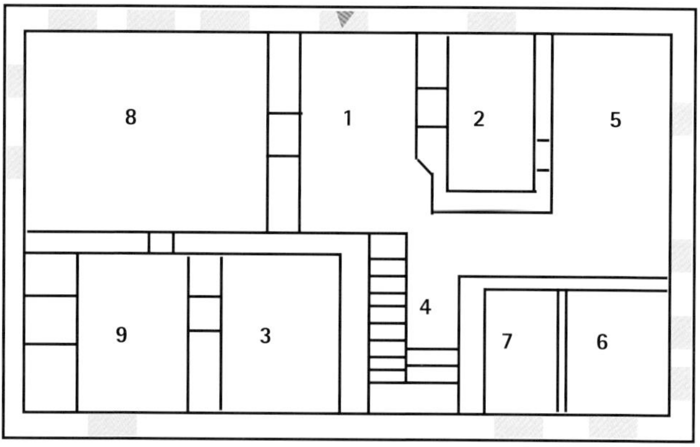

Grundriss Erdgeschoss

Das Museum

Erdgeschoss:
1 Eingang, 2 Kasse, 3 Verkaufsraum für Bücher und Postkarten,
4 Treppenaufgang zum Obergeschoss, 5 bis 7 Räume für Wechselausstellungen,
8 und 9 ständige Ausstellung zur Geschichte Rübezahls

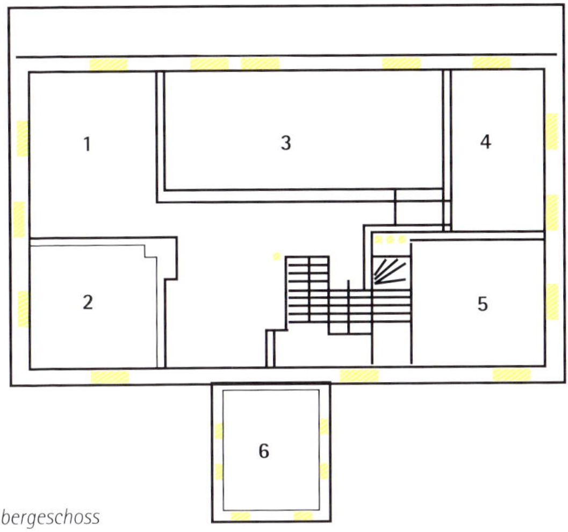

Grundriss Obergeschoss

Obergeschoss:
1 und 2 Ausstellungen zu Leben und Werk Carl und Gerhart Hauptmanns, 3 Ausstellung zu Wlastimil Hofman, 4 und 5 Räume für Wechselausstellungen, 6 Glaskunstausstellung

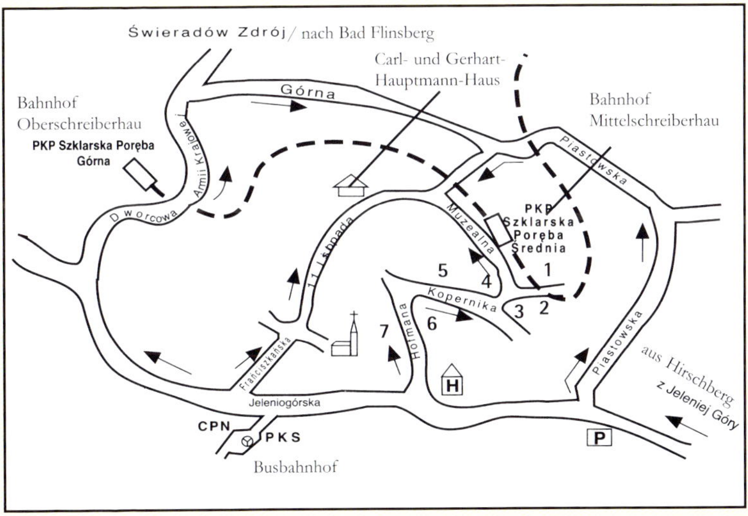

Besonderheiten des Museums:
Das Carl- und Gerhart-Hauptmann-Haus bietet sich als Ausgangspunkt eines Spazierganges auf den Spuren der Schreiberhauer Künstlerkolonie an. In der Nähe des Museums befindet sich das sogenannte Siebenhäusertal mit einigen Wohnhäusern der Künstlerkolonie:

1 Haus Felderbusch, errichtet 1908–1910 für Martha Hauptmann (ul. Muzealna 3).
2 Standort der nicht erhaltenen, 1903 durch Architekt Paul Engler erbauten Sagenhalle.
3 Wohnhaus des Malers Hermann Hendrich, 1905 ebenfalls durch den Architekten Paul Engler errichtet (ul. Muzealna 5).
4 Wohnhaus des Kunsthistorikers Alfred Koeppen, erbaut durch den Architekten Bruno Möhring (ul. Muzealna 2).
5 Sommerhaus der Familie Reicke, 1907 errichtet nach Entwürfen der Malerin Sabine Reicke (ul. Kopernika 7).
6 Villa der Familie Deutsch, errichtet 1907 wahrscheinlich durch den Architekten Alfred Messel (ul. Kopernika 12).
7 Haus der Freiheit John Henry Mackays, ein Anfang des 20. Jahrhunderts umgebautes Bauernhaus, das zwischen 1925 und 1935 Wohnhaus des Journalisten Hans von Hülsen war (ul. Hofmana 17).

Zahlreiche weitere Künstlerhäuser haben sich in Schreiberhau (Szklarska Poręba) erhalten. Allerdings sind sie nicht zu Fuß erreichbar, sondern bieten sich für eine kleine Rundfahrt an:

- Wohnhaus des Nationalökonomen Werner Sombart, 1906–1909 durch Fritz Schumacher errichtet (ul. Podgórze 9).
- Villa Zimmermann, errichtet 1904, ab 1921 Wohnhaus der Kunsthistoriker Joachim Zimmermann und Johannes Guthmann (ul. Górna 4).
- Wohnhaus des Bildhauers Franz Metzner. Das 1728 errichtete Bauernhaus wurde um 1900 umgebaut (ul. Górna 10).
- Wohnhaus Hütte Hagal des Malers Hanns Fechner. Das 1703 errichtete Bauernhaus wurde 1909 umgebaut (ul. Dolna 11).
- Sommerhaus des Malers Werner Fechner, Sohn Hanns Fechners (ul. Dolna 13).
- Das Hotel-Restaurant Lukasmühle, 1922/23 nach einem Entwurf Franz Egbert Schumanns auf den Fundamenten einer alten Sägemühle errichtet, wurde Treffpunkt der Vereinigung Bildender Künstler Sankt Lukas (ul. 1 Maja 16).
- Wohnhaus des Malers Georg Wichmann, 1924 errichtet (Wzgórze Paderewskiego 5).
- Wohnhaus Hermann Stehrs, das sogenannte Faberhaus; das Grundstück war ein Geschenk der Gemeinde Schreiberhau an den Schriftsteller 1926 (ul. B. Prusa 5/6).

Auch der evangelische Friedhof in Niederschreiberhau (ul. Piastowska, Ecke ul. Waryńskiego) ist eine Erinnerungsstätte der Schreiberhauer Künstlerkolonien. Begraben wurden hier u. a. Carl Hauptmann und seine erste Frau Martha, Wilhelm Bölsche, Hanns Fechner und Anna Teichmüller.

Anreise
Öffentliche Verkehrsmittel:
Die Anreise mit öffentlichen Verkehrsmitteln ist etwas zeitaufwendiger als mit dem PKW. Sie bietet sich vor allem für Reisende an, die den Besuch im Riesengebirge mit einem längeren Aufenthalt in Polen verbinden möchten. Auch befindet sich in der Nähe des Schreiberhauer Museums einer der ehemals acht Bahnhöfe des beliebten Kurortes. Der Bahnhof Szklarska Poręba Średnia /

Mittelschreiberhau lädt geradezu dazu ein, den Besuch des Museums mit einer Zugfahrt zu kombinieren.
Die meisten Zugverbindungen nach Szklarska Poręba führen über Wrocław oder Görlitz. Eine Alternative sind Überlandbusse, die aus verschiedenen Städten in Deutschland nach Polen fahren. Zwischen Wrocław und Szklarska Poręba verkehren täglich mehrere Züge. Die Fahrt dauert knappe fünf Stunden. Neben dem Breslauer Hauptbahnhof (Wrocław Główny) befindet sich zudem der zentrale Busbahnhof (Dworzec Centralny PKS), von dem aus regelmäßig Busse nach Szklarska Poręba fahren. Der zentrale Busbahnhof befindet sich im Zentrum von Szklarska Poręba. Da kein Bus zum Museum fährt, sollten Sie sich auf einen kurzen Spaziergang von ca. 20 Minuten einstellen.
Zwischen Görlitz und Szklarska Poręba verkehren keine Direktzüge. Umsteigen muß man zumeist in Zgorzelec, Węgliniec / Kohlfurt und Jelenia Góra / Hirschberg. Die Fahrt dauert etwas über drei Stunden zzgl. der zum Teil beträchtlichen Wartezeiten, die die Reise mitunter zu einer Odyssee werden lassen. Dennoch ist besonders die landschaftlich reizvolle Bahnfahrt von Jelenia Góra nach Szklarska Poręba zu empfehlen. Der Zug vom Hauptbahnhof in Jelenia Góra benötigt für die Strecke in etwa eine Stunde.
Weitere Informationen erhalten Sie bei der Deutschen Bahn unter Tel.: +49 (0) 180 - 599 66 33 oder www.bahn.de wie auch unter www.bahnen-und-busse.de. Die polnische Bahn-Information in Szklarska Poręba erreichen Sie unter +48 (0) 75 - 94 36, die Bus-Information unter +48 (0) 75 - 642 21 00. Im Internet finden Sie Informationen unter www.pkp.pl und www.pks.pl.

Mit dem PKW:
Anreise aus Deutschland
Abhängig vom Ausgangspunkt in Deutschland bietet es sich an, die deutsch-polnische Grenze in Görlitz / Zgorzelec (nur PKWs) oder bei Ludwigsdorf / Jędrychowice (A 4) zu passieren. Ebenso ist es möglich, über Tschechien zu

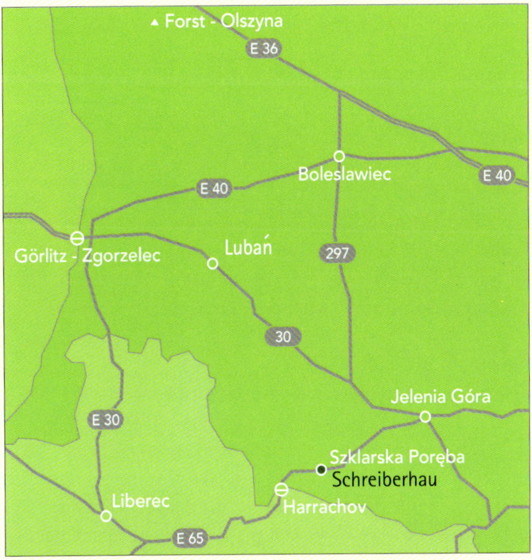

fahren und in Jakuszyce–Harrachov / Jakobsthal–Harrachsdorf unweit von Szklarska Poręba die tschechisch-polnische Grenze zu überqueren. Von Görlitz / Zgorzelec und Ludwigsdorf aus halten Sie sich immer in Richtung Jelenia Góra auf der ul. Zgorzelecka (30) bis Sie über Lubań / Lauban und Gryfów Śląski / Greifenberg nach Jelenia Góra gelangen.
Kurz hinter Gryfów Śląski führt die Straße 358 über Świeradów Zdrój / Bad Flinsberg ebenfalls nach Szklarska Poręba. Die Gebirgsstraße ist allerdings nicht im Winter zu empfehlen.
Straßenkarten erhalten Sie in Deutschland im Buchhandel, z. B. die zweisprachige Riesengebirgs-Karte aus dem Höfer Verlag, beim ADAC oder in Polen an jeder Tankstelle (z. B. die zweisprachige Touristenkarte „Sudeten" oder die polnischsprachige „Polska mapa samochodowa").

Anreise über Jelenia Góra / Hirschberg
Die E 65 / 30 mündet in Jelenia Góra in einen Kreisverkehr. Hier halten Sie sich nicht in Richtung Stadtzentrum, sondern fahren auf der E 65 / 3 in Richtung Szklarska Poręba. Nach ca. 15 km biegen Sie rechts in die ul. Piastowska ein und folgen dem Straßenverlauf bis Sie Bahngleise passieren. Kurz hinter den Bahngleisen halten Sie sich links, um wiederum Bahngleise zu überqueren und um rechts in die ul. 11 Listopada einzubiegen. Nach nur wenigen hundert Metern liegt rechterhand das Dom Carla i Gerharta Hauptmannów.
Falls Sie die ul. Piastkowska verpassen, so können Sie einfach auf der E 65 / 3 bleiben, die hier nun ul. Turystyczna, später Jeleniogórska heißt, und rechts in die ul. Hofmana oder in die ul. Frańciszkańska einbiegen. Gerade letztere bietet sich an, da sie in die ul. 11 Listopada übergeht, Sie also nur geradeaus fahren müssen, um schließlich zum linker Hand gelegenen Museum zu gelangen.

Anreise über Świeradów Zdrój / Bad Flinsberg
Von Świeradów Zdrój aus halten Sie sich auf der Hauptverkehrsstraße 358 in Richtung Szklarska Poręba. Die Gebirgsstraße ist kurvenreich und besonders in der sog. Todeskurve (Zakręt Śmierci) sollten Sie sehr vorsichtig fahren. Nach ca. 11 km erreichen Sie Szklarska Poręba und biegen links in die ul. Górna ein. Nach ca. einem Kilometer biegen Sie rechts ab, passieren Bahngleise und biegen wiederum rechts in die ul. 11 Listopada ein, um nach wenigen hundert Metern zum Dom Carla i Gerharta Hauptmannów zu gelangen.

Anreise über Jakuszyce–Harrachov / Jakobsthal–Harrachsdorf
Nach Passieren der Grenze halten Sie sich auf der E 65 / 3 in Richtung Szklarska Poręba. Nach ca. 4 km biegen Sie links in die ul. Dworcowa ein, die später ul. Armii Krajowej heißt, und fahren in Richtung Świeradów Zdrój. Hinter den Bahngleisen, die Sie nach wenigen hundert Metern passieren, biegen Sie rechts in die ul. Szpitalna ein und fahren dann links in die ul. 11 Listopada. Nach wenigen hundert Metern gelangen Sie zum Museum.
Parkmöglichkeiten finden Sie vis-á-vis des Hauptmann-Museums.

Wichtige Adressen und Telefonnummern
In Szklarska Poręba befinden sich zahlreiche Hotels und Restaurants. Erkundigen Sie sich am besten bei der Touristeninformation oder über die Internetseite der Stadt http://www.szklarskaporeba.pl, die auch in deutscher Sprache verfügbar ist.

Touristeninformation / Referat für Stadtmarketing
Pstrowskiego Str. 1
58-580 Szklarska Poręba
Tel.: +48 (0) 75 - 754 77 40
Fax: +48 (0) 75 - 754 77 42

Polizei-Notruf: +48 - 997
Feuerwehr-Notruf: +48 - 998
Notarzt-Notruf: +48 - 999
GOPR Bergwacht, Notruf: +48 (0) 75 - 985, mobil: +48 (0) 601 10 03 00

Ausflüge in die Umgebung

Wodospad Kamieńczyka / Zackelfall: Der größte Wasserfall im polnischen Teil des Riesengebirges liegt oberhalb von Schreiberhau. Er fällt 27 Meter hinab, um dann durch die Zackelklamm, einem Durchbruchstal zu fließen, das von teilweise senkrecht aufragenden Granitfelswänden eingefaßt wird. Das Tal wurde bereits im 19. Jahrhundert Touristen zugänglich gemacht und auch heute ist der Abstieg in die Klamm wieder möglich.

Wodospad Szklarki / Kochelfall: Der 13 Meter hohe Wasserfall liegt unterhalb Schreiberhaus im Karkonoski Park Narodowy / Riesengebirgsnationalpark. Er wurde 1959 unter Naturschutz gestellt. Die Kaskade mündet in einer malerischen Schlucht, wo bereits 1868 eine Gastwirtschaft zum Verweilen einlud. Heute befindet sich hier die Baude „Kochanówka".

Śnieżne Kotły / Schneegruben: Die beiden eiszeitlichen Gletscherkessel, auch kleine und große Schneegrube genannt, zwischen Wielki Szyszak / Hohem Rad und Łabski Szczyt / Veilchenspitze werden von einem Felsenkamm getrennt. Die teils senkrecht emporstrebenden Felswände erreichen eine Höhe von über 150 Metern. Die große und kleine Schneegrube bilden zusammen ein Naturschutzgebiet von 127 Hektar. Sie verdanken ihren Namen dem Schnee, der selbst im Sommer hier noch liegt.

Szrenica / Reifträger: Mit seiner Höhe von 1362 Metern überragt der Reifträger die Stadt. Er bietet nicht nur einen guten Blick auf das Isergebirge und das Hirschberger Tal, sondern ist im Winter zudem beliebtes Skigebiet. Am Nord-hang befindet sich das Skiareal Szrenica mit Skipisten und zahlreichen Skiliften.

Beachten Sie die Gebühr im Karkonoski Park Narodowy / Riesengebirgsnationalpark:
Tages-Gebühr: 4 zł, ermäßigt 2 zł; 3-Tages-Gebühr: 8 zł, ermäßigt 4 zł Gruppenkarte (für 10 Personen): 28 zł.

Literaturempfehlung

Die imposante Landschaft. Künstler und Künstlerkolonien im Riesengebirge im 20. Jahrhundert. Hg. v. d. Gesellschaft für interregionalen Kulturaustausch e. V., Berlin und dem Muzeum Okręgowe w Jeleniej Górze. [Ausstellungskat.] Berlin und Jelenia Góra / Hirschberg (ohne Verlag), 1999.

Eberhard Berger:
Erkundungen zu Carl Hauptmanns Sonnenwanderer. In: Orbis Linguarum, Vol. 15 (2000), S. 1–19.

Gustav Erdmann:
Das Haus am Hange. Carl und Gerhart Hauptmann in Schreiberhau. Frankfurt a. d. Oder o.V. 1991 [= Frankfurter Buntbücher 4, hg. v. Wolfgang Barthel].

Günther Grundmann:
Kunstwanderungen im Riesengebirge. Studien aus 50 Jahren 1917–1967. München: Bergstadtverlag, 1969.

Mariola Malerek:
Riesengebirge. Schlesischer Teil. Dülmen: Laumann Verlagsgesellschaft, 2005.

Frank Schüttig:
Das Riesengebirge entdecken. Rübezahls Land an der tschechisch-polnischen Grenze. Berlin: Trescher Verlag, 2005.

Anna Stroka:
Carl Hauptmanns Werdegang als Dichter und Denker. Wrocław (ohne Verlag), 1965.

Anna Stroka:
Gerhart Hauptmanns Beziehung zu seinem Bruder Carl und zu Hermann Stehr. In: Orbis Linguarum, Vol. 24 (2004), S. 89–105.

4. KAPITEL

Agnetendorf

Er hatte den Bergfried selbst gebaut. Ein runder, gedrungener Turm gab dem Gebäude etwas Burgartiges. [...] Die Wahl dieser Bauart geschah nicht ohne Grund, und dieser wehrhafte, untersetzte, gleichsam trotzige Turm konnte recht wohl als ein symbolischer Ausdruck der Gemütslage seines Bauherrn gedeutet werden, nämlich als eine Abwehr der Gegenwart und zugleich eine Abkehr von ihr. [...] Aber die Begriffe Abwehr und Abkehr allein können den Geist dieses Hauses nicht verständlich machen. Eher schon wird es möglich, wenn man als dritten Begriff die Einkehr dazugesellt.

Gerhart Hauptmann: Berliner Kriegsroman, 1928/29

... was wurde da plötzlich [...] ohne alle Vorbereitung, gänzlich überraschend für ein gewaltiger Bau errichtet?! Er war wohl gewaltig, da man ja nur kleine, geduckte Hütten zum Vergleich hatte. Was stellte er vor? Weshalb wurde er gerade hier errichtet, in einer abgelegenen Welt, die noch nicht einmal durch die Landstraße mit dem allgemeinen Verkehrsnetz verbunden ist? Es mußte den Leuten vorkommen, als sei der Mond vom Himmel und mitten in ihr Dorf gefallen.

Gerhart Hauptmann:
Das Buch der Leidenschaft, 1930

Das im 17. Jahrhundert von Glaubensflüchtlingen aus Böhmen gegründete Gebirgsdorf Agnetendorf, das seinen Namen Barbara Agnes von Schaffgotsch verdankt, der Tochter des Piastenherzogs Joachim Friedrich von Liegnitz-Brieg, erstreckt sich rund vier Kilometer auf einer Höhe von 445 bis 575 Metern den Nordhang des schlesischen Riesengebirges entlang. Nur wenige Kilometer von Schreiberhau entfernt hatte sich auch Agnetendorf seit Mitte des 19. Jahrhunderts zu einem vielbesuchten Luftkurort entwickelt, der allerdings erst mit dem Fall des „Mondes vom Himmel", wie Hauptmann in seinem stark autobiographischen Roman „Das Buch der Leidenschaft" das Ereignis des Hausbaus beschwört, eine gewisse Berühmtheit erlangt. Bereits 1876 wird Beyer's Hotel gebaut, das über Jahre als das „erste" Hotel im Ort gilt, 1882 gründet sich eine Ortsgruppe des Riesengebirgsvereins zur Förderung des Tourismus in Agnetendorf, und in den 1930er Jahren werben mittlerweile zwölf Hotels und über vierzig Privathäuser um Sommer- und Wintergäste.

Im Herbst 1899 erwirbt Hauptmann im Oberdorf des 687 Einwohner zählenden Dorfes ein Grundstück. Noch wohnt er in der Trabener Straße in Berlin-Grunewald, getrennt sowohl von Marie und den Kindern als auch von Margarete Marschalk, die am 1. Juni 1900 Hauptmanns vierten Sohn, Benvenuto, den Willkommenen, im Nachbardorf Hain zur Welt bringen wird. Der Kauf des Grundstückes, auf dem am 25. Juni 1900 der Grundstein des Hauses Wiesenstein gelegt wird, ist ein erster Schritt, um die Verbindung zwischen dem Dichter und der Musikerin zu legalisieren. Vier Jahre wird es allerdings noch dauern bis Marie in die Scheidung einwilligt und am 18. September 1904

Margarete Marschalk mit Sohn Benvenuto, der am 1. Juni 1900 in Hain geboren wird.

die Trauung vollzogen wird: „Ordnung ist Schönheit. Meine Seele ist seit gestern mit einer neuen Schönheit erfüllt – und mein Haus", wird Hauptmann einen Tag nach der Hochzeit in sein Tagebuch notieren.

Für den Hausbau beauftragt er den damals angesehenen Architekten Hans Grisebach (1848–1904), einen Freund Max Liebermanns (1847–1935), der nicht nur für dessen Atelieranbau und Umbau am Pariser Platz verantwortlich zeichnete, sondern auch das erste Ausstellungsgebäude der Berliner Sezession und das Haus des mit Hauptmann befreundeten Ehepaares Neisser im Scheidtniger Park in Breslau 1899 entwarf. Zudem kannte Hauptmann sicherlich eines der vielen Wohnhäuser Grisebachs in Berlin, etwa das heute noch als Grisebach-Haus bekannte Einfamilien-Reihenhaus in der Fasanenstraße in Charlot-

Der Rohbau des Hauses Wiesenstein in Agnetendorf 1900/01.

tenburg, erbaut 1891/92, die Villa Raussendorf am Kurfürstendamm, erbaut 1888/89 oder das Wohn- und Geschäftshaus Faßkessel & Müntmann Unter den Linden, erbaut 1889/90. Es mag verwundern, dass Hauptmann mit Grisebach einen Architekten beauftragt, der dem Stil-Eklektizismus des ausgehenden 19. Jahrhunderts verpflichtet und mit seiner Formensprache aus Neorenaissance und -gotik „einer der gesuchtesten und meistbeschäftigten Baumeister der jungen Reichshauptstadt“ ist, wie Curd Behrend urteilt. In der Wahl des Architekten deutet sich Hauptmanns Ablehnung gegenüber dem Art Nouveau an, wie er sie angesichts der Interieurs Henry van de Veldes (1863–1957) auf der Dresdener Kunstausstellung 1897 äußert: „Die amerikanisch-pariserischen Zimmereinrichtungen gefallen mir nur als Farben. Eine Zimmereinrichtung ist aber keine Aquarelle. / Der Mensch ist in diesen Zimmern überflüssig, er sei denn zufälligerweise eine schicke Pariser Kokotte. / […] Leichtsinnig, ganz oberflächlich sind diese Zimmer, Erzeugnisse eines feinen, aber flachen und schwachen Geschmacks.“ Vielmehr will er – damals noch die Wohnung in der Trabener Straße vor Augen – „eine Männerwohnung mit Vergangenheit“, und so beauftragt er den Breslauer Jugendfreund Wilhelm Kimbel mit der Innenausstattung: Die Wände werden holzvertäfelt, hohe Eichenschränke im Renaissancestil gebaut, ein überdachter Kamin mit Delfter Kacheln ausgelegt. Nicht nur die Eichenschränke nimmt Hauptmann in den Wiesenstein mit, auch die Holzvertäfelungen werden überführt.

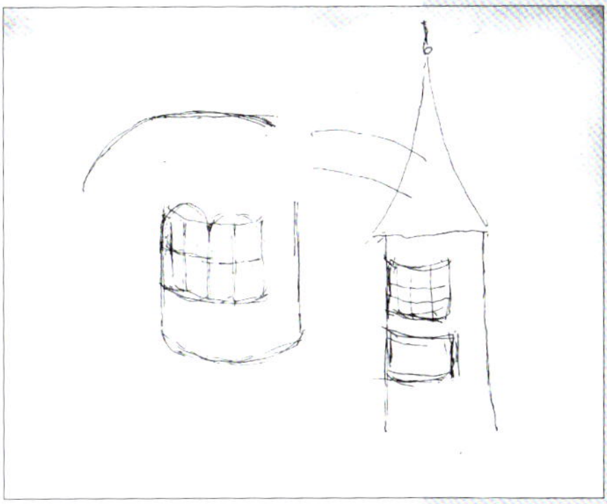

Skizze Gerhart Hauptmanns zum Bau des Hauses Wiesenstein in seinem Tagebuch.

Die Architektur des Wiesensteins ist wie zahlreiche Villenbauten Grisebachs als freistehendes Solitär geplant, das zu Bauzeiten weithin sichtbar das Tal dominierte. Zwar nimmt Hauptmann mit seinen zahlreichen Skizzen, die sich in seinen Notizbüchern finden, sicherlich Einfluss auf den Entwurf Grisebachs, dennoch zeigt der Vergleich mit weiteren Bauten des Architekten, dass hier weniger die individuellen Vorstellungen Hauptmanns als vielmehr die Paradigmen der Neorenaissance tonangebend sind. Grisebach kreiert einen Typus des freistehenden Bürgerhauses mit hoher Eingangshalle, das sich großer Beliebtheit bei dem auf Repräsentation bedachten Bürgertum erfreut. Kennzeichnend für seine mit Erkern und Altanen ausgestatteten Villen sind der asymmetrische Grundriss, die mächtigen Giebellösungen und gekuppelte Rundtürme, die mitsamt der Schieferbedachung eine malerisch komponierte Baugruppe ergeben. Mit der Neisser-Villa, dem Liebermann-Atelier und auch der Villa Raussendorff hatte Grisebach zudem Villen-Bauten geschaffen, die ebenfalls wie das Haus Wiesenstein Raum für die umfangreichen Sammlungen ihrer Hausherren bieten und zugleich repräsentative Funktionen übernehmen sollten.

Über 201 000 Mark wird der Bau verschlingen. Erfolgsstücke wie „Hanneles Himmelfahrt" und „Die versunkene Glocke", das bereits im ersten Spielmonat 60 000 Mark Einnahmen erzielt, von denen auf den Autor zehn Prozent entfallen, verschaffen ihm das finanzielle Polster, mit dem er nun für seine Mutter in Bad Warmbrunn ein Grundstück erwirbt, seiner ersten Frau und seinen Söhnen in Dresden-Blasewitz und für sich in Agnetendorf Häuser errichten lässt. Obgleich Hauptmann 1899 mit einem durchschnittlichen Monatseinkommen von 8 300 Mark allein vom deutschen Theater rechnen kann – das Jahreseinkommen eines mittleren Beamten liegt in dieser Zeit zwischen zwölfhundert und zweitausend Mark –, strapazieren die beiden Bauten seine finanziellen Mittel erheblich: Noch im Februar 1902 sind Baurechnungen von rund 55 000 Mark und das Architektenhonorar offen.

Das Haus ist Ort des Rückzugs, Aussichtsvilla und zugleich repräsentative Dichterresidenz. Zahlreiche Künstler, Schriftsteller und Intellektuelle besuchen

Hauptmann in Agnetendorf, fast täglich empfängt er Freunde und Bekannte. Das Haus Wiesenstein ist gleichsam Refugium des Dichters und Anziehungspunkt für die Welt. Zudem ist das Agnetendorfer Domizil Ausgangspunkt für zahlreiche Reisen, vor allem auf die Insel Hiddensee, in die Schweiz und nach Rapallo in Italien. Auch wird Agnetendorf durch Hauptmann populär. Einige seiner Bekannten folgen seinem Beispiel und lassen sich in dem Bergdorf nieder. Eine Art Dependance der Schreiberhauer Künstlerkolonie entsteht. So besuchte der Schauspieler Hans Marr erstmals im Dezember 1907 Gerhart Hauptmann auf dem Wiesenstein, später errichtet er in dessen Nachbarschaft ein Blockhaus, das die Hauptmanns oft auf ihren täglichen Spaziergängen durch den Ort besuchen. Mit dem aus Gablonz stammenden Artur Ressel wird der kleine Künstlerkreis um einen Maler bereichert. 1922 richtet Ressel sein Atelier in Agnetendorf ein und heiratet 1925 Ottegebe Wilm, Tochter des Saalberger Schrifstellers Bernhard Wilm, den Hauptmann als Freund und Schriftsteller schätzt und durch den er 1907 bei der Einweihung der Hampelbaude Johannes Maximilian Avenarius kennenlernt, der später die Eingangshalle des Wiesensteins ausmalen wird. 1935 stößt die Malerin, Schriftstellerin und Graphikerin

Gerhart und Margarete Hauptmann auf einer Spazierfahrt durch Agnetendorf.

Neueste Aufnahme von Gerhard Hauptmann auf einer Spazierfahrt von Agnetendorf nach Kiesewald i. Riesengeb.

Charlotte E. Pauly zum kleinen Künstlerkreis in Agnetendorf.

Die Bewohner Agnetendorfs fühlen sich Hauptmann verbunden, wenngleich sie ihn vor allem als Ehrenbürger des Dorfes ansehen. Davon zeugen beispielsweise die Glückwunschadressen der Gemeinde und des Sportvereins zum 50. Geburtstag Gerhart Hauptmanns 1912 oder aber auch die Aufführung des Dramas „Fuhrmann Henschel“ (1899) durch eine Gruppe Laienschauspieler aus Agnetendorf zum 80. Geburtstag des Dichters 1942. Das Stück feiert seine Premiere am 7. November 1942 im Stadttheater Hirschberg. Die Festaufführung ist Teil der Feierlichkeiten, mit denen Hirschberg ihren Ehrenbürger auszeichnet – und verdeutlicht auch das ambivalente Verhältnis zwischen Nazi-Regime und Gerhart Hauptmann. Im Vorfeld des 80. Geburtstages hatte Goebbels beispielsweise die erneute Verleihung des Grillparzer-Preises an Hauptmann untersagt, damit nicht der Eindruck entstehe, dass Hauptmann ein „Dichter unserer Form“, wie Alfred Rosenberg es ausdrückte, sei. In Schlesien dagegen finden groß angelegte Feierlichkeiten statt, und auch die Hirschberger Lokalpolitiker schmücken sich mit dem Achtzigjährigen.

1936 notiert Hauptmann in sein Tagebuch: „Aus Symbolen besteht mein Haus / Draussen ist der ewige Graus.“ Auch in seiner autobiographischen Schrift „Das Buch der Leidenschaft“ betreibt Hauptmann eine nachträgliche Stilisierung seines Hauses zu einer „Burg“, einem Haus auf „vorgeschobene[m] Posten“, das den „Dämonen“ trotzen werde. 1945/46 dient das Haus Wiesenstein, das seit Juni 1945 unter dem Schutz der polnischen Regierung für den Schutz der Kulturgüter in den Westgebieten steht, tatsächlich als eine Art Bastion: Bei Übergriffen auf die Bevölkerung im Dorf wird vom Turm des Hauses Wiesensteins aus Alarm gegeben. In ihr Memorandum schreibt Margarete Hauptmann: „2. X 45 auf d[en] 3. X Nachts werde ich von heftigen Schlägen auf unsern grossen Gong geweckt, finde Metzkow u[nd] Annie auf Altan, Lärm schlagend,

da bei Nachbarin Hallmann eingebrochen wird, alles schreit ‚Hilfe', alle Nachbarn kommen auch schreiend, lärmend. […] Auch Schüsse fallen, niemand verletzt." Die Bewohner Agnetendorfs setzen in dieser Zeit ihre Hoffnung in den gesundheitlich bereits stark beeinträchtigten Hauptmann. Sie hoffen, dass seine Fürsprache die bevorstehende Zwangsevakuierung abwenden könne. Doch noch vor dem Tod Hauptmanns am 6. Juni 1946 werden die ersten Bewohner ausgewiesen. Bereits im April 1946 hatte Oberst Sokolow Hauptmann gedrängt, sich zur Ausreise aus Schlesien zu entschließen. Der damals in Aussicht gestellte Sonderzug wird sechs Wochen nach dem Tod des Dichters den Sarg, fast das gesamte Mobiliar des Wiesensteins, Margarete mit einigen Freunden und Hausangestellten nach Deutschland bringen.

Der Sarg des am 6. Juni 1946 verstorbenen Gerhart Hauptmann wird am 19. Juli 1946 aus dem Haus getragen, um mit einem Sonderzug nach Stralsund transportiert zu werden.

1901, als Hauptmann nach Agnetendorf zieht, ist er fast auf der Höhe seines Ruhmes. Zwar musste er noch 1896 mit seinem Bauernkriegsdrama „Florian Geyer“ einen Misserfolg hinnehmen, doch Stücke wie der Publikumsmagnet „Die versunkene Glocke“ oder auch „Fuhrmann Henschel“ bestätigen seinen Ruf, einer, wenn nicht gar der wichtigste Dramatiker der Gegenwart in Deutschland zu sein. So folgen der dreimaligen Vergabe des Grillparzer-Preises die Ehrendoktorwürde der Universitäten Oxford (1905) und Leipzig (1907) und last not least der Nobelpreis für Literatur 1912. Die außerordentliche Produktivität Hauptmanns – bis zu seinem Umzug in den Wiesenstein werden allein zwölf Dramen uraufgeführt – ist trotz der immer noch anhaltenden Ehekrise ungebrochen: 1901 wird „Der rote Hahn“, 1902 „Der arme Heinrich“ und 1903 „Rose Bernd“ uraufgeführt. Allerdings wird nicht jedes Stück gleichermaßen positiv von Publikum und Feuilleton aufgenommen. So wird auch „Rose Bernd“ kaum von der Kritik wahrgenommen, wenn auch Hauptmann vordergründig die Maximen des Naturalismus bedient, die ihm zur ersten Berühmtheit verhalfen, und das Stück einen kleinen Skandal auslöst: Erzherzogin Marie Valerie von Österreich ließ das Kindsmörderinnendrama, nachdem sie entrüstet die Aufführung im Wiener Burgtheater verlassen hatte, vom Spielplan absetzen. Inspirationsquelle ist Hauptmann die Teilnahme als Geschworener an einem Prozess vom 15. bis zum 17. April 1903 in Hirschberg, in dem sich die des Kindsmordes und des Meineides angeklagte 25-jährige Hedwig Otte verantworten musste. Hauptmann, der sich für den in zweiter Instanz allerdings rückgängig gemachten Freispruch der Kellnerin und Landarbeiterin einsetzte, begann noch während des Prozesses mit der Niederschrift, schildert den Kindsmord allerdings nicht nur als Folge des Milieus, wie es im naturalistischen Drama üblich wäre, sondern gestaltet zugleich eine klassische Tragödie, in der die Verfehlung Rose Bernds, ihr Liebesverhältnis mit Christoph Flamm, in die Katastrophe der Kindstötung führt und als paradoxe „schuldlose Schuld" vorgeführt wird. Dessen ungeachtet desavouiert Hauptmann mit dem Stück überkommene Moralvorstellungen, verteidigt nichteheliche Beziehungen und Mutterschaft, wobei er sicherlich den eigenen Sohn vor Augen hatte, den er erst mit der Hochzeit Margaretes 1904 legitimieren kann.

Nur ein Jahr nach der Hochzeit beginnt die für Hauptmanns Werk vielleicht produktivste Liebesgeschichte. Frisch vermählt verliebt er sich während der Proben zu einer Neuinszenierung von „Hanneles Himmelfahrt" in die 17-jährige Ida Orloff (1889–1945), die von Hauptmann kosend Idinka genannt wird. Weitblikkend toleriert Margarete die Liaison ihres Mannes mit der in St. Petersburg geborenen Schauspielerin, was Hauptmann nur fester an seine Frau bindet, wenngleich er mitunter mit dem Gedanken spielt, mit Ida Orloff ein neues Leben zu beginnen. Fasziniert zunächst von der Unschuld und Jugendlichkeit der Neuentdeckung Otto Brahms für das Berliner Lessing-Theater, versucht Hauptmann die Gedanken an die Kindfrau mit dem langen, goldfarbenen Haar in seinem „dichterischen Befreiungsversuch" „Und Pippa tanzt!" zu überwinden. Das Schreiben wird ihm zur Medizin, mit dem er seine Leidenschaft kurieren will. Ergebnis ist eines der vielschichtigsten Dramen Hauptmanns: Das „Glashüttenmärchen" entführt den Leser in die mythische Welt des Riesengebirges, in der die naive Taugenichtsfigur Michel Hellriegel, der arbeitslose Glasbläser Huhn, der Direktor der Glashütte Sophienau und die „mythische Persönlichkeit" Wann um die zerbrechliche Schmetterlingsgestalt Pippa kreisen, die junge Tochter des aus Venedig stammenden Tagliazoni. Der Tanz Pippas – der Vater verkauft ihren Tanz in der

Schenke – mit Huhn im ersten Akt nimmt den weiteren Verlauf des Dramas vorweg: „Plötzlich lässt sie, mit einem Schlag beginnend, das Trommelchen klirren und schiebt tanzend auf Huhn zu, in der Absicht gleichsam, ihm zu entgehen und an ihm vorbeizutanzen. Die Okarina setzt ein, und auch der Alte beginnt den Tanz. Er besteht darin, dass etwas Täppisches, Riesenhaftes etwas Schönes, Flinkes zu haschen sucht; etwa wie ein Bär einen Schmetterling, der ihn, buntschillernd, umgaukelt. [...] Pippa tanzt immer ekstatischer.“ Vom Tanz Pippas betört, entführt Huhn das Mädchen, während in der Schenke ein Streit entbrennt, und verschleppt es in seine Hütte, aus der Michel Hellriegel Pippa rettet und mit ihr zur Gebirgsbaude des alten Wann aufsteigt. Diese ist nun Schauplatz des dritten und vierten Akts, in der Wann Huhn niederringt und Pippa ein letztes Mal für den sterbenden Huhn tanzt und selber stirbt: „Pippa macht zu den Tönen der Okarina, die Michel spielt, schmerzlich gedehnte Tanzbewegungen, [...] Nach und nach wird der Tanz wilder und bacchantischer. Ein rhytmisches Zittern bewegt den Körper des alten Huhn. Dabei trommelt er mit den Fäusten tobsuchtartig den Tanzrhytmus Pippas nach. [...] Er zerdrückt das Trinkglas, das er noch in der Hand hält, die Scherben klirren. Pippa durchzuckt es, und eine plötzliche Starre befällt sie. Pippa: ‚Michel!‘ Sie wankt, und Wann fängt sie mit den Armen

Bühnenbildentwurf für den 3. Akt des Dramas „Und Pippa tanzt!“ für eine Inszenierung des Burgtheaters in Wien 1921.

auf. Sie ist tot." Der erblindete und Pippas Tod nicht bemerkende Hellriegel macht sich schließlich auf den Weg zum Sehnsuchtsort Venedig, das hier zugleich als untergegangenes Vineta auf den Tod vorausweist.

Bereits im ersten Akt deutet die Ekstase Pippas auf ihren dionysischen Tanz und das Zerbrechen des unschuldigen Glasmädchens durch Huhn am Ende des Stückes hin. Gegen ihren Willen gibt sie sich Dionysos hin, verliert ihre Unschuld und stirbt analog zum zerdrückten Trinkglas. Damit wird Pippa als Femme fragile-fatale inszeniert; zerbrechend ist sie doch auch Verhängnis der um sie kämpfenden Männergestalten, mit denen Hauptmann seine Leidenschaft zu reflektieren sucht. Ida Orloff, mit der Hauptmann nach der Uraufführung des Stückes nicht mehr nur in der Phantasie ringt, erfüllt ganz das Bild der fragilen Femme fatale, wenn sie sich Hauptmann gegenüber als nymphomanische Kindfrau geriert: „Wenn ich ausgehe und die Sonne scheint, so muß ich mir jemand nehmen." In ihr ist unschwer das Vorbild der vielen Frauengestalten im Werk Hauptmanns auszumachen, die zwischen Heiliger und Hure, zwischen fragiler Kindlichkeit und männerverzehrender Dämonie changieren.

Die „Und Pippa tanzt!" folgenden Dramen, etwa die „Jungfern vom Bischofsberg", „Kaiser Karls Geisel" oder „Griselda", erweisen sich als Misserfolge, was der öffentlichen Reputation des Dichters jedoch mitnichten schadet. 1912, Hauptmann feiert seinen 50. Geburtstag, erwirbt er seine Franziskanerkutte und notiert in sein Tagebuch: „Ich bin ein Mönch der Poesie". Sein künstlerisches Selbstverständnis als göttlich beseelter Seher, das ihn dem 19. Jahrhundert verhaftet zeigt, wird sicherlich nicht durch die Vergabe des Literaturnobelpreises im gleichen Jahr geschmälert. Sein mit dem Preis zum Ausdruck kommendes internationales Renommee war allerdings bis dato nicht mit einer Anerkennung durch die deutsche Obrigkeit gleichzusetzen gewesen; nun erst scheint der Dichter der „Weber" rehabilitiert und man bittet ihn ein Festspiel anlässlich der 100-jährigen Wiederkehr des Jubiläums der Befreiungskriege zu schreiben, das in einer Inszenierung von Max Reinhardt (1873–1943) in der eben zu diesem Anlass erbauten Jahrhunderthalle in Breslau zur Aufführung kommen soll. Hauptmann zögert zunächst, doch ist die Aussicht einer Zusammenarbeit mit Max Reinhardt – Hauptmann ist vertraglich an das Theater Brahms gebunden – allzu verlockend. Doch schreibt er nun nicht, wie vielleicht zu vermuten gewesen wäre, ein den Erwartungen konformes Stück. Keine Lobeshymne auf die siegreichen Schlachten verfasst Hauptmann, sondern sein „Festspiel in deutschen Reimen" kommt als durchaus kritisch-pazifistisches Puppenspiel daher, das auch ästhetisch ein Novum im Hauptmannschen Stücke-Repertoire darstellt. Die Kriegerverbände protestieren, Kronprinz Friedrich Wilhelm von Hohenzollern setzt sich beim Oberpräsidenten der Provinz Schlesien für die Absetzung des Stückes ein, die schließlich nach der Intervention des Kaisers gegen das Stück als eine vermeintliche Verherrlichung der „demokratischen Weltanschauung" in die Tat umgesetzt wird. Die konservativen Kreise jubilieren. Fast erscheint es nun folgerichtig, dass Hauptmann – nachdem er zunächst den Ersten Weltkrieg ebenso enthusiastisch mit Kriegsgedichten begrüßt hatte, wie es etwa auch die jungen Expressionisten taten, um dann nur kurze Zeit später ernüchtert aus diesem hervorzugehen – in der Weimarer Republik zu einem, wenn nicht gar dem Vorzeigedichter Deutschlands aufsteigt. Die junge Republik

Karikatur zur Absetzung des „Festspiels in Deutschen Reimen", 1913.

ehrt ihren Dichter, für Thomas Mann ist er „König der Republik" und für Heinrich Mann „Präsident des Herzens", was das Gerücht auslöst, Hauptmann werde für das Reichspräsidentenamt kandidieren, doch liest sie ihn zumeist nicht. Selbst das in großangelegten Werbekampagnen angekündigte, in Hexametern verfaßte Epos „Des großen Kampffliegers, Landfahrers, Gauklers und Magiers Till Eulenspiegel Abenteuer, Streiche, Gaukeleien, Gesichte und Träume" von 1927 kann die Erwartungen seines Autors und des Verlegers nicht erfüllen. Von der ersten Auflage werden bis 1935 nur 7 500 Exemplare verkauft. Wer ein regelrechtes Schelmenstück erwartet, wird auch enttäuscht werden. Vielmehr sieht sich der Leser einem zynischen und verbitterten Kriegsveteranen gegenübergestellt, der die Fliegermütze mit der Narrenkappe vertauscht hat und als Narr mit Spiegel, Pudel, Käuzchen und einem von den Pferden Gift und Galle gezogenen Planwagen philosophierend durch das Land zieht und überall nur auf Unmenschlichkeit stößt. Sein Weg durch das Nachkriegsdeutschland offenbart allerorts Gewalt und Brutalität. Auch die Schönheit ist zu einer hohläugigen Larve verkommen, so dass Till Ausflucht im Mythos und schließlich im Tod sucht. Die Überlagerung der sozialkritischen Sicht auf die junge Republik durch mythische Elemente geht allerdings nicht so weit, daß keine Zeitanspielungen mehr wahrnehmbar wären, vielmehr integriert Hauptmann zahlreiche politische Ereignisse wie etwa eine Episode des Kapp-Putsches. Till erlebt die Erschießung von sieben Män-

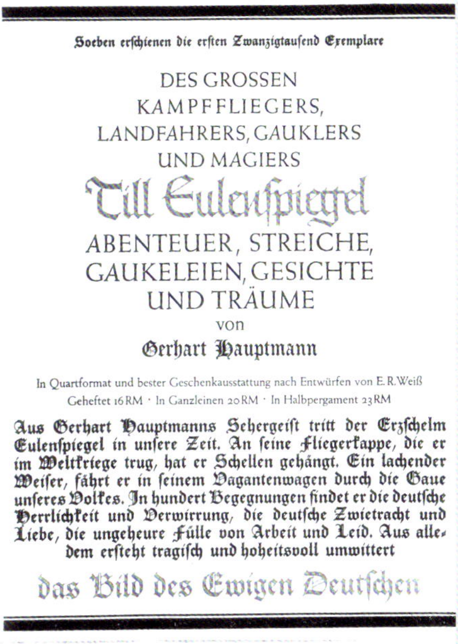
Soeben erschienen die ersten Zwanzigtausend Exemplare

DES GROSSEN KAMPFFLIEGERS, LANDFAHRERS, GAUKLERS UND MAGIERS

Till Eulenspiegel

ABENTEUER, STREICHE, GAUKELEIEN, GESICHTE UND TRÄUME

von

Gerhart Hauptmann

In Quartformat und bester Geschenkausstattung nach Entwürfen von E. R. Weiß

Geheftet 16 RM · In Ganzleinen 20 RM · In Halbpergament 23 RM

Aus Gerhart Hauptmanns Sehergeist tritt der Erzschelm Eulenspiegel in unsere Zeit. An seine Fliegerkappe, die er im Weltkriege trug, hat er Schellen gehängt. Ein lachender Weiser, fährt er in seinem Vagantenwagen durch die Gaue unseres Volkes. In hundert Begegnungen findet er die deutsche Herrlichkeit und Verwirrung, die deutsche Zwietracht und Liebe, die ungeheure Fülle von Arbeit und Leid. Aus alledem ersteht tragisch und hoheitsvoll umwittert

das Bild des Ewigen Deutschen

Verlagsankündigung für das Versepos „Till Eulenspiegel" des S. Fischer Verlages, 1927.

Gerhart Hauptmann mit Krafft Christian Tesdorpf, dem Vorbild des „Till Eulenspiegel", auf Hiddensee.

nern und den Tod einer Frau, die ihr Kind haltend gegen die Rathauswache stürmt. Hauptmann rekurriert hier auf ein Ereignis, das sich in Hirschberg am 13. März 1920 abspielte und das er seinerzeit notiert hatte: „Die Frau, die ihr Kind hochhebend und vor sich haltend, gegen die Soldaten angeht. Höchster Heroismus, in seiner Art. Die Soldaten schossen. Die Frau bekam 7 Schüsse in den Unterleib. Das Kind blieb unversehrt." Auch die Narrenfigur ist durch ein reales Vorbild angeregt, durch den Kampfflieger Krafft Christian Tesdorpf (1882–1957), dem Hauptmann 1916 auf Hiddensee erstmals begegnete, ein Vertreter jener lost generation, die nach dem Weltkrieg nicht mehr Fuß zu fassen weiß. Zugleich ist der Narr aber auch Reflexionsfigur des Autors, mit der er die Inhumanität des Weltkrieges, der Nachkriegszeit und die eigenen Verstrikkungen in diese verarbeitet. Er wird dabei allerdings auf weiten Strecken des Epos als Folie der Ereignisse, weniger als aktiv Handelnder dargestellt. Die Tatenlosigkeit des Narren macht ihn, wie der Hauptmann-Forscher Peter Sprengel herausstellt, dabei zu einem „Symbol seiner eigenen Hilflosigkeit gegenüber dem Gang der Ereignisse".

Die Beschäftigung mit dem Narrenmotiv reicht in die ersten Jahre nach seiner Hochzeit mit Margarete zurück und ist auch in den Jahren 1933 bis 1946 als ein

Versuch zu sehen, sich mit dem eigenen Verhältnis zum Nationalsozialismus auseinanderzusetzen. Noch die Feierlichkeiten zum siebzigsten Geburtstag im Goethe-Jahr 1932, in dem er zu einem Goethe-Vortrag in die USA reist, den Goethe-Preis der Stadt Frankfurt erhält und im P.E.N.-Club gefeiert wird, zeugen von der fortgesetzten Wertschätzung, die Hauptmann entgegengebracht wird. Seine indifferente Haltung gegenüber dem ein Jahr später zur Macht kommendem neuen Regime, die sicherlich auch seinem Verständnis als unpolitischer Dichter geschuldet ist, deutet sich in einem Brief vom 1. September 1933 an den Freund Ludwig von Hofmann an: „In einem gewissen Augenblick dieses beginnenden Jahres habe ich mit meiner Epoche abgeschlossen. Sie ist ungefähr die Deine und sehr inhaltsreich: der Krieg 66, der Krieg 70, das erste, das zweite, das dritte Kaiserreich, der Weltkrieg, die Republik. Es war unendlich viel Schönes dabei, unendlich viel Bitteres zu verdauen. Das Ganze geistig zu verarbeiten, würden einige neue Menschenleben nicht genügen. Der neuen Epoche wünsche ich, als alter, unentwegter Patriot, der sich allerdings Deutschland aus Europa und Europa aus Deutschland nicht fortdenken kann, innigst Fortgang im Guten und Überwindung des Mangelhaften!“ Mit seiner Epoche angesichts der Machtübernahme der Nazis abschließend, richtet er dennoch seine Hoffnungen auf das neue Regime und auf Deutschland, die eigene Weltanschauung hinter das Anliegen der Nation stellend. Dieser unbeirrte Glaube an Deutschland mag mit dazu beigetragen haben,

Speisenfolge für das Gerhart-Hauptmann-Bankett des P.E.N.Club zum 60. Geburtstag 1932.

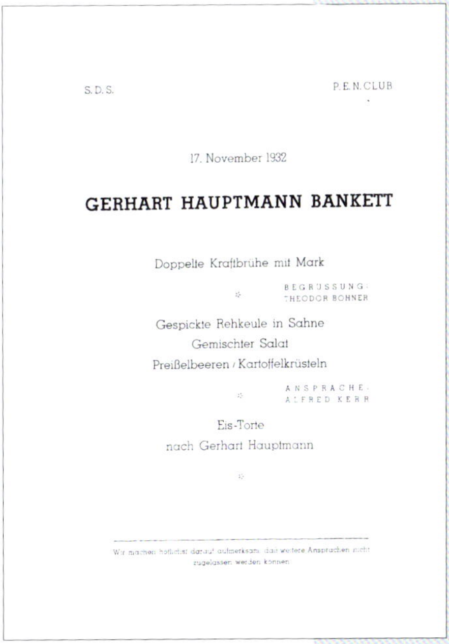

S. D. S. P. E. N. CLUB

17. November 1932

GERHART HAUPTMANN BANKETT

Doppelte Kraftbrühe mit Mark

BEGRÜSSUNG: THEODOR BOHNER

Gespickte Rehkeule in Sahne
Gemischter Salat
Preißelbeeren / Kartoffelkrüsteln

ANSPRACHE: ALFRED KERR

Eis-Torte
nach Gerhart Hauptmann

Wir machen höflichst darauf aufmerksam, daß weitere Ansprachen nicht zugelassen werden können dass Hauptmann sich nicht nur einmal ideologisch von den Nazis in Dienst nehmen läßt, und sich öffentlich zu Hitler bekennt. Gleichzeitig zieht er sich immer mehr auf seinen Wiesenstein und in die Welt der Mythologie zurück, dabei in seinen Tagebüchern immer wieder die Narrenfigur zum Thema machend. 1935 imaginiert Hauptmann in einem Sonett sein eigenes Begräbnis, in dem Hanswurst zwar nicht die Rolle des Dichters, wohl aber des schelmischen Deuters übernimmt, dessen Leichenpredigt gegen die Rede der Politiker gesetzt wird:

Schauspieler sollen mich zu Grabe tragen,
nachdem der Vorhang endlich ist gefallen.
Dorfkinder mögen „Frösche" lassen knallen,
Dorfmusikanten sollen Pauken schlagen.

Erkläre mich Hanswurst den Leuten allen!
Er mag voran auf einem Eslein reiten:
„Er hatte gute, hatte schlechte Zeiten,
er wurde ausgezischt und hat gefallen."

So mag der Possenreißer sich verbreiten!
Und sorgt dafür, dass mir die Leute lachen,
die feiertäglich meinen Sarg begleiten.

Kein Staatsvertreter möge Witze machen,
denn ihre Kunst war niemals auf der Höhe:
nichts da von Staats- und von gelehrten Sachen!

Die Leichenpredigt handle über Flöhe!

Diese selbstironische Distanzierung vom Politischen und Bildungsbürgerlichen ist verbunden mit der eigenen Entthronung als Dichterfürst, der hier herabgeholt wird ins Volkstümliche und Karnevaleske des Dorffestes. Auch der Habitus des weltabgewandten Gottsehers, wie Hauptmann ihn mit seiner Franziskaner-Kutte zu inszenieren pflegte, wird mit der Figur des Narren kontakariert.

Gleichwohl lässt sich Hauptmann von den Nazis feiern, denen er allerdings fortwährend suspekt bleibt, so dass Goebbels beispielsweise die Feierlichkeiten zum 80. Geburtstag des Dichters auf einige wenige Aufführungen begrenzt: „Um aber zu verhindern, dass die zum 80. Geburtstag vorgesehene Herausstellung Hauptmanns als offizielle Ehrung des Staates oder der Partei angesehen wird, habe ich angeordnet, dass die deutschen Bühnen Ende des Jahres nicht mehr als eine Neuinszenierung eines seiner Werke herausbringen.“ Um die Ablehnung seitens der Nazis wissend hält sich der „Halbverfemte“ selbst angesichts des Zweiten Weltkrieges am rettungslos zerstörten Strohalm der Humanität fest. So schreibt er am 25. April 1940 an Werner Sombart: „In einer Zeit, die ganz gewiss nicht das erstrebte Paradies, dafür aber den totalitären Krieg geboren hat, ist der Inhalt Ihres Schreibens ein trostreiches Wunder. Gott im Himmel sei Dank, dass er uns merken lässt, wie die Herrschaft des gnadenlosen Hasses sein Gegenteil – Menschlichkeit, Liebe und Treue – nicht tilgen konnte.“ Sein Glaube an die Menschlichkeit wird allerdings durch die Erlebnisse der Bombardements auf Dresden 1945, wo sich Hauptmann zu einem Kuraufenthalt befindet, erschüttert. Er formuliert sein Entsetzen eindrücklich: „Wer das Weinen verlernt hat, der lernt es wieder beim Untergang Dresdens. Dieser heitere Morgenstern der Jugend hat bisher der Welt geleuchtet. Ich weiß, dass in England und Amerika gute Geister genug vorhanden sind, denen das göttliche Licht der Sixtinischen Madonna nicht fremd war und die von dem Erlöschen dieses Sternes allertiefst schmerzlich getroffen weinen.“ Auch diesen den kriegslüsternden Parolen der Propaganda der letzten Kriegsjahre diametral gegenüberstehenden Text missbrauchen die Nazis, veröffentlichen ihn allerdings unter Auslassung des hier zuletzt zitierten Satzes. Seine Hilflosigkeit, aber auch seine Hoffnung bringt Hauptmann in den letzten Zeilen seiner Reflexion zum Ausdruck: „Ich bin nahezu dreiundachtzig Jahre alt und stehe mit einem Vermächtnis vor Gott, das leider

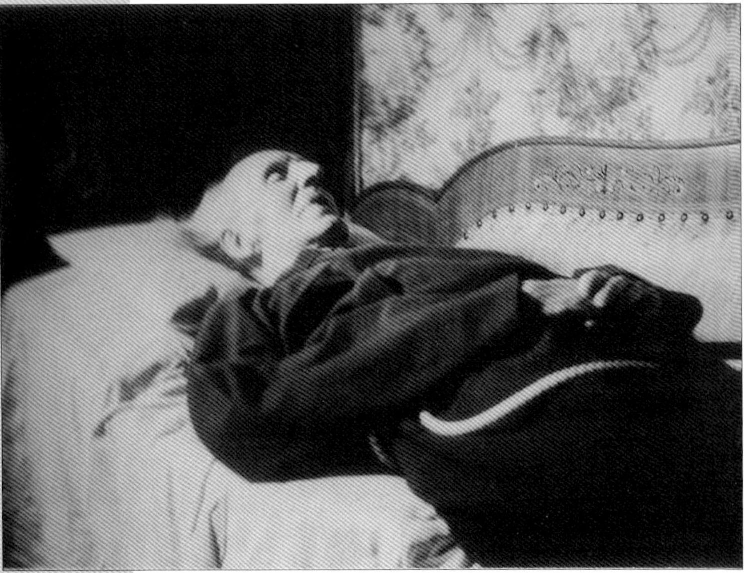

Gerhart Hauptmann wird nach seinem Tod in der Franziskaner-Kutte auf das sogenannte Muttersofa gebettet.

machtlos ist und nur aus dem Herzen kommt: es ist die Bitte, Gott möge die Menschen mehr lieben, läutern und klären zu ihrem Heil als bisher."

Sein beharrlicher Glaube an Deutschland äußert der mittlerweile gesundheitlich stark beeinträchtigte Hauptmann nochmals bei einem Besuch Johannes R. Bechers in Agnetendorf, das seit Mai 1945 durch die Rote Armee besetzt ist. Dieser sucht den Greis für den Kulturbund zur demokratischen Erneuerung Deutschlands zu gewinnen. Hauptmann hatte immer an die Möglichkeit der Verjüngung und Läuterung geglaubt, so dass es nun nicht erstaunt, wenngleich manchen auch als hauptmannscher Opportunismus erscheint, dass er sich nun erneut von der Utopie einer „demokratischen Erneuerung" überzeugen lässt. Er unterstützt das Anliegen des Kulturbundes, es ist seine letzte öffentliche Äußerung. Er stirbt am 6. Juni 1946 und wird seinem Wunsch gemäß in seiner Fransziskaner-Kutte aufgebahrt.

Über die enge und kurvenreiche Bergstraße fahren unaufhörlich Busse mit deutschen Touristen. Die Zeit ist reif, dieses Haus [Wiesenstein in Agnetendorf] in einen Ort für regionale polnisch-tschechisch-deutsche Begegnungen von Schriftstellern und Intellektuellen umzuwandeln. Es wäre wünschenswert, dass dieser nicht zu große Palast, mit seiner eckigen Bastei, die in Richtung Schneegruben und Reifträger schaut, ganz im Geist des Riesengebirges und Schlesiens, zum lokalen und das heißt universellen Zentrum eines transnationalen Patriotismus wird.

Andrzej Zawada:
Niederschlesien, Land der Begegnung, 2002

Das heutige Museum Dom Gerharta Hauptmanna / Gerhart-Hauptmann-Haus wurde im September 2001 durch die Stadt Jelenia Góra / Hirschberg im Haus Wiesenstein als Gedenkstätte für den Literaturnobelpreisträger von 1912 gegründet. Für das Haus wurden nach dem Tod Gerhart Hauptmanns und der

Speisesaal des Kindererholungsheims Warszawianka, das 1949 im Musiksaal des Hauses Wiesenstein eingerichtet wird.

Überführung großer Teile der Innenausstattung nach Deutschland in der Nachkriegszeit verschiedene Konzepte diskutiert, bis schließlich 1949 hier das Kindererholungsheim Warszawianka eingerichtet wurde. Obgleich Hauptmanns Wunsch, das Haus als Archiv und Sammlungsstätte seines Nachlasses einzurichten, über fünfzig Jahre nicht realisiert wurde, bedeutete die Nutzung als Kindererholungsheim für das Haus, die 1922 von Johannes Maximilian Avenarius ausgemalte Paradieshalle und die durch den Innenarchitekten Wilhelm Kimbel bereits für Hauptmanns Wohnsitz in Berlin-Grunewald angefertigten Holzverkleidungen, dass sie erstaunlicherweise in weiten Teilen erhalten geblieben sind. Für die Dauer von zunächst neun Wochen lebten hier Kinder aus dem zerbombten Warschau, weshalb das Haus bald Warszawianka genannt wurde. Später kamen die Kinder auch aus anderen Großstädten und Industriegebieten Polens, zwischen 1980 und 1989 im Zuge eines Austauschprojektes mit der DDR zudem aus Görlitz, Dresden, Leipzig und Großenhain. In den 1990er Jahren wurde das Haus schließlich durch die Stiftung für deutsch-polnische Zusammenarbeit mit Mitteln der Bundesrepublik Deutschland renoviert und 1998 der Verwaltung der Stadt Jelenia Góra unterstellt. Während die nun existierende Gedenkstätte, die seit Mai 2005 als städtisches Museum anerkannt ist, finanziell von der Stadt Jelenia Góra getragen wird, werden viele Projekte, so Ausstellungen und Veranstaltungen, auch von deutscher Seite gefördert.

Dem Besucher stehen die Räume des Erdgeschosses offen, während die oberen Stockwerke als Veranstaltungs-, Bibliotheks- und Verwaltungsräume genutzt werden. Im Erdgeschoss ist derzeit die Fotoausstellung „100 Jahre Wiesenstein“ zu sehen, die anlässlich der Eröffnung des Hauses im September 2001 entstand. 2007 wird hier eine neue Dauerausstellung realisiert werden.

Gerhart und Margarete Hauptmann im Park des Hauses Wiesenstein. Im Hintergrund ist die Wandelhalle zu sehen.

Der Park

Das auf einem Grundriss von rund 150 Quadratmetern errichtete dreistöckige Haus Wiesenstein wird von einem 2 000 Quadratmeter großen Park umschlossen. Schon früh beginnt Hauptmann, den Park auszugestalten: So lässt er einen Teich anlegen und pflanzt zahlreiche Nadelhölzer, die bereits in den 1930er Jahren das Gebäude vor der Umwelt abschirmen und noch heute die Sicht auf das Haus verstellen. Er lässt zudem eine hölzerne Wandelhalle errichten, in der er auch bei Regen seinen morgendlichen Produktivspaziergang absolvieren kann. Meist in Knickerbockern, begleitet von seinen Hunden und ausgerüstet mit einem Notizbuch legt er während seiner Spaziergänge die Grundlagen für das nachmittägliche Diktat. Die Wandelhandel ist nicht mehr erhalten, dafür aber steht seit einigen Jahren vis-à-vis des Einganges wieder die Plastik Josef Thoraks (1889–1952) zum Drama „Hanneles Himmelfahrt“, die Hauptmann 1942 als Geschenk zum achtzigsten Geburtstag erhielt. Erst zwei Jahre später wird sie im Park des Wiesensteins aufgestellt. Am 6. Mai 1944 notiert Hauptmann in sein Tagebuch: „Heut versteintes ‚Hannele‘ angekommen“. Nicht ganz unbeschadet hat die Plastik die Jahre im Freibad der Stadt Jelenia Góra überlebt, doch auch ohne Arme, die ursprünglich über dem emporgereckten Kopf zusammengeführt waren, ist sie immer noch Zeugnis der Rezeption der Traumdichtung und der Reputation des Dichters.

Die „Hannele"-Plastik Josef Thoraks nach ihrer Wiederaufstellung im Park des Wiesensteins.

Die Kellerräume

Durch den Park gelangt der Besucher in den Keller des Hauses Wiesenstein, in dem das Café Hanusia in der ehemaligen Küche Gerhart Hauptmanns zum Verweilen einlädt. Zwar speiste hier wohl einst nur das Personal des Dichters, doch mit ein wenig Phantasie, kann man sich den Aufzug, der die Speisen an jene Stelle im Erdgeschoss beförderte, wo sich heute der kleine Verkaufsladen für Postkarten und Andenken befindet, und das Sprachrohr vorstellen, das es der Hausherrin aus ihren Gemächern im ersten Ober-geschoss ermöglichte, mit dem Personal Verbindung aufzunehmen.

Die weiteren, bislang nicht zugänglichen Kellerräume im Souterrain, das legendäre Schwimmbad im Turm, das später als Archiv genutzt wurde, der Heizraum, in dem sich noch bis in die 1990er Jahre der große Kohlenkessel befand, der Wiesenstein-Keller, in dem sinnfällig wird, dass das Haus auf Granitfelsen erbaut ist, wie auch der im Vergleich zum Hiddenseer Haus recht winzig anmutende Weinkeller, verdeutlichen, dass es noch mancher Anstrengung bedarf, das Haus Wiesenstein nicht nur im Erdgeschoss zu einem Hauptmann-Museum und Ort der Begegnung zwischen Deutschen, Polen und Tschechen auszubauen.

Während im schmalen Flur vor dem Weinkeller einige Ausstellungstafeln über Hauptmann und seine

Vorliebe für Ihringer Winklerberg und Assmannshauser Rotwein informieren, entbehrt der Keller bislang jedes Hinweises auf das Schwimmbad, das sich vis-à-vis des Weinkellers befand. Weinkeller und Schwimmbad veranschaulichen die Symbiose, die kaum gezügelte Genussfreude und körperliche Ertüchtigung in Haus Wiesenstein eingingen. Während sich Hauptmann in den Jahren, in denen er im Riesengebirge lebt, nicht zuletzt durch die täglichen Wanderungen vom schmächtig-tuberkulösen jungen Mann zum breitschultrigen, respekteinflößenden Herrn wandelt, ist besonders Margarete Hauptmann für ihre tägliche Turnstunde auf der Terrasse des Hauses bekannt, von der sie selbst Minustemperaturen und Schnee nicht abhalten konnten. Der „Ökonomie" des Tages folgten die exzessiven Abende, die von den Schätzen genährt wurden, die die Kellerräume bargen und den Musik- und Literaturgenuss stützen sollten. Das Schwimmbad allerdings wurde nur wenige Jahre genutzt. In dem bis zu halber Höhe mit mattgrünen Fliesen gekachelten Raum, der durch größere Schmuckfliesen mit Reliefs tanzender Mädchen dekoriert war, richtete Hauptmann nur wenige Jahre nach dem Bau des Hauses ein Archiv ein; es mag wohl doch etwas beschwerlich gewesen sein, das kreisrunde Bassin in der Mitte des Raumes für das tägliche Bad zu befüllen. So zeugt der Raum nicht nur von den sportlichen Leidenschaften, die Gerhart und Margarete Hauptmann pflegten, sondern ebenso von dem Wunsch des Dichters, sein Lebenswerk für die Nachwelt zu sichern. Hauptmann öffnete frühzeitig seine Manuskriptschränke der Forschung, wohl nicht nur aus dem Grund, den unzähligen vollendeten und unvollendeten Manuskripten Herr zu werden, sondern auch, um seine Unsterblichkeit im Werk vorzubereiten. Ungeachtet seines ungeheuren Selbstbewusstseins, Priester der Dichtung zu sein, ist er sich bewusst, dass nicht so sehr das Werk als vielmehr das Lesen der Werke zum Weiterleben der Schrift beiträgt: „Bücher sind tot, wenn die eminente Kunst des Lesens sie nicht lebendig macht. Das Buch kommt eigentlich erst zustande in der richtigen Wechselwirkung zwischen Leser und Buch. […] Das lebendige Gedächtnis des Menschen ist es, das das tote Gedächtnis des Buches beleben muß."

Die Paradieshalle

Der Besucher des Hauptmann-Hauses befindet sich, nachdem er durch den Park gegangen ist und das Haus durch den Haupteingang betreten hat, in der das gesamte Gebäude dominierenden, neun Meter hohen Eingangshalle. Ähnlich wie in den Bürgerhäusern der Renaissance, in denen die großräumigen und hohen Eingangshallen als Ausstellungs- und Verkaufsräume genutzt wurden und oft sogar auf die Größe von Fuhrwerken durch gewaltige Eingangsportale ausgerichtet waren, ist die gesamte Zimmeraufteilung auf diesen Mittelpunkt des Hauses abgestimmt. So sind alle Räume des Erd- und Obergeschosses des Hauses Wiesenstein um die Halle gruppiert und von dieser aus zugänglich. Allerdings treten nun im Eingangsbereich im Vergleich mit den Renaissance-Hallenbauten funktionale Aspekte zugunsten repräsentativer Aufgaben zurück. Hier im Haus Wiesenstein wird dieser Eindruck der vornehmlich repräsentativen Funktion der Halle unterstützt von der offenen, vom Hallenbereich des Erdgeschosses zum Obergeschoss führenden Treppe, die in einer Galerie mündet, von der aus die Zimmer der oberen Etage betretbar sind. So zeigt sich auch in der Treppenanlage, dass der Eingangsbereich in erster Linie dem feierlich-herrschaftlichen Empfang der Gäste diente und

Die Paradieshalle des Hauses Wiesenstein vor ihrer Ausmalung.

somit das Haus bei aller Abgeschiedenheit am Rande des Riesengebirges auf seine Wirkung bei den Gästen und in der Öffentlichkeit abzielte. Hauptmann suchte allerdings, diese Halle nicht nur als Entree, sondern auch als Besuchs- und Wohnraum des Hauses zu nutzen und der durch die Höhe der Halle vermittelten Unwirtlichkeit und Kühle mit Renaissanceschränken, einer Sitzecke, zahlreichen Kunstgegenständen, Boden- und Wandteppichen entgegenzuwirken. Ihren Namen erhält die Halle 1922. Schon kurz nach seinem Einzug hatte Hauptmann die Ausmalung der Halle durch den Freund Ludwig von Hofmann ins Auge gefasst, doch erst das Geschenk Max Hamburgers und des Neustädter Fabrikanten, Mäzens und Hauptmann-Verehrers Max Pinkus zum 60. Geburtstag ermöglicht die Realisierung. Hauptmann beauftragt den ebenfalls aus Schlesien stammenden Maler Johannes Maximilian

Die Paradieshalle des Hauses Wiesenstein nach ihrer Ausmalung durch Johannes Maximilian Avenarius, 1922.

Die Darstellung des Sündenfalls in der Paradieshalle.

Avenarius, der sich damals in einer finanziellen Notlage befand. Diese erhaltenen und restaurierten Fresken bilden heute eine der Hauptattraktionen des Museums, da sie einerseits Motive aus Leben und Werk Hauptmanns integrieren und andererseits zu den wenigen authentischen Elementen gehören, die dem Besucher eine Ahnung von der Atmosphäre des Hauses zu Lebzeiten Hauptmanns geben.

Innerhalb des mehrteiligen Zyklus bilden die Malereien an der Hauptwand der Halle, denen der Besucher beim Eintritt zunächst den Rücken zukehrt, formal den größten ausgestalteten Bereich und auch inhaltlich das Zentrum der Wandmalereien, da mit dem dargestellten Sündenfall in der Mitte des unteren Bildbereichs das Fresko eröffnet wird. Zu sehen ist hier das erste Menschenpaar, Adam und Eva, wobei letztere im Begriff ist, den Apfel vom Baum der Erkenntnis zu pflücken, um den sich die verführerische Schlange windet. Links darüber fliegt Erzengel Gabriel mit einem Schwarm musizierender Engel vorbei. Das alttestamentarische Motiv des Sündenfalls bildet hier allerdings nicht den Auftakt, um nun im weiteren die Vertreibung aus dem Paradies zu gestalten, vielmehr wird der lustvolle und fröhlich anmutende Akt des Apfelpflückens zum Anlass genommen, die Paradiesthematik in allen Bildbereichen aufzugreifen und die Halle gleichsam in ein Elysium zu verwandeln. Unterstützt von ihrem naiven Stil geben die Malereien mit ihrem floralen Reichtum, den zahlreichen, meist musizierenden Engeln und den lichtdurchfluteten Landschaf-

Die Darstellung von „Hanneles Himmelfahrt" in der Paradieshalle, rechts unten ist Margarete als musizierender Engel zu sehen.

ten der Halle eine märchenhafte Atmosphäre.

Auf der Hauptwand wird der Blick des Betrachters vom ersten Menschenpaar auf den linken Bildbereich gelenkt, in dem, umrahmt von Pflanzen und musizierenden Engeln, „Hanneles Himmelfahrt“ dargestellt ist. Unter den Engeln befindet sich im unteren Bildbereich auch Margarete Marschalk, dargestellt als Geige spielender Engel, und Sohn Benvenuto, dessen rotbemützter Kopf hinter den Paradiespflanzen auszumachen ist. Das 1893 entstandene Drama Hauptmanns, „Hanneles Himmelfahrt“, wird hier als lichtdurchfluteter Gang eines jungen, nur in ein Hemdchen gekleideten Mädchens gezeigt, das von einem Engel zu einem Mann, der als Jesus gedeutet werden kann, geleitet wird. Während im Drama die zunächst noch angsterfüllten Fieberträume des Mädchens, das sich, fliehend vor den Misshandlungen des Vaters, ertränken wollte, in die Vision ihrer Begegnung mit einem Fremden, der teils die Züge ihres Lehrers, teils von Jesus trägt, überführt wird und in ihrer Himmelfahrt mündet, wird hier in der Malerei die Ankunft im Himmel sinnfällig gemacht. Ähnlich wie im Drama verwischen in der Malerei die Grenzen zwischen Traum, oder besser gesagt zwischen Paradies und Wirklichkeit durch die Darstellung von Sohn Benvenuto und seiner Mutter Margarete. Auch sie wird wie Hanneles verstorbene Mutter als Engel darstellt, die dem Kind im Fiebertraum den Himmelsschlüssel reicht. Das Drama ist im Untertitel als „Traumdichtung“ bezeichnet und offenbart Hauptmanns – in vielen der sich der Neuroman-

Die Himmelsleiter zur „himmlischen Stadt“.

„Wanderers Sturmlied" von Johann Wolfgang von Goethe in der Paradieshalle.

tik nähernden Dramen Hauptmanns erkennbares – monistisches, auf Transzendenz verzichtendes Weltbild. Diese Grundfigur im Denken Hauptmanns verdeutlicht auch die Paradieshalle.

Im rechten Bildfeld der Malerei werden analog zu „Hanneles Himmelfahrt" Menschen von Engeln eine Himmelsleiter hinauf zu Gott geleitet, hinter dem mit Orgelpfeifen auf das Attribut der heiligen Cäcilie angespielt wird, die im Türfeld über dem Eingang zum Musikzimmer wiederkehrt. Die Himmelsleiter mündet in einem Tor, das als Anspielung auf das himmlische Jerusalem gedeutet werden kann. So beschreibt der Fremde in „Hanneles Himmelfahrt" das „himmlische Reich" als himmlisches Jerusalem: „Die Seligkeit ist eine wunderschöne Stadt, / wo Friede und Freude kein Ende mehr hat." Die Malereien der Hauptwand erstrecken sich weiter über die Wand des Treppenaufgangs. Hier finden die üppigen floralen Motive Fortsetzung, während weitgehend auf figurale Darstellungen verzichtet wird.

Gerhart Hauptmann, mit dem Avenarius bereits die Vorstudien abstimmte, charakterisiert die Malereien im Entwurfsstadium als „ein mächtiges Sursum corda". Der Ruf „Sursum corda" (Empor die Herzen!) leitet die Eucharistiefeier ein und deutet darauf hin, dass Hauptmann die Malereien nicht nur als ein Dankgebet verstand, sondern auch als Sinnbild für den während des Abendmahls vollzogenen Bund und die Verheißung des ewigen Lebens („Wer aber dieses Brot ißt, wird leben in Ewigkeit", Joh 6,58), das Hauptmann in seinen Werken immer wieder thematisiert: „Auf! Empor! Dem Ruf verschworen, / finde dich und sei verloren! / stirb und werde neu geboren!“

Im Unterschied zur neutestamentarischen Paradiesvorstellung als einem jenseitigen Garten Eden zeigt sich in den Malereien eine auf das Diesseits bezogene und von der Mystik Jakob Böhmes inspirierte Kunst- und Lebensphilosophie, wie sie Julius Hart programmatisch in seiner Tolstoi-Biographie 1904 formulierte: „Kunst ist nichts anderes gerade als die Vereinigung der Menschen ‚in Gott'. Und da nur diese Vereinigung unser Leben ausmacht, so fallen Kunst und Leben völlig ineinander.“ Dies wird auch augenfällig, betrachtet man die Malereien auf den Bildfeldern unterhalb der Galerie, die mit Attributen und Symbolen nicht nur des Oster-, sondern auch des Weihnachtsfestes ausgestattet sind. Sie deuten den Kreis des Lebens an und zudem weisen sie darauf hin, dass das hier gezeigte Paradies nicht erst mit dem Tod, sondern mit der Geburt beginnt. In dem Sinne kann der auf der Hauptwand zu sehende Baum auch als Baum des Lebens – Johannes Maximilian Avenarius spricht in seinen Erinnerungen vom „entsühnte[n] Menschenpaar, das im Paradiese Hauptmanns unbekümmert vom Baume des Lebens isst“ – gesehen werden, der in der Genesis das ewige Leben verheißt: „Dass er jetzt nicht die Hand ausstreckt, auch vom Baum des Lebens nimmt, davon isst und ewig lebt!“.

Als integraler Bestandteil der Fresken findet sich neben dem Eingang zur Paradieshalle unterhalb der Malereien eine Holztafel mit den ersten Zeilen aus Goethes „Wanderers Sturmlied“: „Wen Du nicht verlässest, Genius, / Nicht der Regen, nicht der Sturm / Haucht ihm Schauer übers Herz.“ Die Zeilen verweisen auf die Goethe-Nachfolge des Nobelpreisträgers und deuten an, dass für Hauptmann insbesondere die erste Zeile des Gedichts als ein Lebensmotto fungierte. Der Beginn, „Wen Du nicht verlässest, Genius“, kehrt leitmotivisch in seinen Tagebüchern wieder und ist seiner autobiographischen Schrift „Das Abenteuer meiner Jugend“ vorangestellt. Der Genius zielt dabei nicht nur auf einen aus der eigenen Psyche projizierten Schutzengel, sondern auch auf die göttliche Durchdringung des Künstlers: „Der Dichter, wahrhaft durchdrungen vom Göttlichen, vom Hauch einer tiefen Erkenntnis berührt, ist zum Werkzeug göttlicher Bildkraft geworden und erfüllt eine köstliche, lebendige Mission, die ihn zum dogmenfreien Priester macht.“ Ursprünglich befand sich neben dem Treppenaufgang ins Obergeschoss eine zweite Holztafel, auf der weitere Zeilen des Gedichtes zitiert wurden: „Ihr seid rein, wie das Herz der Wasser, / Ihr seid rein, wie das Mark der Erde,/ Ihr umschwebt mich, und ich schwebe/ Über Wasser, über Erde,/ Göttergleich.“

Neben den beschrieben Paradiesmalereien auf der Hauptwand und dem Umgang finden sich im Erdgeschoss über den Türen, die in die Wohnräume führen, vier weitere Bildfelder, deren florale und figurale Darstellungen als Auftakt zu den einzelnen Räumen gelesen werden können. Während das Arbeitszimmer durch ein rein mit floralen und ornamentalen Motiven ausgefülltes Bogenfeld eingeleitet wird, finden sich über dem Eingang zur Bibliothek eine Jungbrunnen-Darstellung, über dem zum Musikzimmer ein Bild der heiligen Cäcilie, und das Esszimmer wird durch das Gastmahl der Musen eröffnet. Insofern binden die Malereien die einzelnen Zimmer in die Darstellung des Paradieses mit ein, so dass diese den weiteren Gang durch das Museum leiten.

Das Arbeitszimmer

Während das obere Turmzimmer, auch das obere Arbeitszimmer genannt, sein Observatorium war, das Hauptmann nur zum Lesen und Meditieren nutzte, verrichtete er seine schriftstellerische Arbeit in der holzgetäfelten Bibliothek oder im großen unteren Arbeitszimmer, seinem Laboratorium. Dort diktierte er, am Schreibtisch sitzend, am Stehpult stehend oder auf und ab schreitend seine Werke einem Sekretär oder einer

Sekretärin. Ab den 1920er Jahren leistet sich Hauptmann diese professionelle Unterstützung, nachdem in den Jahren zuvor seine Ehefrauen, Freunde, Bekannte oder auch das Hauspersonal diese Tätigkeit übernehmen mussten. Der Schriftsteller und Bibliothekar Erhart Kästner (1904–1974), der 1936 bis 1938 als Sekretär und Nachfolger Elisabeth Jungmanns (1897–1959) und Ludwig Jauners (1892–1968) beschäftigt war, erinnert sich an die Arbeitsstunden mit dem Dichter: „Für gewöhnlich aber war es immer dasselbe, beruhigte Bild: dass er saß wie ein Lesender. Dasaß vor seinem kleinen altertümlichen Schreibtisch, an dem er nie schrieb – wann überhaupt schrieb er! [...] Und dann mußte immer ein Buch da sein, in welches er während der Arbeit sah, natürlich ohne zu lesen: ein Buch nicht zum Lesen, nur eben ein Buch. Es war immer ein ganz bestimmtes für jedes andere Werk.“

Das untere Arbeitszimmer Gerhart Hauptmanns mit dem Manuskriptschrank Wilhelm Kimbels und einem Hauptmann-Porträt Leo von Königs aus dem Jahr 1912.

Während in den meisten Räumen keine Originalausstattungsgegenstände gezeigt werden können, haben sich im Arbeitszimmer Teile der Wandverkleidung erhalten. Darüber hinaus wird einer der originalen Manuskriptschränke Hauptmanns präsentiert. Das Haus bemüht sich zudem, Gebrauchs- oder Erinnerungsstücke aus dem Besitz des Autors, Teile der Bibliothek, Briefe, Fotos oder Buchausgaben seiner Werke auszustellen.

Die Bibliothek

Da das Bibliothekszimmer Hauptmanns als Durchgangszimmer zwischen dem Arbeits- und dem Musikzimmer liegt, hat der Besucher drei Möglichkeiten, in die Bibliothek zu gelangen: erstens vom Arbeitzimmer, zweitens vom Musikzimmer und drittens von der Paradieshalle aus. In der Eingangshalle wird der Bibliotheksraum durch eine Darstellung eines Jungbrunnen in einer mythenhaften Berglandschaft eingeleitet. Das Wandgemälde zeigt im linken Bildbereich ältere Menschen, die in den Jungbrunnen eintauchen, um verjüngt im rechten Bildbereich wieder aus dem Brunnen empor zu tauchen. Dieses Sinnbild der Wandlung führt Hauptmanns Verhältnis zum Buch vor Augen, das er beispielsweise in Bezug auf die Lektüre von Goethes „West-Östlichem Diwan" als eine Neugeburt hervorhebt. Kunst ist für Hauptmann Religion, die den Alltag des Menschen wie „klares, prickelndes, belebendes Quellwasser" beflügelt: „Hier saugen sie frisches Leben ein." Doch nicht nur das Buch und das Kunstwerk, alle Formen der Bildung und Kultur haben für Hauptmann eine formende, bildnerische Funktion. In seinem eigenen Schaffensprozess lässt sich Hauptmann sowohl von Tagesereignissen, wie er sie beispielsweise in Form von Zeitungsausschnitten festhält, Literatur im weitesten Sinne und von seinen Sammlungen, angefangen bei den Gemälden über den afrikanischen Einbaum bis hin zu seiner Münzsammlung inspirieren.

Die Bibliothek Gerhart Hauptmanns mit Blick in das untere Arbeitszimmer.

Der Jungbrunnen als Auftakt der Bibliothek Hauptmanns.

Betritt der Besucher die Bibliothek, befindet er sich in einem Raum, dessen Gewölbeform an die eines Klosters erinnert. Die Architektur führt Hauptmanns Verhältnis zu seiner schriftstellerischen Arbeit vor Augen, das er selbst mit den Begriffen „Askese", „Vertiefung" und „Ökonomie des Tagesablaufs" umschreibt. Das Lesen fremder Werke wie auch das Wiederlesen eigener Werke ist integraler Bestandteil seiner Arbeit, Bücher sind oft Studienmaterial für eigene Werke, die Hauptmann nicht selten in seinen Tagebüchern oder direkt im Buch kommentiert.

Das Musikzimmer

Von der Bibliothek oder der Paradieshalle aus gelangt der Besucher in den größten Raum des Erdgeschosses, den Salon, auch Musikzimmer genannt, der heute für Wechselausstellungen genutzt wird. Über dem Eingang befindet sich die von Avenarius ausgemalte Heilige Cäcilie, Patronin der Musiker, die normalerweise mit einer Orgel oder einer Harfe, hier aber zu Ehren der Hausherrin mit einer Geige dargestellt wird. Ursprünglich hing in diesem Zimmer das von Lovis

Die Heilige Cäcilie als Auftakt des großen Musiksaales.

Corinth gefertigte, lebensgroße Porträt von Margarete, das sie stehend mit der Stradivarigeige zeigt. In einer Nische stand ein Steinway-Flügel aus Zitronenholz, den Hauptmann für den befreundeten Pianisten Eugen d'Albert (1864–1932), dem 1903 mit seiner Oper „Tiefland" der Durchbruch als Komponist gelang, erwarb. Neben d'Albert begleitete etwa auch Hedwig Fischer, die Frau des Verlegers Samuel Fischer, die Hausherrin. Musikabende, wie die regelmäßig stattfindende Grünfeld-Woche mit dem Cellisten Heinrich Grünfeld (1855–1931) und dem Bratschisten Paul Herrmann (1864–1940), wie auch Abende, an denen Hauptmann aus seinen eigenen Werken vorlas, gehörten zur Tradition des Hauses. Das Auge des Betrachters wurde zu Lebzeiten des Dichters in diesem Raum von vielen Reiseerinnerungen ge-

Der Musiksaal des Hauses Wiesenstein.

fangen genommen, z. B. von einem Schilfrohr aus dem Avon oder einem Ölzweig aus Olympia, die von der lebenslangen Sammelleidenschaft des Dichters Zeugnis ablegten. Blickfang bildete auch der in der Mitte des Raumes stehende große Intarsientisch, der statt auf Beinen auf üppigen geflügelten Fabelwesen mit Fischschwänzen ruhte. Heute vermitteln lediglich der große goldfarbene Kamin und die hohen gewölbten Decken eine Ahnung von der Atmosphäre dieses Raumes zu Lebzeiten Hauptmanns.

Die Multimedia-Ausstellung

Die interaktive Multimedia-Ausstellung befindet sich in einem heute kaum mehr als das ehemalige Esszimmer Gerhart Hauptmanns auszumachenden Raum, der vom Musikzimmer oder der Paradieshalle aus betretbar ist. Sinnfällig wird die frühere Nutzung allein am Gastmahl, mit dem Avenarius das Zimmer in der Paradieshalle einleitet. Edmund Glaser fängt in einem Bericht seines Besuches auf dem Wiesenstein die Stimmung dieses Raumes ein: „Es öffnet sich die Tür zu dem ganz und gar mit Holz verkleideten und getäftelten Esszimmer. Dieser Raum wirkt kleiner als alle übrigen und ist durch seine schöne Holzverkleidung unendlich behaglich und anheimelnd. Sein schönster Schmuck ist ein venezianischer weißer Kronleuchter des 18. Jahrhunderts. Die ganze Welt der alten zauberhaften Glasmacherkunst, die der Dichter so wundersam besang, scheint sich aus dieser gläsernen Krone zu entfalten."

Weder die Holzverkleidungen noch der Kronleuchter haben sich erhalten, so dass sich heute dem Besucher ein leerer, weiß verputzter Raum öffnet, bestückt mit einer Zitatwand, einer Leinwand, einem Ventilator und einem Stehpult, in das ein Computer-Trackball integriert ist, von dem aus der Besucher selbst den Gang durch die hier installierte Multimedia-Ausstellung steuern kann. Zentrale Ausstellungsfläche der von Julia Koppel und Dariusz Krzyszczyk konzipierten und gestalteten interaktiven Rauminstallation ist die Wandprojektion, die mit der Lieblingsmusik Gerhart Hauptmanns beginnt. Der Besucher hat im ersten Teil der Ausstellung unter dem Titel „Gerhart Hauptmann – Im Wirbel der Geschichte“ die Möglichkeit, sich mit der Biographie des Dichters vertraut zu machen. Einzelne Lebensstationen Hauptmanns werden Ereignissen der Weltgeschichte gegenübergestellt. Im Hintergrund der biographischen Daten ist ein Standbild aus dem 1943 entstandenen Film „Gerhart Hauptmann in seinem Heim“ eingeblendet. Hauptmann schreitet hier in Beobachterpose durch den Park des Hauses Wiesenstein. Diese Beobachterpose zeigt nun, in die Multimediainstallation integriert, den Dichter als Beobachter der Weltgeschichte und ruft unweigerlich die Frage nach seinem Verhältnis und seinen Reaktionen auf diese Ereignisse hervor.

Der zweite Teil der Ausstellung beinhaltet zeitgenössische Filmsequenzen, in denen Gerhart Hauptmann aus seinen lyrischen und autobiographischen Werken liest. Dem Betrachter eröffnet sich hier die Möglichkeit, den Schriftsteller bei der Lektüre seines eigenen Werkes zu erleben. Die Gedichte „Das bin ich“

Das Esszimmer des Hauses Wiesenstein mit dem großen Esszimmerschrank, der heute im Museum in Schreiberhau zu sehen ist.

und „Du weißt nicht, was Du gewesen bist" haben wie das Fragment aus „Das Abenteuer meiner Jugend" autobiografischen Charakter und führen in das Denken Hauptmanns – insbesondere der Beschäftigung mit dem Tod – und seiner Selbstdeutung ein. Im dritten Teil der Multimediainstallation werden offizielle und private Filmaufnahmen von Gerhart Hauptmann und seiner Familie gezeigt. Sie eröffnen nicht nur einen Zugang zum Privatmenschen Hauptmann, sondern thematisieren die Mobilität Hauptmanns und zeigen ihn an so unterschiedlichen Orten wie dem Castello Paraggi in Portofino, in New York und Rapallo. Auch über sein Begräbnis auf der Insel Hiddensee kann sich der Besucher in einem Kurzfilm informieren.

Das Gastmahl der Musen als Auftakt des Esszimmers in Haus Wiesenstein.

Muzeum Miejskie dom Gerharta Hauptmanna

Städtisches Museum „Gerhart-Hauptmann-Haus“
Muzeum Miejskie „Dom Gerharta Hauptmanna“
ul. Michałowicka 32
PL – 58-570 Jelenia Góra
Tel.: +48 (0) 75 - 755 32 86
Fax: +48 (0) 75 - 755 63 95
E-Mail: kontakt@muzeum-dgh.pl
http://www.muzeum-dgh.pl
http://www.gerhart.hauptmann.org

Öffnungszeiten und Eintrittspreise:
Sommersaison (1. Mai bis 31. Oktober):
Dienstags bis sonntags: 9.00–17.00 Uhr
Montags geschlossen.
Wintersaison (1. November bis 30. April):
Dienstags bis sonntags: 9.00–16.00 Uhr
Montags geschlossen.

Erwachsene: 6 zł
Ermäßigt: 3 zł (Schüler und Studenten mit gültigem Ausweis)
Dienstags haben Einzelbesucher freien Eintritt.
Polnischsprachige Führung: 25 zł
Deutschsprachige Führung: 40 zł
Um Voranmeldung wird gebeten.

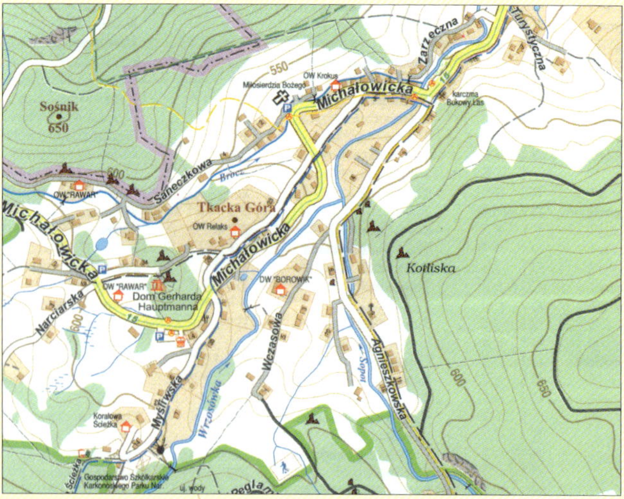

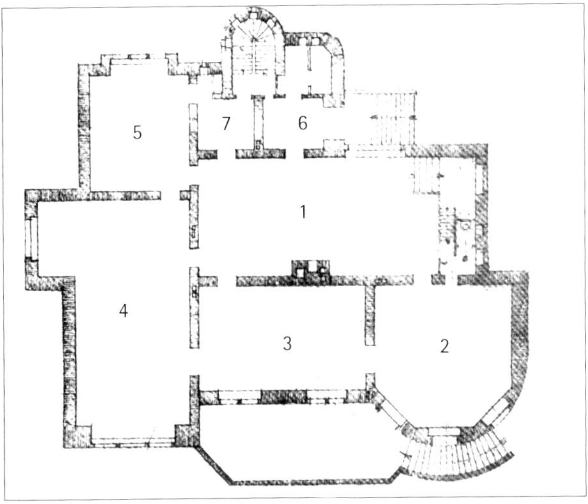

Grundriss des Museums

Das Museum

Das Museum befindet sich im Erdgeschoss des Hauses Wiesenstein. Zugänglich sind die Paradieshalle (1) mit den Wandmalereien von Johannes Maximilian Avenarius, das untere Arbeitszimmer (2), die Bibliothek (3), das Musikzimmer (4) und das Speisezimmer (5). Das Musikzimmer dient regelmäßig wechselnden Sonderausstellungen. Im ehemaligen Speisezimmer informiert eine Multimedia-Ausstellung über Leben und Werk Gerhart Hauptmanns. Weitere Räume: Eingang (6), Verkaufsraum für Bücher, Postkarten und Andenken (7).

Besondere Angebote des Museums:

Das Museum bietet für Gruppenreisen ein vielfältiges Angebot. Buchbar sind Filmvorführungen, Vorträge oder auch Lesungen mit Gedichten von Gerhart Hauptmann.

Das Obergeschoß des Museums verfügt über zwei Veranstaltungsräume für Tagungen und eine Forschungsbibliothek mit Werken von und über Gerhart Hauptmann wie auch zur Literatur und Geschichte Schlesiens.

Das Café „Hanusia“ (Hannele) lädt in der einstigen Küche im Keller des Hauses Wiesenstein zum Verweilen ein. Neben Kaffee, Kuchen und kleineren Speisen werden für Gruppen auch Menüs angeboten (Anmeldung unter Tel.: +48 (0) 75 - 755 33 61 oder über die Mitarbeiter des Museums).

Anreise

Mit öffentlichen Verkehrsmitteln

Die meisten Zugverbindungen nach Jelenia Góra / Hirschberg führen über Wrocław / Breslau oder Görlitz. Ab Wrocław fahren täglich mehrere Züge nach Jelenia Góra. Die Fahrt dauert ca. 3,5 Stunden. Neben dem Breslauer Hauptbahnhof (Wrocław Głowny) befindet sich zudem der zentrale Busbahnhof (Dworzec Centralny PKS), von dem aus mehrmals täglich Busse nach Jelenia Góra fahren.

Zwischen Görlitz und Jelenia Góra verkehren keine Direktzüge. Umsteigen muß man zumeist in Zgorzelec und Węgliniec / Kohlfurt. Die Fahrt dauert ca. zwei Stunden zzgl. der zum Teil beträchtlichen Wartezeiten.
Vom Hauptbahnhof in Jelenia Góra aus fährt die Buslinie 15 zwischen 8 und 18 Uhr stündlich direkt zum Gerhart-Hauptmann-Haus (Haltestelle: Dom Hauptmanna).

Mit dem PKW:
Bitte beachten Sie auch die Ausführungen zur Anreise aus Deutschland im Serviceteil zum Museum in Szklarska Poręba / Schreiberhau.

Anreise über Jelenia Góra / Hirschberg
Möchten Sie aus Görlitz oder Wrocław kommend über Jelenia Góra nach Jagniątków fahren, bietet es sich an, sich in Jelenia Góra auf der E 65 / 3 in Richtung Szklarska Poręba zu halten. Nach ca. 10 Kilometer biegen Sie nach links auf die 366 in Richtung Piechowice / Petersdorf und Podgórzyn / Giersdorf ein. So gelangen Sie nach ca. 3 Kilometer nach Sobieszów / Hermsdorf, einem Stadtteil von Jelenia Góra. Wenn Sie linker Hand eine Kirche sehen, biegen Sie rechts ab, um sich auch an der nächsten Gabelung rechts in Richtung Jagniątków zu halten. Nun geht es einige Kilometer bergauf. An einer Straßengabelung fahren Sie rechts über eine kleine Brücke und folgen weiter der Straße. Wenn Sie rechter Hand eine kleine Kirche sehen, sind es noch ungefähr 800 Meter bis zum Gerhart-Hauptmann-Haus, das Sie ebenfalls rechter Hand am Ende der Ortschaft finden.

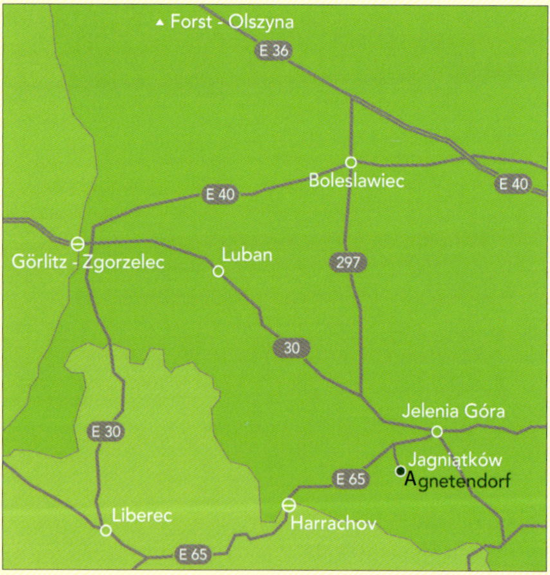

Anreise über Szklarska Poręba / Schreiberhau
Halten Sie sich von Szklarska Poręba aus zunächst auf der E 65 / 3 in Richtung Jelenia Góra. Nach ca. 10 Kilometer biegen Sie rechts auf die 366 in Richtung Piechowice und Podgórzyn ein. So gelangen Sie nach Sobieszów, einem Stadtteil von Jelenia Góra. Wenn Sie linker Hand eine Kirche sehen, biegen Sie rechts ab, um sich auch an der nächsten Gabelung rechts in Richtung Jagniątków zu halten. Nun geht es einige Kilometer bergauf. An einer Straßengabelung fahren Sie rechts über eine kleine Brücke und folgen weiter der Straße. Wenn Sie rechter Hand eine kleine Kirche sehen, sind es noch ungefähr 800 Meter zum Gerhart-Hauptmann-Haus, das Sie ebenfalls rechterhand am Ende der Ortschaft finden.

Parkmöglichkeiten finden Sie entweder an der Hauptstraße linker Hand neben der Bushaltestelle, wo Sie einen unbewachten Parkplatz benutzen können, oder einige Meter weiter in Richtung Michałowice / Kiesewald oberhalb des Hauses auf der rechten Seite.

Weitere Institutionen:
Verein zur Förderung der Gerhart-Hauptmann-Häuser /
Stwowarzyszenie na Rzecz Popierania Domów Gerharta Hauptmanna

MUSEUMSVERBUND GERHART HAUPTMANN ZWIĄZEK MUZEÓW

Zeitgleich zum deutschen Verein zur Förderung der Gerhart-Hauptmann-Häuser gründete sich in Polen ein Verein zur Förderung der Gerhart-Hauptmann-Häuser. Am 16. Dezember 2003 unterzeichneten beide Vereine in Jagniątków eine gemeinsame Erklärung, um die weitere Zusammenarbeit für das Projekt Museumsverbund Gerhart Hauptmann auf eine zukunftsfähige Grundlage zu stellen. Auch der polnische Verein ist ein freiwilliger Zusammenschluß von Personen und Institutionen mit dem Ziel, die Vorhaben der Gerhart-Hauptmann-Häuser in Kloster, Erkner, Agnetendorf und Schreiberhau ideell und finanziell zu unterstützen und dafür aktiv in der Öffentlichkeit wirksam zu werden.
Tel.: +48 (0) 75 - 755 32 86
Fax: +48 (0) 75 - 755 63 95

Touristeninformation, Restaurants, Hotels und Pensionen
In Jagniątków selbst befinden sich nur einige wenige Restaurants. Neben dem Café im Haus Wiesenstein bietet auch die Pension Koralowa Ścieżka Mittags- und Abendmenüs nach Vorbestellung an. Wer einen kleinen Ausflug unternehmen möchte, dem seien die Schlösser in der Umgebung (siehe Ausflüge in die Umgebung) empfohlen, die eine sehr gute Küche bieten. Ebenfalls erwähnt seien die Fischrestaurants an den nahe gelegenen Seen in Richtung Podgórzyn / Giersdorf und Sosnówka / Seidorf, die besonders im Sommer eine kleine Attraktion sind. Der Fisch wird meist auf Papptellern serviert, dafür ist er aber fangfrisch und kann direkt am See verspeist werden.
Auch Pensionen gibt es nur wenige in Agnetendorf. Für Einzelgäste ist die Pension Villa Hermanówka zu empfehlen, die vier komfortable Zimmer bietet:

Willa Hermanówka
ul. Saneczkowa 4B
PL – 58-570 Jelenia Góra
Tel.: +48 (0) 601 81 11 19
Tel.: 0179 500 79 82 (in deutscher Sprache)
Fax: 030 - 49 89 34 67
E-Mail: kontakt@agnetendorf.de (in deutscher Sprache)
E-Mail: hermanowka@plusnet.pl (in polnischer Sprache)
http://www.agnetendorf.de (in deutscher Sprache)
http://www.hermanowka.pl (in polnischer Sprache)
Einzelzimmer: ca. 80 zł
Doppelzimmer: ca. 130 zł

Für Studenten- oder Schülergruppen bieten sich die Pensionen Koralowa Ścieżka und Rawar an. Erstgenannte Pension, die ca. 10 Minuten Fußweg vom Gerhart-Hauptmann-Haus entfernt liegt, hat sowohl Mehrbettzimmer im Jugendherbergsstil als auch Einzel- und Doppelzimmer. Die Pension Rawar, vis-á-vis des Hauptmann-Museums gelegen, ist in erster Linie Jugendherberge, auf Anfrage ist eine Buchung von Einzel- und Doppelzimmern ebenfalls möglich.

Koralowa Ścieżka
ul. Myśliwska 13
PL – 58-571 Jelenia Góra – Jagniątków
Tel.: +48 (0) 75 - 75 533 71
Fax: +48 (0) 75 - 75 562 36
http.//www.koralowasciezka.pbox.pl (polnisch und deutsch)
E-mail: koral@pbox.pl
Einzelzimmer mit Frühstück: 65 zł
Doppelzimmer mit Frühstück: 110 zł

Rawar
ul. Michałowicka 33
PL – 58-570 Jelenia Góra
Tel.: +48 (0) 75 - 75 532 82
Pro Person in allen Räumen: 33 – 35 zł ohne Frühstück, 40 – 43 zł mit Frühstück, 54 – 58 zł mit Vollpension.

Jelenia Góra bietet eine Vielzahl von Hotels und Pensionen unterschiedlichen Standards. Im Internet finden Sie unter www.jeleniagora.pl (in polnischer Sprache) oder unter www.e-riesengebirge.de weitere Informationen, oder wenden Sie sich an das Tourismusbüro:

Touristeninformation
ul.Grodzka 16
58-000 Jelenia Gora
Tel.: +48 (0) 75 - 76 76 925
Tel./Fax: +48 (0) 75 - 76 76 935
E-Mail: itratusz@box43.pl

Ausflüge in die Umgebung:
Zamek Chojnik / Burgruine Kynast

Auf dem Weg von Sobieszów nach Jagniątków sehen Sie oberhalb von Sobieszów auf dem Berg gelegen die Burgruine Kynast. Bolko II., Herzog von Schweidnitz und Jauer, erbaute die Burg im 14. Jahrhundert als Teil des Verteidigungssystems seines Herzogtums auf dem 627 Meter hohen Berg über dem sagenumwobenen Höllengrund. Die Grafen von Schaffgotsch, die ab 1386 im Besitz der Burg waren, ließen die Feste im Stil der Renaissance umbauen und erweitern. 1675 wurde sie Opfer eines Großbrandes nach einem Blitzschlag. Seitdem ist die Burg Ruine, die heute für Besucher zugänglich ist.

Karkonoski Park Narodowy (KPN) / Riesengebirgs-Nationalpark

Vis-á-vis des Hauptmann-Hauses erreicht man über die Koralowa Ścieżka / den Korallensteinweg den großen Riesengebirgsnationalpark. Er besteht als polnischer Nationalpark bereits seit 1959 und umfaßt vor allem die Hoch- und Gipfellagen des Gebirges ab etwa 900–1000 Meter Höhe. An den polnischen Nationalpark schließt der 1963 eingerichtete Krkonošský Národní Park / Nationalpark Riesengebirge an, erster Nationalpark in Tschechien. Lohnenswert ist zum Beispiel eine Wanderung zur Agnetendorfer Schneegrube, auch Schwarze Grube genannt. Sie ist der kleinste eiszeitliche Kessel im Riesengebirge und beherbergt den sog. Wanderstein, der bereits mehrmals seine Lagerstelle wechselte.

Cieplice / Bad Warmbrunn

Heute ist Cieplice einer der beliebtesten polnischen Kurorte. Der Legende nach soll Herzog Boleslaus der Lange die Warmbrunner Quellen entdeckt haben, als er 1175 einem verwundeten Hirsch nachjagte. Ihre wundertätigen Eigenschaften bewogen zahlreiche Kranke, hier Heilung zu suchen. Herzog Bernhard von Löwenberg überließ 1281 dem Striegauer Johanniterorden den sog. warmen Brunnen. Gotsche Schoff, ein Ritter Bolkos II., des Herzogs von Schweidnitz und Jauer, kaufte Warmbrunn 1381 von Herzogin Agnes, der Witwe Bolkos. 22 Jahre später rief er Zisterziensermönche aus Grüssau nach Warmbrunn und unterstellte eine der Quellen ihrer Obhut. 400 Jahre lang wird nun die Geschichte des Ordens mit Warmbrunn verbunden sein. Das sog. Lange Haus zeugt noch heute von der Tätigkeit des Zisterzienserordens. Es war Teil der Klosteranlage des Warmbrunner Zisterzienserordens und wurde 1689 bis 1693 als Gästehaus erbaut. Heute ist es Sitz der Kurverwaltung. Sehenswert sind auch das Schaffgotsche Palais, die Propsteikirche zu St. Johannes, die Erlöserkirche und die Parkanlagen des Kurortes.

Stadtzentrum von Jelenia Góra

Die Gemeinde Hirschberg erhielt 1108 Stadtrechte und wurde durch Herzog Bolesław II. von Liegnitz 1241 bedeutend vergrößert. Durch die Lein- und Schleierweberei wurde im 16. Jahrhundert ein Grundstein zum Reichtum der Stadt gelegt. Die evangelische Kirche des Ortes stammt aus dem Jahre 1709. Besonders sehenswert ist der Marktplatz mit seinen Laubengängen.

Schlösser in der Umgebung:

Das Hirschberger Tal ist bekannt für seine Schlösser und Gärten, von denen hier eine Auswahl genannt sei. Als Ausgangspunkt einer Reise zu den Schlössern und Gärten im Hirschberger Tal eignet sich besonders das 1720 erbaute Barockschloss in Łomnica / Lomnitz mit der dort gezeigten Ausstellung „Schlösser und Gärten im Hirschberger Tal".

Pałac Łomnica / Schloss Lomnitz
ul. Karpnicka 3
58-500 Jelenia Góra 14
Tel.: +48 (0) 75 - 713 04 60
Fax: +48 (0) 75 - 713 05 33
E-Mail: hotel@palac-lomnica.pl
http://www.palac-lomnica.pl (dt. u. poln.)

Pałac Paulinum
ul. Nowowiejska 62
58-500 Jelenia Góra
Tel.: +48 (0) 75 - 649 44 00
Fax: +48 (0) 75 - 649 44 03
E-Mail: biuro@paulinum.pl
http://www.paulinum.pl (dt. u. poln.)

Pałac Staniszów / Schloss Stonsdorf
Staniszów 100
58-500 Jelenia Góra
Tel.: 0048 (0) 75 755 84 45
Fax: 0048 (0) 75 755 85 34
http://www.palacstaniszow.pl (dt. u. poln.)

Literaturempfehlung

Hans-Joachim Hahn, Antje Johanning und Dagmara Sosnowska:
Agnetendorf / Jagniątków gestern – heute – morgen. Jagniątków o. V. 2005 (Ausstellungsbroschüre).

Arne Franke:
Das schlesische Elysium. Burgen, Schlösser, Herrenhäuser und Parks im Hirschberger Tal. Potsdam: Deutsches Kulturforum, 2003.

Günter Gerstmann (Hg.):
Bin ich noch in meinem Haus? Die letzten Tage Gerhart Hauptmanns, berichtet von Gerhart Pohl. Herne: Stiftung Martin-Opitz-Bibliothek, 2003.

Walter Schmitz:
Das Haus am Wiesenstein. Gerhart Hauptmanns dichterisches Wohnen. Dresden: Thelem Universitätsverlag, 2006.

Andrzej Zawada:
Niederschlesien. Land der Begegnung. Dresden: Thelem Universitätsverlag, 2005.

Biographische Daten

1862
15. Nov.: Gerhart Johann Robert Hauptmann wird als viertes Kind des Hotelbesitzers Robert Hauptmann (1824–1898) und seiner Frau Marie, geb. Straehler (1827–1906) in Ober-Salzbrunn (Schlesien) geboren.

1874
Nach Besuch der Volksschule Einschulung in die Realschule am Zwinger in Breslau.

1878
Landwirtschaftslehre auf Rittergut Lohnig und Gut Lederose bei seinem Onkel Gustav Schubert (pietistischer Kreis).

1879
Erfolglose Vorbereitung auf das Einjährigen Examen; pangermanische Blutsbrüderschaft mit Bruder Carl und Alfred Ploetz.

1880
Besuch der Bildhauerklasse der Königl. Kunst- und Gewerbeschule in Breslau; Leidenschaft für die Gutselevin Anna Grundmann.

1881
Verlobung mit Marie Thienemann; Kontakte zum sozialutopischen Verein Pacific.

1882
Studium in Jena (Hörer bei Eucken, Haeckel u. a.).

1883
Schiffsreise nach Neapel; Bildhauer in Rom.

1884
Typhuserkrankung in Rom; Versuch einer Zeichenausbildung in Dresden; Immatrikulation an der Universität Berlin; Schauspielunterricht.

1885
Heirat mit Marie Thienemann; erster Besuch auf Hiddensee; Übersiedlung nach Erkner.

1886
Geburt des ersten Sohnes Ivo; Bekanntschaft mit Vertretern des Naturalismus.

1887
Geburt des zweiten Sohnes Eckart; Eintritt in den literarischen Verein Durch!; Zeuge im Breslauer Sozialistenprozeß.

1888
Januar bis Herbst in Zürich; psychiatrische Studien bei Forel in der Nervenheilanstalt Burghölzli.

1889
Geburt des dritten Sohnes Klaus; literarischer Durchbruch; Umzug nach Berlin-Charlottenburg.

1891
Umzug mit seinem Bruder Carl nach Schreiberhau; zwei Reisen ins Webergebiet.

1892
Verbot der Aufführung „De Waber".

1893
Beginn der Ehekrise durch Liebe zu Margarete Marschalk.

1894
Erste Amerikareise, Hauptmann zieht nach Berlin-Wilmersdorf, Frau und Söhne nach Dresden.

1896
Erste Verleihung des Grillparzerpreises; Verleihung des Schillerpreises scheitert am Einspruch Wilhelms II.

1897
Italienreise mit Margarete Marschalk; Wohnsitz in Berlin-Grunewald.

1900
Geburt des vierten Sohnes Benvenuto (Mutter: Margarete Marschalk)

1901
Bezug des Hauses Wiesenstein in Agnetendorf.

1904
„Rose Bernd" wird in Wien abgesetzt; Scheidung von Marie und Eheschließung mit Margarete.

1905
Liebe zur Schauspielerin Ida Orloff; Verleihung der Ehrendoktorwürde der Universität Oxford.

1907
Griechenlandreise (März-Mai) mit Margarete, Benvenuto, Ivo und dem Ehepaar von Hofmann.

1909
Ehrendoktorwürde der Universität Leipzig.

1910
Geburt des fünften Sohnes Gerhart Erasmus, der nach zwei Tagen stirbt.

1912
Feierlichkeiten zum 50. Geburtstag im Hotel Adlon; Nobelpreis für Literatur.

1913
Hauptmann inszeniert Schillers „Wilhelm Tell“ und Kleists „Zerbrochenen Krug“ im Berliner Künstlertheater; Skandal um das „Festspiel in deutschen Reimen“.

1914
Tod Marie Hauptmanns in Hamburg; öffentliches Engagement für den Ersten Weltkrieg; Verleihung des Roten Adler Ordens IV. Klasse.

1918
Bekenntnis zur Republik auf der Kundgebung von Berliner Künstlern und Dichtern.

1921
Engagement für eine Hilfsaktion zugunsten der russischen Bevölkerung; Rede „Für ein deutsches Oberschlesien“; Hauptmann dementiert Gerüchte um eine Reichspräsidentschaftskandidatur.

1922
Gerhart-Hauptmann-Festspiele in Breslau anläßlich der Feierlichkeiten zum 60. Geburtstag.

1924
Verleihung des Ordens Pour le mérite.

1926
Ablehnung des Eintritts in die Sektion für Dichtkunst der Preußischen Akademie der Künste.

1927
Hauptmann inszeniert seine „Hamlet“-Bearbeitung am Staatlichen Schauspielhaus Dresden.

1928
Eintritt in die Sektion für Dichtkunst der Preußischen Akademie der Künste auf Bitten von Thomas Mann und Max Liebermann.

1930
Hauptmann erwirbt das Haus Seedorn in Kloster auf Hiddensee.

1932
Vortragsreise nach Amerika (Februar–März); Goethe-Preis der Stadt Frankfurt/Main.

1933
Hauptmann unterzeichnet ein von Gottfried Benn verfaßtes Loyalitätsbekenntnis zum neuen Regime (17. 3); öffentliche Zustimmung zum Austritt aus dem Völkerbund (11. 11.).

1934
Teilnahme am Begräbnis der jüdischen Freunde Samuel Fischer und Max Pinkus.

1937
„Die Finsternisse" (Dramatisches Requiem) entsteht; Radio-Ansprache „An die Deutschen in Übersee" (15. 11.).

1942
Radio-Ansprache „Gruß an die Front", staatlich eingeschränkte Ehrungen zum 80. Geburtstag in Breslau und Wien.

1943
Letzter Hiddensee-Aufenthalt.

1944
Die Gerhart Hauptmann 1942 zum 80. Geburtstag von Baldur von Schirach überreichte Hannele-Statue Josef Thoraks wird im Park des Wiesensteins aufgestellt.

1945
Erlebnis der Luftangriffe auf Dresden (Februar); Gerhart Hauptmann und das Haus Wiesenstein werden unter besonderen Schutz der polnischen Regierung gestellt (11. 7.); Besuch einer von Johannes R. Becher geleiteten Delegation auf dem Wiesenstein (3.–7. 10.); Ehrenpräsident des Kulturbundes zur demokratischen Erneuerung Deutschlands.

1946
Hauptmann stirbt am 6. Juni in seinem Haus in Agnetendorf, mit einem Sonderzug werden Hauptmann, sein Nachlass und einige Vertraute nach Berlin gebracht (20. / 21. Juli). Am 28. Juli findet die Beisetzung auf Hiddensee statt.

Werkchronologie (in Auswahl)

Der Einordnung der dramatischen Werke liegt das Datum der Uraufführung (UA), aller anderen Werke das in der ersten Buchveröffentlichung ausgedruckte Erscheinungsjahr zugrunde.

1885 Promethidenlos (Epos)
1887 Fasching (Novelle)
1888 Das bunte Buch (Gedichte, nicht ausgeliefert); Bahnwärter Thiel (Novelle)
1889 Vor Sonnenaufgang (Drama, UA Berlin)
1890 Der Apostel (Novelle), Das Friedensfest (Drama, UA Berlin)
1891 Einsame Menschen (Drama, UA Berlin)
1892 College Crampton (Drama, UA Berlin)
1893 Die Weber (Drama, nichtöffentliche UA Berlin), Der Biberpelz (Drama, UA Berlin), Hanneles Himmelfahrt (Drama, UA Berlin)
1896 Florian Geyer (Drama, UA Berlin), Die versunkene Glocke (Drama, UA Berlin)
1898 Fuhrmann Henschel (Drama, UA Berlin)
1900 Schluck und Jau (Drama, UA Berlin), Michael Kramer (Drama, UA Berlin)
1901 Der rote Hahn (Drama, UA Berlin)
1902 Der arme Heinrich (Drama, UA Wien)
1903 Rose Bernd (Drama, UA Berlin)
1905 Elga (Drama, UA Berlin)
1906 Und Pippa tanzt! (Drama, UA Berlin)
1907 Die Jungfern vom Bischofsberg (Drama, UA Berlin)
1908 Kaiser Karls Geisel (Drama, UA Berlin)
1909 Griselda (Drama, UA Berlin und Wien)
1910 Der Narr in Christo Emanuel Quint (Roman)
1911 Die Ratten (Drama, UA Berlin)
1912 Atlantis (Roman), Gabriel Schillings Flucht (Drama, UA Bad Lauchstedt)
1913 Festspiel in deutschen Reimen (Drama, UA Breslau)
1914 Der Bogen des Odysseus (Drama, UA Berlin)
1917 Die Winterballade (Drama, UA Berlin)
1918 Der Ketzer von Soana (Novelle)
1920 Der weiße Heiland (Drama, UA Berlin)
1921 Anna (Versepos), Peter Brauer (Drama, UA Berlin)
1922 Indipohdi (Drama, UA Dresden)
1923 Phantom (Roman)
1924 Die Insel der Großen Mutter (Roman),
1925 Veland (Drama, UA Hamburg)
1926 Dorothea Angermann, (Drama, UA Wien, München u. an 15 weiteren Bühnen)
1928 Till Eulenspiegel (Versepos), Wanda (Roman)
1929 Spuk (Drama, Die schwarze Maske, Hexenritt; UA Wien)
1930 Buch der Leidenschaft (Roman)
1931 Die Spitzhacke (Erzählung), Die Hochzeit auf Buchenhorst (Erzählung)

1932 Vor Sonnenuntergang (Drama, UA Berlin)
1933 Die goldene Harfe (Drama, UA München)
1934 Das Meerwunder (Novelle)
1935 Hamlet in Wittenberg (Drama, UA Leipzig, Altona, Osnabrück)
1936 Im Wirbel der Berufung (Roman)
1937 Das Abenteuer meiner Jugend (Roman)
1938 Tintoretto (Essay)
1939 Die Tochter der Kathedrale (Drama, UA Berlin), Ulrich von Lichtenstein (Drama, UA Wien)
1941 Iphigenie in Delphi (Drama, UA Berlin), Schuß im Park (Novelle)
1942 Der große Traum (Epos)
1943 Iphigenie in Aulis (Drama, UA Wien)
1946 Neue Gedichte
1947 Mignon (Novelle), Agamemnons Tod – Elektra (Drama, UA Berlin)
1952 Herbert Engelmann (Drama, UA Wien)
1956 Magnus Garbe (Drama, UA Düsseldorf)

Personenregister

(ohne Inhalts- und Literaturverzeichnisse, biographische Daten und Werkchronologie)

Literaturnachweis

Neben den Nachlässen Gerhart und Margarete Hauptmanns in der Staatsbibliothek zu Berlin Preußischer Kulturbesitz wurden folgende Werke verwendet:

Alexander Abusch:
Literatur im Zeitalter des Sozialismus. Beiträge zur Literaturgeschichte 1921 bis 1966. Berlin u. Weimar: Aufbau Verlag, 1967.

Manfred Altner:
Gerhart Hauptmann in Dresden und Radebeul. Dresden: Hellerau-Verlag, 2003.

C. F. W. Behl u. Felix A. Voigt:
Chronik von Gerhart Hauptmanns Leben und Schaffen (hg. u. bearb. v. Mechthild Pfeiffer-Voigt). Würzburg: Bergstadtverlag Wilhelm Gottlieb Korn, 2002.

Rüdiger Bernhardt:
„... geschehen ist der Götter Ratschluß" – Gerhart Hauptmanns Delphi lag auf Hiddensee. Der Dichter in der Zeit von 1933 bis 1945. Halle: Projekte-Verlag 188, 2006.

Otto Brahm:
Briefwechsel 1889–1912; Otto Brahm – Gerhart Hauptmann. Hg. v. Peter Sprengel. Tübingen: Narr, 1985 (Deutsche Text-Bibliothek; Bd. 6).

Gustav Erdmann (Hg.):
Gerhart Hauptmann. Neue Akzente – neue Aspekte. Berlin: Stapp Verlag, 1992.

Hans Grisebach. Architekt der Gründerjahre. Seine Zeichnungen in der Kunstbibliothek Berlin. Kunstbibliothek der Staatlichen Museen Preußischer Kulturbesitz. Berlin, 1974 (= Sammlungskataloge der Kunstbibliothek Berlin; 7).

Hans-Joachim Hahn (Hg.):
Gerhart Hauptmann und die „Juden". Konstellationen und Konstruktionen in Leben und Werk. Wrocław / Görlitz: Atut / Neiße-Verlag, 2005 (= Beihefte zum Orbis Linguarum).

Gerhart Hauptmann:
Diarium 1917 bis 1933. Hg. v. Martin Machatzke. Frankfurt a. M., Berlin: Propyläen, 1980.

Gerhart Hauptmann:
Tagebücher 1897 bis 1905. Hg. v. Martin Machatzke. Frankfurt a. M., Berlin: Propyläen, 1987.

Gerhart Hauptmann:
Tagebücher 1906 bis 1913. Mit einem Reisetagebuch Griechenland-Türkei 1907. Nach Vorarb. v. Martin Marchatzke hg. v. Peter Sprengel. Frankfurt a. M., Berlin: Propyläen, 1994.

Gerhart Hauptmann:
Sämtliche Werke. Hg. v. Hans-Egon Hass. Fortgef. v. Martin Machatzke (= Centenar-Ausgabe). 11 Bde. Sonderausg. Berlin: Propyläen, 1996.

Herta Hesse-Frielinghaus (Hg.):
Gerhart Hauptmann – Ludwig von Hofmann. Briefwechsel 1894–1944. Bonn: Bouvier, 1983.

Klaus Hildebrandt (Hg.):
Aufgaben, Akzente und Tendenzen der Gerhart-Hauptmann-Forschung. 50 Jahre Gerhart-Hauptmann-Gesellschaft e. V. Zepernick: Gustavs Verlag, 2003.

Eberhard Hilscher:
Gerhart Hauptmann. Leben und Werk. Berlin: Aufbau Taschenbuch Verlag, 1996.

Klaus Hildebrandt; Krzysztof A. Kuczynski (Hg.):
Weggefährten Gerhart Hauptmanns. Förderer – Biographen – Interpreten. Würzburg: Bergstadtverlag, 2002.

Klaus Hildebrandt; Krzysztof A. Kuczynski (Hg.):
Gerhart Hauptmanns Freundeskreis. Internationale Studien. Włocwławek, 2006.

Antje Johanning:
Die Sammlungen Gerhart Hauptmanns aus dem Besitz Anja Hauptmanns. Dresden: Thelem Universitäsverlag, 2006 (= Silesica, Sonderband).

Kulturstiftung der Länder u. Gerhart-Hauptmann-Stiftung (Hg.):
Gerhart-Hauptmann-Stiftung Kloster auf Hiddensee. Das Gerhart-Hauptmann-Haus. Berlin: 1999.

Wojciech Kunicki:
Vom „Haus der Heimat" zum „Haus der Kulturarbeit des Provinzialverbandes". Kulturpolitische Aspekte der Auseinandersetzung um das Carl-Hauptmann-Haus in Mittelschreiberhau vom Frühjahr 1936 bis zum Frühjahr 1945. Mit einem dokumentarischem Anhang. In: Orbis Linguarum, Vol. 19 (2002), S. 185–228.

Wolfgang Leppmann:
Gerhart Hauptmann. Leben, Werk und Zeit. Frankfurt am Main: Fischer Taschenbuch Verlag, 1989.

Friedhelm Marx:
Gerhart Hauptmann. Stuttgart: Reclam, 1998.

Mechthild Pfeiffer-Voigt (Hg.):
Nachtrag zur Chronik von Gerhart Hauptmanns Leben und Schaffen von C. F. W. Behl u. Felix A. Voigt (bearb. v. Mechthild Pfeiffer-Voigt). Würzburg: Bergstadtverlag Wilhelm Gottlieb Korn, 2002.

Heinrich Satter:
Ida Orloff und Gerhart Hauptmann. Weder Engel noch Teufel. Frankfurt a. M., Berlin: Ullstein, 1996.

Walter Schmitz:
„Ob wir aus Böhmen kamen, weiß ich nicht ..." Gerhart Hauptmann und die Rolle eines Dichters der schlesischen Heimat. Mit dem bislang unveröffentlichten Briefwechsel von August Scholtis und Gerhart Hauptmann. In: Verhandlungen der Identität. Literatur und Kultur in Schlesien seit 1945. Hg. v. Jürgen Joachimsthaler und Walter Schmitz. Dresden: Thelem Universitätsverlag, 2004, S. 3–35.

Hans-Joachim Schrimpf (Hg.):
Gerhart Hauptmann. Darmstadt: Wissenschaftliche Buchgemeinschaft, 1976 (= Wege der Forschung, Bd. 207).

Peter Sprengel:
Die Wirklichkeit der Mythen. Untersuchungen zum Werk Gerhart Hauptmanns aufgrund des handschriftlichen Nachlasses. Berlin: Erich Schmidt, 1982.

Peter Sprengel:
Gerhart Hauptmann. Epoche – Werk - Wirkung. München: Beck, 1984.

Bernhard Tempel:
Gerhart Hauptmanns „Märchen" (1941) im Kontext der nationalsozialisstischen „Euthanasie". Eine Untersuchung aufgrund des Nachlasses. In: Scientia Poetica 6 (2002) S. 77–13.

Voigt, Felix A. (Hg.):
Gerhart-Hauptmann-Jahrbuch 1948. Goslar: Verlag Deutsche Volksbücherei, 1948.

Grigorij Weiss:
Am Morgen nach dem Kriege. Erinnerungen eines sowjetischen Kulturoffiziers. Berlin: Verlag der Nation, 1981.

Rudolf Ziesche:
Der Manuskriptnachlaß Gerhart Hauptmanns. 4 Bde. Wiesbaden: Harrassowitz, 1977–2000 (= Staatsbibliothek zu Berlin Preußischer Kulturbesitz: Kataloge der Handschriftenabteilung, Reihe 2, Bd. 2, Tl. 1–4).

(Die Literaturempfehlungen in den Serviceteilen der Kapitel 1 bis 4 ergänzen vorstehenden Nachweis.)

Abbildungsnachweis

Die hier nicht im einzelnen aufgeführten Abbildungen sind Aufnahmen des Fotografen Marcus Bredt aus dem Jahre 2006.
Das weitere Bildmaterial wurde uns freundlicherweise zur Verfügung gestellt von:

Archiv Gerhart-Hauptmann-Museum Erkner: 19, 22, 24, 33, 72, 73, 77, 78, 82, 84, 85, 86, 88, 89, 90, 91, 96, 97, 99, 106, 107, 109, 110, 111, 124, 148, 149

Archiv Gerhart-Hauptmann-Haus Kloster auf Hiddensee: 25, 26, 27, 28, 30, 31, 34, 37, 39, 41, 53, 58

Wolfgang de Bruyn: 23, 43

Dom Carla i Gerharta Hauptmannów: 128, 142

Dom Gerharta Hauptmanna: 165

Ilse Ebel: 27

Anja Hauptmann: 170, 178

Ivo-Hauptmann-Archiv: 26, 116

Heimatmuseum Kloster auf Hiddensee: 23, 39, 41

Antje Johanning: 9

Staatsbibliothek zu Berlin Stiftung Preußischer Kulturbesitz: 4, 129, 135, 137, 138, 162, 163, 167, 172, 174, 181, 183, 184, 191, 194, 197, 199, U4

Stiftung Stadtmuseum Berlin: 127, 132, 133, 147, 150, 173, 175

Folgende Abbildungen wurden nachstehenden Publikationen entnommen:

143: Die Sagenhalle des Riesengebirges. Der Mythos von Wotan-Rübezahl in Werken der bildenden Kunst. Berlin u. Mittel-Schreiberhau: Verlag der Sagenhalle, 1904.

179: Neue Museumskunde Jg. 10 H. 2 1967, Heinz Nixdorf

Karte im Vorsatz und auf den S. 60, 112, 152, 198: © Panatom

Grundrisse auf den S. 61, 62: © Gerhart-Hauptmann-Haus Kloster auf Hiddensee

Grundriss und Karte S. 113, 114: © Gerhart-Hauptmann-Museum Erkner

Stammbaum Gerhart Hauptmann: © Gerhart-Hauptmann-Museum Erkner

Sollten Rechteinhaber bzw. Rechtsnachfolger trotz gründlicher Recherchen versehentlich nicht ermittelt worden sein, bleiben eventuelle Ansprüche davon selbstverständlich unberührt.

Danksagung

Unser besonderer Dank bei der Erarbeitung dieses Reiseführers gilt den Leiterinnen der Hauptmann-Häuser in Agnetendorf, Schreiberhau und in Kloster auf Hiddensee Julita Izabela Zaprucka, Bożena Danielska und Franziska Ploetz, dem Leiter des Gerhart-Hauptmann-Museums Erkner, Stefan Rohlfs, sowie Jürgen Schäfer vom Heimatmuseum der Insel Hiddensee in Kloster.
Ohne den Rat und die wertvollen Hinweise von Prof. Dr. Rüdiger Bernhardt, Anja Hauptmann, Harriet Hauptmann, Angelika Schönig, Sabine Seifert und Przemysław Wiater und ohne die Unterstützung des Vereins zur Förderung der Gerhart-Hauptmann-Häuser mit seinem Geschäftsführer, Jacek Barski und dem Vorsitzenden, Gerhart Mahnken, wäre die Publikation in vorliegender Form nicht möglich gewesen.
Für die großzügige Einräumung der Nutzungsrechte an vielen nachgelassenen Fotos sei der Stiftung Stadtmuseum Berlin und der Staatsbibliothek zu Berlin Stiftung Preußischer Kulturbesitz, insbesondere Herrn Prof. Dr. Eef Overgaauw herzlich gedankt.

Gefördert durch:

Der Beauftragte der Bundesregierung für Kultur und Medien

LAND BRANDENBURG

Freistaat Sachsen
Staatsministerium des Innern

EWE STIFTUNG

WIR ÜBER UNS Erkner ist Stadt ;eworden, am 06. Juni 1998, genau am ›2. Todestag Gerhart Hauptmanns. Ein Zu-'all, hinter dem sich notwendiges verbirgt. :rkner und das heutige Museum sind mit .eben und Werk des Dichters untrennbar /erbunden.

Der junge Hauptmann bewohnte mit sei-ıer Frau Marie von 1885 bis 1889 die unte-·e Etage der damaligen Villa Lassen. Die er-;ten drei Söhne wurden hier geboren; Iauptmann wurde hier, in einer Landschaft /oller herber Schönheit mit Wäldern, Wie-en und Seen nach schwerer Krankheit wie-ler gesund.

Und besonders hier in Erkner fand er zu .einer Berufung als Dichter, die ersten litera-·isch bemerkenswerten Werke entstanden: lie Novellen »Fasching« und »Bahnwärter Thiel«, das erste Schauspiel »Vor Sonnenauf-;ang«, das vor allem durch seine von Tu-nulten begleitete Uraufführung den jungen)ichter mit einem Schlage bekannt machte.

Eine Reihe weiterer Werke hat Erkner :um Schauplatz, wie z. B. »Der Biberpelz«.

So konnte Hauptmann später mit Recht 'eststellen: »Ich habe vier Jahre in Erkner ;ewohnt... Die vier Jahre sind sozusagen vier Ecksteine für mein Werk geworden.«

Ständige Ausstellung

- Leben, Werk und Wirken Hauptmanns
- Wohnräume mit originaler Ausstattung aus Hauptmanns Nachlaß
- Forschungsbibliothek und Sammlungen

Veranstaltungen

- Konzerte
- Autorenlesungen
- Das literarische Werk im Film
- Lesestunde im Salon
- Krimistunde
- Lyriknacht
- Schreibwerkstatt
- Sonderausstellungen
- Gerhart-Hauptmann-Tage im November

Wir bitten um Vorbestellung!

Führungen

- durch das Museum nach Voranmeldung, auf Wunsch mit Hauptmann-Film.

Sonnabend
01.09. | 18 Uhr

SOMMERLICHES GARTENKONZERT

Eintritt 7 EUR | 5 EUR

»Mozartiade -
Eine kleine Nachtmusik«
von Wolfgang Amadeus Mozart
Mit Hans-Joachim Scheitzbach
(Violoncello/Moderation)

Auch in diesem Jahr beginnt die Veranstal tungssaison mit dem traditionellen Garten konzert. Es werden wieder Stücke von Mo zart zu hören sein. Es spielt das Streichquar tett mit Solisten der Komischen Oper Berlin

Sonnabend
15.09. | 17 Uhr

LESUNG DER SCHREIBWERKSTATT

Eintritt frei

Mit Musik im Garten
Mit Gertraude Grabert,
Klaus Henning, Dirk Klemowicz,
Heidrun Matzerath,
Roland Müller und Anke Voigt.

Die Teilnehmer der Schreibwerkstatt steller zum zweiten Mal in einer öffentlichen Ver- anstaltung des Museums ihre Texte vor.

SCHREIBWERKSTATT

Sonntag
16.09. | 14 Uhr

Eintritt frei, Gäste willkommen!

»Nulla dies sine linea«

Kein Tag ohne Zeile!

Immer sonntags, nach dem 15. des Monats. Neue Texte! Offen für alle, auch die, die nicht schreiben.

TREFF BEI MUTTER WOLFFEN

Mittwoch
26.09. | 16 Uhr

Heute im
Gerhart-Hauptmann-Museum!
Mit Filmvorführung
»Der rote Hahn«
nach Gerhart Hauptmann

Eine Veranstaltung mit dem Heimatverein Erkner e. V.

Eintritt frei

DER BESONDERE FILM

Freitag
28.09. | 19.30 Uhr

»Wie alles begann«
Vortrag über die Anfänge der
DEFA 1946

Eintritt 3 EUR | 2 EUR

Im Mai 1946 erhielt die DEFA als erstes deutsches Filmunternehmen von der sowjetischen Besatzungszone die Lizenz der Pro-

info.erkner@gerhart-hauptmann.org

duktion. Dies setzte eine Filmproduktion in Gang, die besonders in den ersten Jahren einen neuen Geist atmen wollte, der nichts mit der Tradition des UFA-Films gemein haben sollte.

Filmszene aus »Die Mörder sind unter uns«

Filmvorführung:
»Die Mörder sind unter uns« (1946)
mit Hildegard Knef,
Ernst W. Borchert u. a.
Regie: Wolfgang Staudte

Der erste deutsche Nachkriegsfilm wurde in mehr als fünfzig Ländern gezeigt und als ein Signal eines geläuterten Deutschlands gefeiert.

Sonntag
30.09. | 16 Uhr

IRISH-FOLK-KONZERT

Eintritt 5 EUR | 4 EUR

Mit »celtic affair«

celtic affair begeistert sein Publikum mit irischer, schottischer und skandinavischer Folkmusik rein akustisch und handgemacht.

Die mitreißend gespielte Fiddel von *Elke Heilbronner*, der unter die Haut gehende Gesang vom Gitarristen und Sänger *Peter Apitz* und das temperamentvolle Spiel des Akkordeonisten und Bodhran-Spielers *Achim Kiesewetter* prägen den Sound der Gruppe.

Zwischen den temperamentvolle Reels, Jigs, Songs und Balladen wechseln ausgelassene Fröhlichkeit mit konzertanter Stille. Kleine Geschichten von der grünen Insel runden das Programm ab. So springt der Funke leicht über auf das Publikum.

LESUNG

Sonntag
07. 10. | 15 Uhr

Edgar Külow
»Koslowski macht das Licht aus«
(Eulenspiegel Verlag)

Eintritt 7 EUR | 5 EUR

In *Edgar Külows* neuem Buch geht es um Willi Koslowski, den skurrilen Frührentner und SPD-Anhänger aus dem »Pütt«, und seine verschrobenen Meinungen. Dieser, seines Zeichens Stammtischpolitiker, weiß natürlich immer, wie es gemacht werden muß und hält mit seiner Meinung nicht hinter dem Berg. Speziell für das politische Brachland Ost hat er die Patentrezepte in der Tasche. Mit einer Blitzkarriere will er die fünf neuen Länder im Sturm nehmen.

Edgar Külow

info.erkner@gerhart-hauptmann.org

Freitag
12. 10. | 19 Uhr

UNTERHALTUNG

Eintritt 7 EUR | 5 EUR

»Heitere Krabbeleien«
Mit Ingeborg Krabbe
Am Klavier: Manfred Rosenberg

Ingeborg Krabbe

Ingeborg Krabbe ist ein Urgestein in Sachen Komödie und Lustspiel. Den Beweis tritt sie auch heute abend wieder an. Neben Anekdoten und Geschichten aus ihrem Leben wird die Komödiantin, umrahmt mit Liedern und Couplets aus ihren Soloprogrammen, wie z. B. »Heitere Krabbeleien«, zum Besten geben.

Donnerstag
18. 10. | 19 Uhr

LIEDER FÜR LIEBENDE

Eintritt 4 EUR | 3 EUR

Großstadtmärchen aus dem
»Lesebuch des Lebens«
von Mascha Kaléko
Vertont und vorgetragen von
Cathrin Alisch
(Sprache, Akkordeon, Geige und Gesang)

Mascha Kaléko

Die Dichterin *Mascha Kaléko* wurde als Tochter eines russischen Vaters und einer österreichischen Mutter geboren, war im Berlin der 20er Jahre zu Hause und galt als ein außergewöhnliches literarisches Talent, bei dem sich auf unnachahmliche Weise wacher Verstand mit weiblichem Charme mischten, politische Schärfe mit Witz und romantischer Ironie. Vor allem ist ihre Sprache ungewöhnlich musikalisch.

Diese Veranstaltung entstand in Zusammenarbeit mit der Stadtbibliothek Erkner.

Cathrin Alisch

SCHREIBWERKSTATT

Sonntag
21. 10. | 14 Uhr

Eintritt frei, Gäste willkommen!

Immer sonntags, nach dem 15. des Monats. Neue Texte! Offen für alle, auch die, die nicht schreiben.

»Nulla dies sine linea«

Kein Tag ohne Zeile!

DER BESONDERE FILM

Freitag
26. 10. | 19.30 Uhr

Zum Gedenken an Frank Beyer
Vortrag über
das Leben und Werk von
Frank Beyer.

Eintritt 3 EUR | 2 EUR

Im letzten Jahr starb *Frank Beyer*. Er gehörte neben *Konrad Wolf* zu den wichtigsten Filmemachern der DEFA. Mit seinen gesellschaftskritischen Filmen zog er sich immer wieder den Unmut der SED-Funktionäre zu.

Frank Beyer

info.erkner@gerhart-hauptmann.org

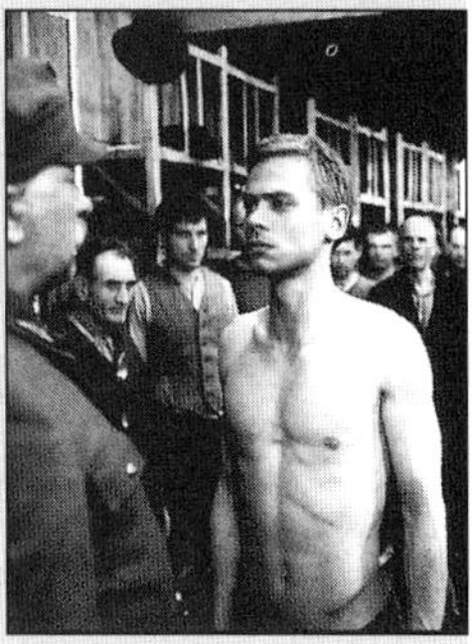

Filmszene aus »Der Aufenthalt«

Filmvorführung:
»Der Aufenthalt« (DDR 1982)
mit Sylvester Groth, Fred Düren, Klaus Piontek u. a.
Regie: Frank Beyer

Dieser Spielfilm entstand nach dem gleichnamigen Roman von *Hermann Kant*. Er erzählt die Geschichte des 19jährigen Mark Niebuhr, der durch eine Verwechslung in den Verdacht gerät, bei einer SS-Razzia in Lublin ein polnisches Mädchen ermordet zu haben.

Sonnabend
03. 11. | 19 Uhr

CHANSONABEND

Eintritt 4 EUR | 3 EUR

Mit Jean-Luc Dancy (Frankreich)

Jean-Luc Dancy ist ein Chansonnier französischer Herkunft. Seine Liebe für das Chanson begann bereits vor vielen Jahren – er schrieb sein erstes eigenes Lied mit siebzehn und trat mit achtzehn das erste Mal in der Öffentlichkeit auf. *Jean-Luc Dancy* stammt aus der Gegend der Loire und hatte in seiner Jugend die Gelegenheit, die ganz Großen des französischen Chansons live zu erleben: *Jacques Brel, Charles Aznavour, Gilbert Bécaud, Jean Ferrat, Léo Ferré* und viele andere mehr. Das war eine wundervolle Erfahrung, die sein weiteres Leben geprägt hat.

Zu seinem Repertoire gehören Chanson-Klassiker wie auch seine eigene Musik, die mal heiter und mal melancholisch daherkommt und wo es auch um das Thema Liebe geht.

26. Gerhart-Haupmann-Tage

FACHTAGUNG

Sonnabend 10.11.

Treffen junger Literaturwissenschaftler zum Thema der Gerhart-Hauptmann-Forschung Mit Prof. Peter Sprengel

10.30 Uhr

VERSAMMLUNG

14 – 17 Uhr

Jahresmitgliederversammlung der Gerhart-Hauptmann-Gesellschaft e. V. Berlin

info.erkner@gerhart-hauptmann.org

VORTRÄGE

Sonnabend
10. 11. | ab 18 Uhr

»Gerhart Hauptmann
und Frank Wedekind«
Vortrag Dr. Rita Klis (Berlin)

»Gerhart Hauptmann
im englischsprachigen
Wirkungskreis:
Neues aus dem Jahre 1913
und der Gegenwart«
Vortrag Prof. Dr. Sigfrid Hoefert

Donnerstag
15. 11. | 18 Uhr

AUSSTELLUNGS-ERÖFFNUNG

Zum 145. Geburtstag
Gerhart Hauptmanns
Wiedereröffnung des
Gerhart-Hauptmann-Museums

Das Gerhart-Hauptmann-Museum Erkner hat auf den Tag genau ein wichtiges Jubiläum: Vor 20 Jahren wurde es der Öffentlichkeit übergeben. Seitdem konnte sich das Haus als Museum und Forschungsstätte einen wichtigen Namen machen. Die Einrichtung ist als Ort des Gedenkens an den Dichter und als Veranstaltungsstätte ein beliebter kultureller Mittelpunkt der Stadt Erkner geworden.

Telefon 033 62 | 36 63

26. Gerhart-Hauptmann-Tage

Nach umfänglichen Renovierungsarbeiten wird das Museum mit einer neuen Dauerausstellung zu Leben und Werk *Gerhart Hauptmanns* wiedereröffnet.

KONFERENZ

Freitag
16. 11. | 10 Uhr

2. Internationale
Gerhart-Hauptmann-Konferenz
des Museumsverbunds
Gerhart Hauptmann

Das Programm wird im Internet veröffentlicht: http://www.gerhart-hauptmann.org

LESUNG

Sonnabend
17. 11. | 17 Uhr

»Wo liegt Berlin?
Briefe aus der Reichshauptstadt«
Berliner Briefe von Alfred Kerr
Es liest Franziska Troegner.
Gesang: Bergith Sprenger
Flügel: Dietrich Sprenger

Eintritt 7 EUR

Alfred Kerr (links)
Gerhart Hauptmann (rechts)

info.erkner@gerhart-hauptmann.org

Vor über hundert Jahren schrieb *Alfred Kerr* seine berühmten Berliner Briefe. Er schilderte darin ein überwältigendes Panorama des Berliner Lebens zwischen 1895 und 1900. Seine farbenreichen Schilderungen erfassen die junge Weltstadt in ihren Sternstunden und Abgründen, sind Liebeserklärung und Kritik zugleich. *Gerhart Hauptmann* war in dieser Zeit ein namhafter Theaterautor und war aus dem Berliner Geistesleben nicht mehr wegzudenken. Verehrendes und kritisches Gedenken an ihn wird in dieser Lesung im Vordergrund stehen.

Sonntag
18. 11. | 14 Uhr

SCHREIBWERKSTATT

Eintritt frei, Gäste willkommen!

Immer sonntags, nach dem 15. des Monats. Neue Texte! Offen für alle, auch die, die nicht schreiben.

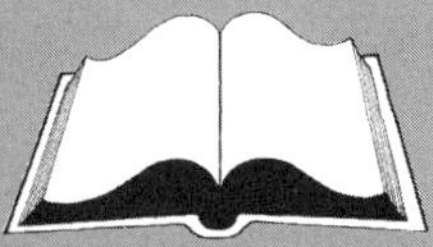

»Nulla dies sine linea«

Kein Tag ohne Zeile!

26. Gerhart-Hauptmann-Tage

LESUNG

»Bahnwärter Thiel«
Lesung mit Gabriel Kemmether
(Theater Rudolstadt)

Sonnabend
24.11. | 19 Uhr

Eintritt 5 EUR | 4 EUR

Thiel arbeitet seit 10 Jahren als Bahnwärter in Erkner, einem kleinen Ort in der märkischen Heide. Obwohl der Bahnübergang nur selten genutzt wird, schließt und öffnet er gewissenhaft die Schranken. Vor fünf Jahren nahm er die schmächtige, kränkliche Minna zur Frau, die bei der Geburt des ersten Kindes starb. Weil der kleine Tobias nicht ohne Mutter aufwachsen sollte, heiratete er nach Ablauf des Trauerjahres noch einmal, diesmal die robuste Kuhmagd Lene, die nach zwei Jahren ebenfalls von einem Sohn entbunden wurde. Längst hat Thiel sich daran gewöhnt, dass seine streitsüchtige Frau an allem etwas auszusetzen hat und ihn herumkommandiert. Es schmerzt ihn nur, mit ansehen zu müssen, dass sie ihren Stiefsohn Tobias misshandelt und so vernachlässigt, dass er in seiner Entwicklung zurückbleibt...

Gabriel Kemmether liest die berühmte Novelle von *Gerhart Hauptmann*, die als hervorragendes Werk der naturalistischen Literatur gilt. In den sprachgewaltigen Naturbeschreibungen spiegeln sich die psychischen Situationen der Figuren.

Fischers Bibliothek
zeitgenössischer Romane

Bahnwärter Thiel

von

Gerhart Hauptmann

S. Fischer Verlag
Berlin

Gabriel Kemmether

info.erkner@gerhart-hauptmann.org

Donnerstag
29. 11. | 19 Uhr

LESUNG

Eintritt 5 EUR | 4 EUR

»Sind die Lichter angezündet«
Lesung mit Regina Wernicke
Eine Lesung mit besinnlich heiteren Weihnachtsgeschichten und Musik.

Wie zum Beispiel der immergrüne Tannenbaum zum christlichen Weihnachtsbaum wurde, warum die Gans der traditionelle deutsche Weihnachtsbraten ist und weshalb sich der Weihnachtsmann aus dem Knecht Ruprecht entwickelt hat.

Diese Veranstaltung entstand in Zusammenarbeit mit der Stadtbibliothek Erkner

Freitag
30. 11. | 19.30 Uhr

DER BESONDERE FILM

Eintritt 3 EUR | 2 EUR

Bedeutende Regisseure des 20. Jahrhunderts
Vortrag über das Leben und Werk von Ingmar Bergman

Zu Beginn seiner Laufbahn galt Bergmann als Chronist der skeptischen Nachkriegsjugend, die keinen Platz in der Welt der Erwachsenen fand. Dann wurden seine Helden älter und entdeckten die Probleme von Ehe ɹnd Beruf. Damit begannen die bohrenden Fragen nach dem Sinn des Lebens und den Schwierigkeiten, sich als Individuum zu entwickeln.

Filmszene aus »Wilde Erdbeeren«

Filmvorführung: »Wilde Erdbeeren« (Schweden 1957)

mit Ingrid Thulin, Bibi Andersson u.a.
Regie: Ingmar Bergman

Ein Tag im Leben des 78jährigen Medizinprofessors Isak Borg, der auf dem Weg in die südschwedische Universitätsstadt Lund, wo er eine Auszeichnung entgegennehmen soll, seine Vergangenheit wieder entdeckt. Die Stationen seiner Reise werden in Träumen, Visionen und Erinnerungsbildern zu Stationen einer Lebensbilanz. Mit zunehmender Klarheit erkennt er die Ursachen seiner Kälte und Isolation. Die Traumsequenzen beeindrucken durch ihre visuelle Intensität.

WEIHNACHTSPROGRAMM

Sonntag
02.12. | 15 Uhr

»White Christmas« Weihnachten mit Peter Wieland

Zum 1. Advent wird *Peter Wieland* mit einem heiter-besinnlichen Weihnachtsprogramm auftreten.

Eintritt 7 EUR | 5 EUR

info.erkner@gerhart-hauptmann.org

Sonntag
16. 12. | 14 Uhr

SCHREIBWERKSTATT

Eintritt frei, Gäste willkommen!

»Nulla dies sine linea«

Kein Tag ohne Zeile!

Immer sonntags, nach dem 15. des Monats. Neue Texte! Offen für alle, auch die, die nicht schreiben.

Mittwoch
19. 12. | 10 Uhr

KINDERPROGRAMM

Eintritt 2 EUR

Puppentheater Gong
»Zaubermärchen«
Puppenspiel für Kinder
von 5 und 6 Jahren

Marionetten

Immer um die Geisterstunde werden in einem Spielzeugstand auf einem Markt die Puppen lebendig und spielen ein Märchen in dem natürlich eine liebe Prinzessin, ein tapferer Prinz, ein eingebildeter Zauberer eine heiratswütige Hexe und … aber alles darf man vorher nicht verraten!

DER BESONDERE FILM

Freitag
28.12. | 19.30 Uhr

Eintritt 3 EUR | 2 EUR

Bedeutende Regisseure des 20. Jahrhunderts

Vortrag über das Leben und Werk von Sergej Eisenstein

Der 1898 in Riga geborene Regisseur gilt unbestritten als einer der größten Regisseure und bedeutendsten Theoretiker des Films. Er entwickelte eine spezielle Form der Bildmontage. In der Aneinanderreihung einzelner Szenen sah er nicht nur die Möglichkeit einer fortlaufenden Handlung, sondern er wollte durch den »unvermittelten Zusammenprall der Bilder« im Zuschauer selbst Ideen auslösen und Einsichten vermitteln.

Filmszenen
»Panzerkreuzer Potemkin«

Filmvorführung:
»Panzerkreuzer Potemkin« (1925)
mit Alexander Antonow,
Wladimir Barski u. a.
Regie: Sergej M. Eisenstein

Der klassische russische Revolutionsfilm, vielfach als »bester Film aller Zeiten« apostrophiert, erzählt in einer dramatischen Montage die Revolte russischer Matrosen im Juni 1905 auf dem Panzerkreuzer Potemkin im Hafen von Odessa. Ihr Aufstand wird zum Signal. Die Bürger verbünden sich mit den Matrosen gegen die Obrigkeit.

info.erkner@gerhart-hauptmann.org

MUSEUMSVERBUND GERHART HAUPTMANN ZWIĄZEK MUZEÓW

VEREIN ZUR FÖRDERUNG DER GERHART-HAUPTMANN-HÄUSER e. V.

Museumsverband
Gerhart Hauptmann
Dr. Jacek Barski

c/o Gerhart-Haupmann-Museum,
Gerhart-Hauptmann-Straße 1–2 | 15537 Erkner

Der Verein zur Förderung der Gerhart-Hauptmann-Häuser ist am 2. März 1998 gegründet worden. Er betreibt seit 2005 die Geschäftsstelle des Museumsverbunds Gerhart Hauptmann, die Projekte für alle Hauptmann-Stätten erstellt. Wer im Verein mitwirken möchte, kann einen formlosen Antrag an die Geschäftsstelle schicken.

GERHART-HAUPTMANN-GESELLSCHAFT e.V.

Gerhart-Hauptmann-Gesellschaft e. V.
Stefan Rohlfs

c/o Gerhart-Hauptmann-Museum,
Gerhart-Hauptmann-Straße 1–2 | 15537 Erkner

Telefonische Auskünfte
033 62 - 36 63

Die Gesellschaft arbeitet zur Erfüllung des satzungsgemäßen Zweckes mit dem Gerhart-Hauptmann-Museum Erkner und der Gerhart-Hauptmann-Gedenkstätte Kloster zusammen. Die Mitglieder werden durch Mitteilungen über die Aktivitäten der Gesellschaft unterrichtet.« Ergänzend sei darauf hingewiesen, daß unsere »Veröffentlichungen«, die im Erich-Schmidt-Verlag (Berlin) herauskommen, inzwischen zwölf Bände umfassen. Alle Mitglieder erhalten jeweils ein kostenloses Exemplar. - Die erwähnten »Mitteilungen« kommen ca. dreimal jährlich heraus und werden allen Mitgliedern übermittelt; sie enthalten aktuelle Informationen, zu denen auch Literatur-

und Veranstaltungshinweise gehören. Der Vorstand freut sich über alle, die bei uns Mitglied werden und vielleicht sogar auf irgendeinem Gebiet mitarbeiten wollen.

Jahresbeitrag 30 EUR

WIR DANKEN

- **Herrn Thomas Mees** (Berlin) für die Schenkung von Archivmaterial.
- **Herrn Dr. Peter Böthig** (Kurt-Tucholsky-Literaturmuseum Rheinsberg) für eine Dauerleihgabe und die Mitarbeit an unserer neuen Dauerausstellung.
- **Frau Sunhild Pflug, MA** (Berlin) und
  Herrn Martin Hoffmann (Berlin) für die Mitarbeit an unserer neuen Dauerausstellung.
- **Herrn Dr. H. Fiedler** (Müncheberg) für die Schenkung einer Gerhart Hauptmann-Vertonung.

WIR WOANDERS

- **»Nimm Kraft aus deiner Schwäche«**
  Gerhart Hauptmann 1862-1946
- **»Gerhart Hauptmann und der Film.**
  Eine ungewöhnliche Beziehung.«

Wanderausstellungen des Gerhart-Hauptmann-Museums können auch bei Ihnen gezeigt werden.

WIR IM INTERNET

- http://www.gerhart-hauptmann.org
- e-mail:
  info.erkner@gerhart-hauptmann.org

Herausgeber Gerhart-Hauptmann-Museum Erkner
Gerhart-Hauptmann-Straße 1 – 2
15537 Erkner

Layout, Satz TypoDesign | Heike Woitke, Hangelsberg
Reproanstalt ESM Satz und Grafik GmbH, Berlin
Druck Druckerei Dieter Seibt e. K., Berlin

Auflage 1.500

Alle Bildvorlagen Gerhart-Hauptmann-Museum Erkner
Umschlag Gerhart Hauptmann
Umschlaginnenseiten Spielzeugfiguren, Geschenk
Gerhart Hauptmanns an den Enkel Arne

Die Herausgeber danken dem Ministerium für Wissenschaft, Forschung und Kultur des Landes Brandenburg und dem Kultur- und Sportamt des Landkreises Oder-Spree für die finanzielle Unterstützung.

Spendenkonto 55 0120 000
BLZ 16 040 000
Commerzbank Erkner